La obra es un viaje imaginario que nos traslada al mundo de los marginados cuyos signos de dolor, sufrimiento y muerte; se tornan en lugar sagrado para buscar el actuar de Dios y para mostrar su amor. Es una lectura de las Escrituras con y para los vulnerables, a quienes da voz y con quienes Dios se solidariza para recrearlos desde el evangelio; y una lectura de un mundo con sus tragedias que desfiguran al ser humano. Esta teología misional ve la ciudad como un salón de clases, una parroquia y un patio de recreo; siguiendo el ejemplo encarnacional de Jesús. Es un rico diálogo en lenguaje lírico, poético y juguetón desde la periferia, el cual busca influir la ortodoxia dominante. Entrelaza lectura, interpretación y apropiación de la Palabra con casos vívidos de personas abatidas por el dolor para llevarles esperanza. Invito a los lectores a adentrarse en el libro, con apertura, y a la vez, con libertad para analizar su contenido. No tienen que estar de acuerdo con todo lo que afirman sus autores, pero estar abiertos a reflexionar las ideas que desafían paradigmas tradicionales de misión.

—Dr. Israel Ortiz, Fundador y Director de Centro Esdras, Ciudad Guatemala

Es posible sentir el latido del corazón de Centroamérica en cada pagina de este libro. Te lleva de la mano por el camino que Joel y Kris han recorrido en compañía de Jesús, mostrando una *geografía de la gracia*; donde el dolor y el sufrimiento se funden con el nacimiento de una teología viva que nace desde las trincheras de los lugares más difíciles de esta parte del mundo. Es emocionate descubrir la mano de Dios transformando lugares y hermanándose con las personas. Conmovedor, desafiante y liberador; una invitación para vivir nuestra fe y continuar buscando la justicia de Dios.

—Lyd Pensado, Misionera de Partners in Commmunity International, Directora Ejecutiva de El Pozo de Vida en la Ciudad de México y Co-fundadora de Umbral

"La predicación del mismo Señor Jesucristo siempre enfatizaba el "arte" de transformar la injusticia y la maldad con el poder del amor. De esto se trata la "Geografía de la Gracia."

—Ivan Monzón, Director de Centro para la Misión Transformadora Guatemala, Psicólogo Social, Promotor de constructor de paz y Vicepresidente de Fundación Doulos

Geografía de la Gracia es una interpretación poética del evangelio desde los márgenes. En las páginas de este libro, la gracia se convierte en una hermosa danza que se teje a través de las historias de dolor y esperanza, una teología vivida para nuestro mundo. Expandió mi imaginación y proporcionó un lenguaje accesible y marcos para lo que significa encarnar el evangelio.
—Shabrae Jackson, Autor, Catalizadora
Comunitaria, Cofundadora de UMBRAL

En *Geografía de la Gracia* Kris y Joel magistralmente nos ayudan a explorar qué significa amar y servir a los que han sido etiquetados como los menos, últimos y perdidos, a la vez que nos ayudan a comprender la invitación que nos hace la encarnación a seguir a Jesús e imitar su ejemplo de descender a los lugares más bajos de nuestros contextos, y aún de nuestra propia humanidad para experimentar la gracia abundante de Dios. Si tu llamado es servir en lugares difíciles, este libro será de mucha ayuda para enriquecer una perspectiva, espiritualidad y prácticas de misión sostenibles para la transformación social y espiritual de las personas y los lugares a quienes Dios te ha llamado a servir.
—Mario Luis Matos, M.A. Director Ejecutivo de la Fundación
de Liderazgo Transformador—Sinergia FLT, Santo Domingo,
República Dominicana

Agradezco a Dios por inspirar a Joel Van Dyke y Kris Rocke para que escribieran este libro. En su lectura somos inspirados por su pasión por la misión, y su compromiso de situarse en los lugares donde es necesario hacer presente el Reino de Dios.

Disfrute mucho al leer sus páginas, porque soy uno de los destinatarios de este libro (un líder de base), necesitado de ver nuestras realidades con los ojos de Jesús, y de otros hermanos que nos orientan para ser efectivos en contrarrestar el anti-reino de nuestras comunidades y visibilizar el Reino de Dios en medio nuestro".
—Gerardo Reyes, Director de Semillas de Nueva Creación,
El Salvador

Kris y Joel nos llevan en un viaje hacia lo más profundo de la encarnación. Este libro es un puente entre la academia y la calle. Kris y Joel nos dan invitan a entrar a conceptos teológicos profundos. Y, al

mismo tiempo, nos envuelven en las narrativas bíblicas y la cotidianidad de nuestros contextos, "porque cuando hablamos de gracia, la geografía importa."
—Joel Aguilar, Ph.D.—Decano Académico de Postgrado, CETI Continental, Street Psalms. Ciudad de Guatemala

Estamos tan acostumbrados a tener una vida cristiana de comodidad que olvidamos la profundidad del amor de Dios; Geografía de Gracia es un libro que nos conduce por una lectura de lo más profundo del dolor, el sufrimiento y la exposición del pecado de la humanidad hasta acercarnos a altura de la inmensidad de la gracia de Dios, este viaje definitivamente cambiará nuestro compromiso con Dios y nos desafiará a mostrar mucha más compasión de lo que podemos imaginar, haciéndonos parecer más a Jesucristo.
—Nahun Morales, Honduras Country Director—Orphan Helpers

Geografía de la Gracia desafía muchos paradigmas teológicos al presentarnos una "teología desde abajo" a través de historias bíblicas y contemporáneas. Este libro pone en alto relieve la gracia escandalosa de Dios, la cual puede ser encontrada, una y otra vez, en lugares difíciles y de dolor, tocando la vida de marginados sociales, de los mas pequeños, y muchas veces "invisibles" a los ojos humanos. La lectura de este libro le ayudará a ver su ciudad con nuevos ojos y a discernir el dolor, la esperanza y el corazón de cada lugar.
—Luis A. Pellecer, Pastor ordenado en la Iglesia Cristiana Reformada. Líder del Equipo Misionero para México y el Caribe para Resonate Global Missions. Miami, FL

Desde que escuché acerca del libro *Geografía de la Gracia* (GdG), tuve un fuerte deseo de leerlo, pues resulta que pertenezco a un grupo reducido de personas que podemos reconocernos como geógrafos. Me fascina la geografía, en especial, la geografía humana, el estudio de la distribución de los seres humanos sobre la faz de la tierra. GdG nos provee un mapa, una carta geográfica que nos orienta y nos guía como seguidores de Jesús. Joel y Kris, junto con las comunidades de siervos que respiran, viven y ministran en los lugares del mundo donde se acumula la gracia, abren caminos para considerar nuevas perspectivas, nuevas rutas no lineales, no "seguras" que requieren de una 4x4 para iluminar el Camino.

Estos senderos rocosos, no pavimentados, atraviesan tramos oscuros donde existe sufrimiento y en los que las injusticias del sistema del mundo sobreabundan. Estos senderos y las voces del pueblo de Dios que los transitan nos orientan hacia la luz y la verdad. He dedicado la mayor parte de mi vida a aprender de los siervos de Dios que habitan los márgenes de lo que significa ser un ciudadano del Reino de Dios. Al practicar las misiones de manera invertida, he intentado conectar seguidores del "norte", la región global dominante que se beneficia de los sistemas del mundo, con seguidores del "sur", la región global que sufre bajo los sistemas anti-reino que dominan, para concientizarme a mí mismo y a mis compatriotas sobre el Camino de Jesús.

GdG me provee otra herramienta muy acertada para reorientar al seguidor de Jesús que se ha acomodado a caminos muy transitados, pavimentados y cómodos, de líneas rectas, al Camino de Jesús que atraviesa valles, lugares oscuros de mucho sufrimiento y que, paradójicamente, revelan la verdad y el Reino en la plena luz del día, el Reino al revés. Les recomiendo este mapa a todos los seguidores de Jesús que desean experimentar y revelar el Reino presente."

—Tomás Yaccino, Co-Fundador y Conector Principal, Del
  Camino Connection. Santo Domingo, Dominican Republic

Sorpresivamente, leyendo estas páginas, me encontré con "el Gran Iconoclasta". Una y otra vez Dios ha usado estos capítulos para desafiar mis imágenes mentales acerca de él; para repararlas, para complementarlas y hasta para destruirlas. Cosas que han estado presentes desde el principio, pero olvidadas por mucho tiempo salen a la luz con la ayuda de este libro, mientras narra el Evangelio desde un punto de vista único: desde los lugares más bajos. Bienvenido un viaje transformador para la mente, el corazón y las manos de su ministerio.

—Hultner Estrada, Pastor Iglesia Cristiana
  Verbo Guanacaste, Managua, Nicaragua

Son muy pocas veces cuando un libro tiene tantas historias relevantes a nuestra realidad Latinoamérica. Geografia de Gracia tiene un contenido real y contundente para todos aquellos que hemos sido llamados a amar a nuestro Prójimo. El Dr. Joel Van Dyke y Dr. Kris Rocke nos llevan en un viaje inolvidable a través de la experiencia en primera

persona de alguien que ha visto la estrategia de transformación viva en individuos en los lugares más difíciles. Tienes que leer este libro preparado para ser retado y transformado.
—Jeffrey D. DeLeon, Ph.D.—Liderazgo Juvenil Internacional, Ft. Myers, FL

Geografía de la gracia está escrito desde la periferia, pero golpea en el centro de donde el mundo se encuentra con la Palabra. Esperamos presentar estas reflexiones que a veces son poco ortodoxas y levemente irreverentes para los miles de plantadores de iglesias que preparamos, quienes frecuentemente trabajan en las primeras líneas del dolor humano y el sufrimiento. Personalmente me he sentido confrontado y desafiado al cruzarme con su escritura y ministerio, y confío en ellos porque ellos pasan tiempo con el Pastor y huelen a ovejas.
—Juan Wagenveld, Fundador y Presidente—Red de Multiplicación y Autor de *Iglecrecimiento Integral* y *Sembremos Iglesias Saludables*

Esta es una conversación seria acerca del lado que ignoramos (evitamos) de la misión. Ser enviados como lo fue Jesús requiere el atrevimiento de pisar otros terrenos. Demanda un mejor lente para entender las Escrituras y nuestras culturas. Tengo la dicha de conocer el ministerio de ambos autores, a quienes considero amigos y maestros, y los he visto investigar profundamente el texto bíblico para forjar su teología así como recorrer las calles donde esa reflexión produce vida. Los he escuchado hablar apasionadamente de Jesús desde prestigiosos entornos académicos hasta los más peligrosos lugares de nuestras ciudades. Admiro la humildad con la que viven la misión, respeto la entrega con la que cumplen su llamado, y agradezco profundamente que ahora nos enseñen por medio de este libro. Ahora es tu turno de escuchar a Dios e irradiar su gracia y verdad.
—Howard Andruejol, Pastor de Iglesia El Mensaje De Vida y Rector del Instituto e625. Ciudad de Guatemala

Mi introducción al material de este increíble libro llegó en la orilla del cementerio de la Ciudad de Guatemala viendo hacia abajo, desde un barranco, la inmensidad del basurero mas grande de Centroamérica. Joel Van Dyke escogió este precipicio apestoso de muerte y deshumanización para poder descubrir el significado mas profundo de las paginas de las Escrituras. Geografía de la Gracia nos invita a descender con Cristo, y caminar entre los infiernos de este mundo en solidaridad con las personas mas sufridas, y ahí poder experimentar la gracia mas insondable de Dios. Esta obra da una buena sacudida a nuestras indiferencias y teologías desencarnadas, y reorienta la brújula de nuestra vida hacia las heridas sociales que preferimos evitar. Es solamente al meter nuestras manos como Santo Tomás entre las heridas de Cristo, con todo y nuestras dudas y equivocaciones, que la tumba de muerte empieza a convertirse en el vientre de un nuevo nacer. Geografía de la Gracia nos ofrece el regalo valiosísimo de percibir como, por esta excursión dolorosa, Jesús de Nazaret nos invita participar en la restauración y resurrección de nuestra propia humanidad y de la Creación entera. Una lectura esencial para todas y todos que pretendemos ser agentes de cambio mas humanizadores en este mundo. Abre el camino hacia una esperanza verdadera.

—Diácono Nathanael Bacon, Director para Centroamérica, Cambio Interno. Quetzaltenango, Guatemala

«Leer *Geografía de la gracia* proporciona una oportunidad única de escuchar a escondidas una dinámica, una conversación continua entre la Palabra y el mundo. Los protagonistas de esta conversación son personas que viven y ministran en algunos de los lugares más difíciles del nuestro mundo. Personalmente puedo dar fe del poder transformador que esta conversación ha tenido entre los líderes de base y sus comunidades en Centroamérica y el Caribe. No lea el libro esperando estar de acuerdo con todo. Pero sí espere que lo desafíe y lo conmueva».

—Joel Huyser, Director Fundador—Centro Nehemías para la Transformación, Managua, Nicaragua

«Kris Rocke y Joel Van Dyke demuestran en estas páginas las formas de buscar, encontrar y poner en práctica efectivamente Buenas Nuevas en algunos de los lugares más difíciles del mundo. Al igual que el Jesús que ellos siguen, muestran una disposición de ser contados con los transgresores, y eligen estar con los condenados y no con los que hacen cumplir la ley, con los excluidos y no con el *status quo*. Ante la violencia creciente que hace que muchos corazones se enfríen, su escritura proporciona alimento que ayudará a la gente a sobrevivir, y hacen una contribución significante hacia la muy necesaria actualización de la teología de la calle».

—Bob Ekblad, Autor de *Reading the Bible with the Damned*

Geografía
de la Gracia

Geografía de la Gracia

Cómo hacer teología desde abajo

JOEL VAN DYKE Y KRIS ROCKE

Geografía de la Gracia

Geografía de la Gracia. © 2021 por Street Psalms. Originalmente publicado en inglés en 2012 como Geography of Grace: Doing Theology from Below, por Center for Transforming Mission con ISBN: 978-0-9852334-0-2. Todos los derechos reservados. Impreso en los Estados Unidos de América. Todos los derechos reservados. Ninguna parte de este libro se puede utilizar o reproducir, guardar en algún sistema que la pueda reproducir, ni transmitir de ninguna forma o por cualquier medio, a excepción de pequeñas citas que se expresen en artículos y reseñas críticas.

Para más información acerca del Street Psalms, o para contactar a Kris o a Joel, por favor visite www.streetpsalms.org.

ISBNs:
978-1-7377580-0-6 (print)
978-1-7377580-1-3 (eBook)

La información de Library of Congress Cataloging-in-Publication Data está disponible al ser solicitada.

Diseño de portada:
Foto de portada: Tita Evertz
Traducción al español: Mayra Urízar de Ramírez

A menos que se indique lo contrario, las referencias a las Escrituras se tomaron de la Santa Biblia NUEVA VERSIÓN INTERNACIONAL® NVI® © 1995, 2015 por Biblica, Inc.® Usado con permiso de Biblica, Inc.® Reservados todos los derechos en todo el mundo. Las citas bíblicas marcadas con LBLA, se han tomado de LA BIBLIA DE LAS AMÉRICAS © Copyright 1986, 1995, 1997, Lockman Foundation. Usada con permiso. Todos los derechos reservados. Los versículos marcados con RVR60, se han tomado de la versión Reina-Valera © 1960 Sociedades Bíblicas en América Latina; © renovado 1988 Sociedades Bíblicas Unidas. Utilizado con permiso. Los versículos marcados con NTV, se han tomado de la Santa Biblia, Nueva Traducción Viviente, © Tyndale House Foundation, 2010. Usada con permiso de Tyndale House Publishers, Inc., 351 Executive Dr., Carol Stream, IL 60188, Estados Unidos de América. Todos los derechos reservados.

*A los líderes de base
que enseñan y predican la buena noticia
en lugares difíciles.*

Contenido

Reconocimientos xvii
Introducción xxiii

Primera Sección—El Descenso 1

1. La Nota Triste 3
2. Cómo Leer la Palabra 21
3. Cómo Leer el Mundo 37
4. Una Presencia Radical 51
5. Las Preguntas Bellas 59
6. Terreno Santo 71

Segunda Sección—El Sobrevuelo 79

7. El Universo Simbólico 81
8. Los Propios y los de Afuera 107
9. El Drama de la Aceptación 123
10. El Espíritu Sin Límites 133
11. Los Acertijos de la Gracia 155

Tercera Sección—La Suspensión 163

12	La Misión Cruciforme	165
13	La Poesía De Decir La Verdad.	189
14	Las Voces De Abajo	201
15	El Ministerio de la Memoria.	211
16	La Comunidad Cruciforme	221

Cuarta Sección—El Ascenso 245

17	Cómo Ver Lo Nuevo	247
18	La Nueva Normalidad	255
19	El Dios Que Ve	275
20	La Comunidad de Deseo	283

Conclusión (O Falta de Ella) 303

Apéndice 305
Bibliografía 309
Notas Finales 325
Joel Van Dyke 345
Kris Rocke 347

Reconocimientos

Este libro representa *un camino* y es un camino que no se puede recorrer solos. Se requiere de una comunidad, la comunidad de la cruz, y eso mismo se nos ha obsequiado. Cada compañero de nuestra vida le da vida al camino de maneras que solo él puede hacerlo, por lo que escribimos dentro de una comunidad que nos ha dado forma profunda e irrevocablemente. Sería absurdo tratar de calificar todas las contribuciones de aquellos que han hecho posible este libro y han basado su contenido en la realidad que buscamos honrar. Simplemente queremos decir gracias, y confiamos que lo que queda sin decir de la gente que más amamos abra espacio para que el Espíritu haga lo que el Espíritu sabe hacer mejor: Generar vida.

Joel: Quiero agradecer a mi esposa Marilyn y a mis hijos Joel y Sofía, quienes han exhibido una increíble paciencia conmigo durante los más o menos dos años de este proyecto. Para mí, ellos son la sonrisa diaria de la gracia escandalosa de Dios. También quiero agradecer los y las se miembros de la red del Centro de la Misión Transformadora en la bella Ciudad de Guatemala. Me enseñaron, me perdieron y me inspiraron en tantas maneras que sería necesario otro libro completo para expresar suficiente la profundidad de mi agradecimiento.

Kris: Quiero agradecer a mi esposa Lana, quien es una de las personas más realistas que conozco y cuya experiencia de la encarnación me ha dado el valor de confiar en lo que he visto y oído. Y a mis hijos, Grant y Mitchell, quienes todavía me permiten bendecirlos cada noche.

Ambos queremos agradecer a la Comunidad de los Salmos de la Calle y al personal del ministerio con quienes hemos trabajado. Ellos nos han dado un hogar lleno de amigos y amigas que nos han ayudado a actuar, reflexionar y discernir como Jesús. Las huellas colectivas de sus manos están sobre este manuscrito. Por esta versión en Español, queremos agradecer a nuestros guías de América Latina que pertenece como miembros de la comunidad en los roles de Directores de Centros de Capacitación de la Colaborativa de Entrenamiento Urbano y/o "Senior Fellows" del movimiento. Se incluye Mario Matos de la República Dominicana, Hultner Estrada de Nicaragua y Joel Aguilar e Ivan Monzón de Guatemala.

También nos gustaría agradecerle a Mayra Urízar de Ramírez de Guatemala por su cuidadoso y amoroso trabajo en la traducción del libro al idioma del cielo. Liz Herrera también de Guatemala ha servido el proyecto de este libro como editora, diseñadora y investigadora. No hay palabras suficientes de poder expresar nuestro agradecimiento a ti Liz.

Gracias a las iglesias que nos donaron fondos para la traducción y publicacion del libro en Español. Se incluye:

Trinity Christian Reformed Church, Rock Valley, Iowa
Maranatha Christian Reformed Church, Holland, Michigan
Relevance Community, Ft. Myers, Florida

Reconocimientos

Friendship Christian Reformed Church, Byron Center, Michigan
Immanuel Christian Reformed Church, Hudsonville, Michigan
Covenant Life Church, Sarasota, Florida

Finalmente, queremos agradecer a los líderes de base a quienes servimos y a las comunidades que ellos aman, la mayoría de las cuales nunca leerán este libro en un millón de años, ¡y no tienen que hacerlo! Qué regalo.

~Agosto, 2021

*No sé nada, excepto lo que todos saben,
si estoy ahí cuando la Gracia baila, debo bailar.*
~ W. H. AUDEN

Introducción

Cuando se trata de la gracia, la geografía importa. Este libro es una conversación acerca de lo que significa enseñar y predicar la buena noticia en los lugares difíciles. Es *teología desde abajo*. Es una conversación bíblica, ambientada en el vientre de un mundo global, urbano y posmoderno. Es una conversación especialmente apropiada para aquellos que trabajan con la juventud y la familia de alto riesgo de los lugares difíciles.

En este libro exploraremos la geografía de la gracia con y para aquellos a quienes se les ha etiquetado como «los más pequeños, los últimos y los perdidos». Fue escrito desde el crisol de la profunda batalla personal de una comunidad de líderes que ha pasado muchos años «haciendo» la teología de base[1]. Así que, no escribimos aislados, como «guardianes de la verdad» o «innovadores reveladores»; más bien, tratamos de darle voz a una conversación en la que hemos participado desde hace más de 20 años. Una conversación arraigada en nuestro amor creciente tanto por la Palabra como por el mundo.

Geografía de la gracia

Esta comunidad de líderes urbanos se ha convertido en una clase de orden religioso de gente común y corriente, llamada «Salmos de la Calle: La comunidad de la Encarnación», y parte de lo que nos ha unido es que hemos llegado a ver las Escrituras como la declaración de amor de Dios por los «más pequeños». Por lo que, como Comunidad, esperamos que este libro estimule, desafíe, provoque, inquiete y haga surgir preguntas entre los líderes de base, que a veces se han rendido en cuanto a buscar en la Biblia la buena noticia que se pueda escuchar y recibir en su contexto.

Como lo hemos dicho, escribimos este libro por amor a la obra creativa de Dios entre aquellos que viven en los márgenes de la sociedad. Pero también lo escribimos por un descontento santo por el evangelio que se alimenta y proclama dentro de la iglesia prevaleciente, un evangelio que inconscientemente puede sembrar semillas de violencia y desesperación entre los miembros más vulnerables de la sociedad, un evangelio que ha sido, y todavía es, exportado de Norteamérica a la gente que sufre alrededor del mundo. Confesamos nuestra propia participación en el esparcimiento de ese evangelio, pero nuestra oración sigue siendo que tanto el amor como el descontento santo encienda en nosotros el deseo de asumir una mayor responsabilidad por el evangelio que proclamamos y por los lugares sociales desde donde lo proclamamos.

Nuestra exploración de la geografía de la gracia analizará dos suposiciones:

1. La gracia es como el agua: *fluye hacia abajo y se acumula en los lugares más bajos.* Esa es nuestra tesis básica. Hace surgir la pregunta de si, en efecto, hay una «geografía» de la gracia. ¿Podría ser que las reservas más profundas de la gracia de Dios están ubicadas en los

Introducción

lugares más bajos? Si buscamos experimentar los niveles más profundos de la gracia de Dios, ¿no deberíamos nadar en los lugares donde se acumula la gracia de Dios? ¿Tienen las personas y los lugares más marginados y excluidos por la sociedad dominante una visión profética *para* todos nosotros? Involucraremos estas preguntas a medida que exploramos los límites y fronteras de la gracia de Dios por aquellos que se sienten condenados y desheredados por Dios.

2. Si vamos a analizar los límites de la gracia, debemos estar dispuestos a estar equivocados. Nos corresponde a todos nosotros, especialmente a aquellos que somos líderes, arriesgar nuestro poder y privilegio por los impotentes, y aprender a aceptar no solo la posibilidad, sino la *probabilidad* muy marcada, de que nos hayamos equivocado en cuanto a muchas cosas que han parecido tan fundamentales para nuestra fe. Esto es especialmente cierto en los líderes varones de raza blanca (como nosotros mismos) que comparten y se benefician de la cultura dominante. Nuestra proclamación del evangelio frecuentemente es producto del poder y los privilegios que disfrutamos. Por lo tanto, si vamos a enseñar y predicar la buena noticia a los pobres que viven a merced de la cultura dominante, y que soportan las categorías teológicas que producimos, debemos estar dispuestos a correr grandes riesgos. El evangelio de la palabra liberadora de Jesús nos invita no solo a examinar, sino también a desafiar, e incluso a subvertir, si es necesario, la «ortodoxia» como se define y se practica en la iglesia dominante. En otras palabras, se nos invita a reclamar la Palabra liberadora de la Biblia para el mundo, y a arriesgarnos a estar equivocados en cuanto a las suposiciones no comprobadas y creencias arraigadas que en realidad hacen mucho daño con el argumento de estar «en lo cierto».

Geografía de la gracia

A riesgo de sonar dramáticos, una cita literaria clásica tal vez aclare más este punto, un poco de sabiduría espiritual de un santo patrón de nuestro trabajo, San Huckleberry Finn:

«Pues bien, entonces me voy a ir al infierno».

En la novela clásica estadounidense de Mark Twain, *Huckleberry Finn,* Huck es un niño de 13 años de raza blanca que creció en el sur de Estados Unidos antes de la Guerra Civil, y que ayuda a escapar hacia la libertad a un esclavo fugitivo que se llama «el Negro Jim». La declaración es el centro moral de la historia. La Ley de Esclavos Fugitivos de 1850 establecía que era ilegal ayudar o ser cómplice de un esclavo fugitivo y requería que cada ciudadano estadounidense ayudara en la captura de los fugitivos. Huck cree profunda y genuinamente (como se le enseñó) que al ayudar a Jim él no solo sufriría la ira de la ley, sino también la ira del mismo Dios. Huck está convencido de que lo enviarán al infierno por ayudar a Jim a escapar de la esclavitud.

Al sufrir el peso de este dilema moral, Huck le escribe una carta a la dueña de Jim, la Señorita Watson, para entregarlo, y, de esa manera, liberar su conciencia y su alma de la condena eterna. Después de escribir la carta, Huck reflexiona en su relación con Jim, en su viaje juntos por el río Mississippi y en la profunda amistad que habían formado en el camino. Huck se da cuenta de algo para lo que su crianza, cultura, teología, e incluso su Dios, no lo habían preparado: que el «Negro Jim» era un ser humano. Huck está completamente destrozado por Jim. Rompe la carta, convencido de que al hacerlo él se condena a sí mismo al infierno. Aquí es donde la aventura de Huck toma un giro enorme. Él pasa por la gracia, la clase de gracia que nos empodera para arriesgarlo todo por aquellos a quienes amamos.

Pues bien, entonces me voy a ir al infierno[2].

Introducción

La salvación ha llegado, tanto para Huck como para Jim. Ellos son uno. Su salvación está unida y es inseparable. Estos fugitivos llegan a ser símbolos de la libertad.

Esta es una bella imagen de lo que significa hacer «teología desde abajo» en el contexto de las comunidades de alto riesgo. En la Comunidad de los Salmos de la Calle tenemos dentro de nuestra red muchos Hucks y aún más Jims. Nuestra salvación está unida y es costosa para ambos.

En su poema «Busca sueños», e. e. cummings escribe: «Confía en tu corazón/si los mares se incendian/ (y vive por amor/aunque las estrellas caminen hacia atrás)»[3]. El evangelio nos invita a seguir el amor, aunque nuestra teología, nuestra cultura, y sí, incluso si lo que confundimos con Dios, digan lo contrario. ¡Qué valor, qué humildad, qué generosidad! Al igual que Huck, nuestros amigos dentro de la red de los Salmos de la Calle han estado haciendo un mapa de la geografía de la gracia, e incluso celebrando lo que el teólogo James Alison llama «el gozo de estar equivocados»[4]. Lo invitamos a unirse a la celebración.

El terreno en el que nos encontramos

Nuestras reflexiones en cuanto a la gracia de Dios y su significado para la misión de la Iglesia se basan en las realidades concretas que hemos experimentado en los lugares bajos del mundo. Por ejemplo, vivimos y trabajamos con líderes de ciudades en todos los Estados Unidos, Centroamérica, el Caribe, África, Tailandia y Rumania, quienes trabajan con la juventud y las familias más vulnerables de las comunidades más desafiantes. Buscamos lo que Dios hace en los lugares de dolor y vergüenza entre los pobres del mundo, donde la pobreza y la violencia son realidades diarias. Queremos entender el evangelio entre los más pequeños al retirar los vitrales de las Escrituras y al aprender a «hacer» teología desde abajo.

Creemos que la voz de Dios, al igual que la voz de Abel, cuyo nombre mismo significa «vapor» o «aliento», habla a través del terreno manchado de sangre de la gente y los lugares en los que el sufrimiento y la muerte son una forma de vida[5]. En efecto, tenemos la corazonada de que la voz de Dios es más clara y más impresionantemente divina en esos lugares. En ese sentido, la *teología desde abajo* es para la iglesia como la investigación y el desarrollo son para los negocios; cuando aprendemos a oír la voz de Dios en los agujeros vaporosos del mundo, aprendemos a darle sentido a su voz, y tal vez incluso a ocupar uno o dos de los agujeros con los que nos tropezamos.

Evitar los lugares mal vistos es evitar la gracia de Dios en su forma más abundante y escandalosa. Phyllis Trible lo dice de una manera más contundente en su libro *Texts of Terror* (Textos de terror), cuando insiste en que evitar los lugares bajos no solo es evitar los desafíos teológicos que ellos presentan, sino «falsificar la fe», la misma fe que afirma darle significado y esperanza a aquellos que la vida ha destrozado[6].

El desafío de Trible funcionará como una guía, especialmente en las partes más difíciles de la conversación que sigue. Las meditaciones de este texto son una especie de declaración de fe agustiniana, en el sentido de que, si representan con exactitud la fe, es una «fe en busca de entendimiento»[7]. No pretendemos afirmar algún dominio de lo que hemos llegado a creer. Como comunidad estamos creciendo en nuestra fe, lentamente y a veces con gran resistencia. De hecho, otro santo patrón que representa nuestra voz colectiva muy bien podría ser el padre del niño enfermo que le dijo a Jesús: «¡Sí creo! . . . ¡Ayúdame en mi poca fe!»[8]

Por encima de todo, este libro es una conversación entre dos pasiones que le han dado forma a nuestro llamado colectivo durante

Introducción

los últimos veinte años: la Palabra y el mundo. Estamos enamorados de ambos. No es una conversación particularmente nueva o innovadora para aquellos que están acostumbrados a esas cosas. Pero es una conversación que nos ha ocupado, consumido, desorientado, frustrado, destrozado y transformado en nuestras vidas diarias como ministros del evangelio de Jesucristo en los lugares difíciles. Es tanto personal sin reservas, así como incontrolablemente público. Nos ha hecho y deshecho una y otra vez, y sospechamos que continuará haciéndolo por el tiempo que tengamos aliento.

En su esencia, esta conversación es un diálogo entre las Escrituras y la calle. Karl Barth enseñó que, si los cristianos van a predicar la buena noticia, deben aprender a tener la Biblia en una mano y el periódico en la otra, y hacerlo con integridad equitativa[9]. Entendemos que esto significa que, si nuestro evangelio debe ser una buena noticia, debe hablar *en, a, con,* e incluso *desde* la realidad de la vida diaria y del contexto concreto en el que la gente vive. Desvincular la Palabra del mundo es hacerles violencia a ambos. Si los cristianos deben predicar y enseñar la buena noticia, el texto y el contexto deben saludarse con un beso santo. Incluso cuando el romance sea turbulento, como frecuentemente lo es, por lo menos deben dirigirse la palabra. Por lo tanto, con la ayuda de nuestros hermanos y hermanas contemplativos, estamos aprendiendo a orar con la Palabra y el mundo con el mismo aliento. Estamos aprendiendo a enamorarnos locamente tanto de la Palabra que crea y sustenta el mundo, como del mundo, que es la pura cuna de la Palabra.

Unas palabras sobre nuestro método

Otra esperanza que tenemos para este libro es que acompañe a una serie de cursos que usamos con los líderes de base alrededor del mundo que llamamos Intensivos de los Salmos de la Calle. (Para una descripción, véase las páginas 308-310). En los Intensivos empleamos un acercamiento que se basa altamente en el diálogo, lo cual es difícil de replicar en forma de libro. Por lo tanto, es importante decir algo acerca de la metodología que documenta este texto.

Cuando hablamos de hacer «teología desde abajo», hacemos una declaración muy práctica. Hablamos de leer las Escrituras con y para las personas vulnerables y los lugares vulnerables. Nuestro uso del término «teología desde abajo» no descarta el conocimiento que hay que obtener «de arriba»; por ejemplo, no le niega a la academia su lugar en la conversación, ni descarta las contribuciones de la erudición. Al hacer teología desde abajo se abre espacio para todos estos dones, pero ellos no son las únicas voces y ya no son los más privilegiados. Como sugiere Bob Ekblad en el título de su libro, nuestro trabajo tiene que ver con *Reading the Bible With The Damned* (Cómo leer la Biblia con los condenados)[10]. Dietrich Bonhoeffer lo dice de esta manera:

> Hemos aprendido a ver, por primera vez, los grandes acontecimientos de la historia mundial desde abajo, a través de la perspectiva de los excluidos, los sospechosos, los maltratados, los impotentes, los oprimidos, los que reciben burlas, en pocas palabras: la perspectiva de aquellos que sufren; vemos que el sufrimiento personal es una clave más apropiada, un principio más fructífero, que la buena fortuna personal para explorar el mundo por observación y acción.[11]

Es útil recordar que la mayor parte de las Escrituras, si no todo, fue escrita dentro del contexto de opresión y sufrimiento. Dios usó una voz minoritaria para hablar dentro de la cultura dominante. La mayoría de las personas con quienes leemos las Escrituras se sorprenden

Introducción

y se consuelan al encontrar en sus páginas historias que se ajustan a sus propias experiencias. Así es el don de hacer teología desde abajo.

En nuestra búsqueda de una metodología para leer las Escrituras que funcione entre la gente que sufre, también hemos tenido la buena fortuna de descubrir que el Espíritu se deleita no solo en moverse *dentro* de nosotros, sino que el Espíritu también se mueve *entre* nosotros. De hecho, hemos llegado a creer que el espacio que hay *entre* compañeros es el espacio en el que el Espíritu se revela más plenamente y en el que está más plenamente en casa. A muchos se nos ha enseñado que el Espíritu se establece dentro de nosotros, como si ese fuera el hogar principal del Espíritu. Estamos descubriendo que el Espíritu no solo establece su residencia dentro de nosotros, sino que también se deleita en moverse entre nosotros, y ocupa el espacio entre los compañeros que se relacionan, lo cual hace posible la conexión real que de otra manera es imposible. Martin Buber se atrevió a decir: «Toda la vida auténtica es una reunión»[12]. Buber creía que un encuentro genuino entre las personas es un terreno santo y la base de la misma vida. Él lo llamaba la relación YO-TÚ. Paul Tillich lo llamaba el reino de lo «verdaderamente genuino»[13]. C. S. Lewis observó lo mismo en su oración fundamental: «Que el genuino yo sea quien hable. Que el genuino Tú sea a quien yo hable»[14]. No hay nada más fundamental, misterioso, liberador o vivificante que cuando el verdadero «yo» se encuentra con el verdadero «Tú». Una reunión cara a cara con alguien, especialmente con Dios, es el destello momentáneo de todo lo que es verdadero. En ese momento, todo lo que es falso se vuelve extrañamente borroso y finalmente muere frente a lo verdaderamente verdadero. En ese espacio es que encontramos tanto el misterio como el poder de lo que llamamos teología conversacional, la misma sustancia de nuestro trabajo comunal con los líderes que derraman sus vidas en los márgenes de la sociedad.

Nuestro acercamiento evita que protejamos alguna afirmación dogmática en la que solamente hay una respuesta correcta. Como otros han observado, nuestro estilo es más *jazz* que música clásica, más narrativa que prosa, más informal que formal, más comunal que individual. Entramos a la conversación desde los márgenes para influir en el centro. Disfrutamos el lenguaje lírico, poético y juguetón. Nos encantan las preguntas que hostigan y provocan, y que a veces confunden. Podemos ser levemente irreverentes, y podría ser importante afirmar esto desde el principio. Hay movimiento y dirección en nuestro trabajo, pero no es lineal. Fácilmente admitimos que nuestro acercamiento no es sin riesgo. Tomamos prestadas las palabras de Phyllis Trible, quien una vez advirtió a sus lectores: «Al unirse a esta aventura, el lector asume los riesgos que conlleva»[15].

Como lo hemos dicho, nuestro trabajo tiene en sí una calidad semejante al *jazz*. Realmente es cierto, y sacamos mucho de la metáfora del *jazz* en nuestro entrenamiento. Hacer teología desde abajo significa que todos los participantes tienen voz y participación en la conversación, incluso aquellos con quienes no estamos de acuerdo. Todas las voces se incluyen, a veces más especialmente aquellas que son más difíciles de escuchar. Escuchar bien es parte de lo que hace que el *jazz* funcione. De acuerdo con la metáfora del *jazz*, a menudo nos referimos a estas voces como las «notas del *blues*».

Una nota del *blues* es la nota que pone al *jazz* en el *jazz*, es la contribución única del género. Hay tres «notas del *blues*» en el *jazz*: la 3ª menor, la 5ª disminuida y la 7ª menor. La 5ª disminuida es la más triste de las notas del *blues*. El *jazz* inventó esa nota extraña y elusiva para

Introducción

darle voz al dolor. Es la nota que altera y crea disonancia. Se resiste a la determinación. Desorienta y a veces irrita, pero cuando se mezcla con la partitura más grande, le da voz al dolor y anhelo asociado con el dolor. Kathleen O'Connor escribe: «La primera condición para sanar es visualizar el dolor»[16]. Para el conocedor del *jazz*, al *jazz* se le conoce como música que sana, en parte, porque la 5ª nota disminuida es la que visualiza el dolor y el sufrimiento. En ese sentido, nuestra esperanza es que este libro les dé voz, no solamente a aquellos que están en los márgenes, sino también a aquellos para quienes el dolor es una forma de vida.

Esta aventura nos llevará a conversar con los miembros de las pandillas centroamericanas que están en cárceles de máxima seguridad, con los jóvenes de la calle de la ciudad más grande de Centroamérica, con las prostitutas de las calles de Santo Domingo, con los que rebuscan en los basureros de la ciudad, con los huérfanos de Europa Oriental, con los conflictos tribales de Kenia y con los que sufren pobreza extrema en algunos de los suburbios más grandes del mundo. Estos son apenas unos cuantos de los «lugares de reunión» de los líderes de base a quienes servimos.

Los encuentros auténticos dentro del ámbito de lo verdaderamente real son breves, en el mejor de los casos. Como lo dice T. S. Eliot: «La humanidad no puede soportar mucho la realidad»[17]. Sabemos que esto es cierto. No le pediremos al lector que aguante demasiada realidad. Sin embargo, sí esperamos honrar al Espíritu que obra en los lugares bajos. Oramos para que eso honre a nuestros colegas que sirven allí. Y más importante aún, oramos para que honre a aquellos que nadan en los estanques más profundos de la gracia de Dios, quienes nos han enseñado a sostener la Biblia con una mano y al mundo en la otra, con gran afecto y esperanza.

PRIMERA SECCIÓN

El Descenso

Y el Verbo se hizo hombre y habitó entre nosotros.

~Juan 1:14

La pista que se adivina a medias, el don que se entiende a medias, es la Encarnación.

~T. S. Eliot, «The Dry Salvages» (Los salvajes secos)[18]

1
La Nota Triste

¡Considérenlo o dígannos qué hacer!
~Jueces 19:30

El viaje es solitario e intenso. Al unirse a esta aventura,
el lector asume los riesgos que conlleva.
~Phyllis Trible[19]

La red de los Salmos de la Calle recibe regularmente grupos de norteamericanos en lo que llamamos «viajes de visión» en lugares difíciles alrededor del mundo. En contraste a un «viaje misionero», que se centra en lo que un extranjero llega a «hacer» a otro país u otra cultura, el viaje de visión se enfoca en la invitación a un extranjero a venir a «ver» lo que Dios está haciendo a través de los líderes de base que sirven a su propia gente. Los encuentros bien elaborados y la reflexión teológica orientada permiten a los visitantes a volver a imaginar y a ampliar su comprensión de la vida y la misión, llegan a ser estudiantes de la actividad de Dios en otro país u otra cultura. Los viajes de visión liberan la «misión» del confinamiento a las limitaciones de un programa o responsabilidad de un comité selecto de una iglesia. La meta es que la misión llegue a ser un estilo de vida. Estas experiencias de viajes de visión, cuando están arraigadas a la correcta geografía de la gracia, ayudan a que eso ocurra.

En la ciudad de Guatemala, cada grupo de viaje de visión, en cierto momento, se dirige al cementerio general que da vista al *basurero* (el depósito de basura municipal), donde cientos de familias ganan su sustento diario removiendo la basura diaria en busca de tesoros desechados entre la suciedad. Allí, entre tumbas agrietadas, árboles muertos y buitres revoloteando, leemos y reflexionamos en Jueces 19.

¿Por qué Jueces 19? ¿Y por qué leerlo en el lugar de los muertos, al lado del depósito de basura más grande de América Latina? Podría decirse que este capítulo es, tal vez, el punto más bajo de las Escrituras, a excepción de la crucifixión de Jesús. Si queremos escuchar la Palabra con la misma fuerza en nuestro texto sagrado y en nuestro propio contexto desafiante, debemos tener el valor de escuchar desde los confines más lejanos de cada uno, incluso en las profundidades. Debemos resistir nuestro impulso inevitable de aligerar nuestro ritmo para pasar rápido por el horror. Hemos aprendido a hacer pausa en el hedor de la muerte a medida que esperamos una palabra de vida. Por lo que hacemos una pausa aquí, en estas páginas, al inicio de nuestro trabajo teológico, no pasiva sino atentamente, con el *basurero* y las páginas de una historia terrible que se despliega ante nosotros.

Este capítulo de las Escrituras hebreas, que mayormente no se lee, nos cuenta la historia cruel de una esclava sexual sin nombre, que es violada grupalmente, que es golpeada casi hasta la muerte, y, luego, que es asesinada por el que dijo que la amaba, desmembrándola.

La Nota Triste

Su muerte inicia una guerra civil en la que miles de otros hombres, mujeres y niños inocentes son asesinados brutalmente. Y para colmo, otras seiscientas jóvenes vírgenes incautas son obligadas a «casarse» y se les convierte en esclavas sexuales como resultado. Para agregarle insulto a la agresión, a esta mujer nunca se le da la dignidad de un nombre, ni se le permite hablar por sí misma. Aparentemente, todo esto ocurre porque «En aquella época no había rey en Israel; cada uno hacía lo que le parecía mejor» (Jueces 21:25).

La mujer sin nombre que está en el centro de la narración es la esclava sexual de un levita, un miembro de la tribu sacerdotal de Israel, que vive en las partes remotas de la zona montañosa de Efraín. El hecho de que él vive en la remota zona montañosa es un detalle importante de la historia, porque sabemos que un buen levita debía residir en o cerca de las cuarenta y ocho ciudades levíticas que Dios había apartado cuando dividió la tierra entre las doce tribus de Israel. Todas las demás tribus obtuvieron extensiones de tierra, pero a los levitas les dieron ciudades, ya que su trabajo era ser la presencia sacerdotal de Dios en las plazas públicas. Por el motivo que fuera, este levita vive en una remota zona montañosa con su concubina.

El levita y la concubina tienen una pelea y la concubina se llenó de ira. Se enoja tanto que se va de la región montañosa para regresar a la casa de su padre. Una esclava sexual sin derechos no hace justicia por mano propia, por lo que tuvo que haber sido provocada profundamente para avergonzar a su amo de esa manera y exponer su vergüenza ante la casa de su padre. Es una maniobra arriesgada de su parte. Algo ha salido terriblemente mal.

Irónicamente, su salida despierta algo inesperado en el levita. Su insolencia hace surgir sentimientos de preocupación, y, por un momento, él llega a ser casi humano. Parece que recuerda que la ama.

Decide ir tras ella para «hablarle cariñosamente y hacerla volver» (lbla). Esta expresión bella y poética del texto connota un afecto profundo. Es el lenguaje del amor. Es el mismo lenguaje que Dios usa con Israel muchos años más adelante, después del regreso de Israel del exilio en Babilonia. «¡Consuelen, consuelen a mi pueblo!—dice su Dios—. Hablen con cariño a Jerusalén . . . ». (Isaías 40:1). Por lo que el levita se pone en marcha para recuperar a la esclava sexual a quien ama, y queda claro en la narración que debemos creer sus motivos.

El levita llega y el padre de la concubina lo saluda con una cálida hospitalidad. Dadas las circunstancias, esto parece una bienvenida extraña del padre, incluso para las normas del Medio Oriente, donde se valora altamente la hospitalidad. No se menciona a la concubina, no hay palabras tiernas. De hecho, el levita nunca le dice una palabra a la mujer, en absoluto, y mucho menos le habla al corazón. Más bien, el levita y el padre de la mujer se lanzan de lleno a una fiesta de cuatro días. Cada día, cuando el levita se levanta para irse, el padre insiste que coman y beban más. De hecho, el texto dice que él lo «hizo» quedarse. Aquí no presenciamos una simple hospitalidad del Medio Oriente. Más probablemente presenciamos la borrachera desenfrenada de un alcohólico empedernido. Tal vez bebe así para vivir consigo mismo por lo que ha hecho o no ha logrado hacer con su hija. No se menciona a la cónyuge del padre. Se nos deja especular si está muerta o ha huido de casa porque no puede aguantar más los desenfrenos de su esposo, o tal vez sigue en la casa, pero se ha quedado en silencio para protegerse a sí misma.

El quinto día, el levita está determinado a irse con su concubina, a quien todavía no le ha hablado, pero su padre convence al levita que beba un poco más para el camino. Finalmente, después de otro día entero de beber, el levita se suelta del padre y se va con su mujer, su «propiedad», que sigue en el anonimato. Incluso entonces, todavía no hay señal de que el levita le hubiera hablado cariñosamente a su corazón. Tal vez la fiesta ha entorpecido su memoria y ha tranquilizado su anhelo de reconciliación.

El levita y su esclava sexual han salido tan tarde en su viaje a casa que pasan la noche con los benjaminitas de Guibeá. Irónicamente, el único que ofrece hospedarlos en la noche no es un benjaminita, sino un extranjero. Este pequeño detalle presagia el peligro que sigue. Algunos de los chicos de la ciudad, a quienes se los describe como «perversos», se enteran de los visitantes y golpean la puerta. El texto dice que, en tanto que estos hombres «pasaban un momento agradable», (una imagen extremadamente sugestiva, abierta a toda clase de posibilidades lujuriosas) el huésped abre la puerta. Ellos preguntan si pueden tener relaciones sexuales con el levita. Impactado y profundamente ofendido con la idea de que semejante cosa malvada y vil se le haga a su huésped varón, el anfitrión se rehúsa furiosamente. Sin embargo, ofrece como alternativa a su propia hija virgen, que no se nombra, para que hagan con ella cualquier cosa que ellos quieran. La respuesta del anfitrión es aún más impactante que la petición original. Sin embargo, los hombres persisten en su deseo del levita. Al temer por su vida, el levita violentamente «toma» a su concubina y la lanza a la turba; como escribe Trible, la mujer es cruelmente «traicionada en manos de pecadores»[20]. Enfurecidos por ese desaire, la pandilla la viola en toda la noche. A la mañana siguiente, cuando el levita se despierta (sorprendentemente, parece que durmió bien en la noche), abre la puerta para volver a casa y encuentra el cuerpo de su concubina, apenas vivo, con sus manos en el umbral de la puerta. Aquí obtenemos la impresión clara de que el levita se dirige a la puerta, no a rescatar a su amor y hablarle cariñosamente al corazón, sino para reducir sus pérdidas y dirigirse a casa. Aparentemente, ha determinado que la concubina ha sido deshonrada y ya no tiene valor para él, pero no puede irse porque ella está tirada en el umbral de la puerta. Ella está, literalmente, en su camino.

Entonces, finalmente oímos al levita dirigirle sus primeras y únicas palabras. No son palabras cariñosas dirigidas a su corazón. No confiesa su temor y debilidad, ni le asegura su amor, mientras ella está en el umbral de la muerte misma. En lugar de eso, le dice: «¡Levántate, vámonos!» Pero ella no se puede levantar. La han golpeado y violado durante toda la noche. Es un milagro que lograra llegar al umbral de la puerta. «Mira que estoy a la puerta y llamo», la ironía aquí es brutal y desgarradora. Después de una noche de tortura y abuso, ella gatea hacia aquel que la entregó a sus abusadores.

«¡Levántate!», grita. Ella no se puede levantar, ni siquiera responder. Por lo que el levita la lanza sobre el burro, muy semejante a como él la lanzó de la casa la noche anterior, y muy literalmente decide reducir sus pérdidas. El levita «tomó» a su esclava sexual y la «descuartizó en doce pedazos». Luego envía los pedazos a las tribus de Israel. (El texto se pone vago en cuanto a si la concubina está viva o muerta cuando el levita la descuartiza, pero como lo sugiere Trible, hay evidencia textual de que todavía estaba viva).

En ese punto del texto hay una pausa en la acción, y oímos lo que se oye como una voz nueva. Algunos argumentan que es el mismo levita, pero dadas las medias verdades que él cuenta posteriormente a las doce tribus en cuanto a lo que ocurrió con la concubina, no parece probable que sea él. Trible señala que puede ser la voz genuina del narrador que interrumpe la historia, quien ya tuvo suficiente con la matanza del levita. Pero, ¿quién es este narrador misterioso?

La Nota Triste

La voz dice: «Nunca se ha visto, ni se ha hecho semejante cosa, desde el día que los israelitas salieron de la tierra de Egipto». Es una pregunta retórica para la cual la única respuesta es un «¡NO!» enfático.

La voz continúa y ofrece un plan de tres pasos para redención: «*Consideradlo*» (Ibla)Veremos cada una de ellas, una por una.

Consideradlo. Trible señala que el primer imperativo es en realidad la expresión hebrea «dirijan su corazón a ella», que hace paralelo con las intenciones iniciales del levita hacia la concubina cuando se dispuso a llevarla de regreso. La voz le pide a Israel que haga lo único que el mismo levita no pudo obligarse a hacer.

Tomad consejo. La voz instruye a Israel que reflexione en el corazón de aquella que ha sido violada y descuartizada. La voz le suplica a Israel que organice un consejo que la considere y reflexione en el corazón de ella tiernamente.

Hablad. Al haber considerado su corazón con ternura, y al haber organizado un consejo que haga lo mismo, y solamente entonces la voz le suplica a Israel que se exprese.

Observe el orden de los imperativos. La voz sabe el peligro de hablar sin reflexionar, de actuar sin pensar. Si Israel hubiera escuchado y hecho lo que el levita no hizo, tal vez las cosas se habrían dado de manera distinta. Desafortunadamente, las tribus no escucharon. La guerra civil estalla y las otras once tribus aplastan a los benjaminitas, y matan a 25,000 hombres y a *todas* las mujeres y niños. Incluso mataron todas las «bestias», quizá las más inocentes de todas las víctimas. Solamente 600 hombres benjaminitas sobrevivieron.

Lo que comenzó como la historia de un hombre que no logra dirigir su corazón y hablar con ternura a su amante, se convierte en la historia de una nación que no logra dirigir su corazón a una de sus víctimas abusadas más violentamente y hablarle tiernamente. Lo que comenzó con la muerte de una mujer sin nombre escala en la muerte de miles de hombres, mujeres y niños sin nombre. La traición final es que Israel empuja a Dios hacia el desastre despreciable al proyectar su deseo de venganza en la boca de Dios. Lo que comenzó como una violación brutal de una esclava sexual se convierte en la brutal violación y esclavitud de 600 mujeres inocentes, supuestamente ratificado por el mismo Dios. Estamos en una geografía radicalmente peligrosa.

Cuando los israelitas no dirigen sus corazones hacia la mujer sin nombre, se desbocan para exigir la venganza de la tribu de Benjamín. La indignación del crimen atroz galvanizó la sed de venganza de la comunidad santurrona y les dio un chivo expiatorio que satisfaría y justificaría su propia brutalidad. Al ignorar las oraciones de la voz misteriosa, ignoran su propia humanidad.

En un acto de violencia final y absurdo, las once tribus acuerdan que no pueden dejar a sus primos, los 600 benjaminitas sobrevivientes, sin esposas para reponer su tribu por temor de que se extingan y desaparezcan para siempre. Por lo que deciden atacar Jabés Galaad, y mataron a todos, excepto a 400 vírgenes. Estas 400 vírgenes fueron entregadas a los 600 varones benjaminitas. Pero eso es una matemática incorrecta, dejan 200 hombres benjaminitas sin compañía femenina para que satisfagan sus necesidades. Los ancianos se reunieron una vez más, y ahora con su atención en las hijas de Silo. En el festival anual de alabanza. donde las mujeres adoraban al Señor con la danza, los ancianos tribales instruyeron a los 200 hombres benjaminitas restantes que se escondieran en los arbustos y que se apoderaran de cualquier virgen que les gustara. Ese día, 200 vírgenes adicionales se convierten en esclavas sexuales, las toman en contra de su voluntad y se les obliga a tener relaciones sexuales con «esposos» que ellas no conocen ni aman. Se restaura el orden y la tribu de Benjamín sobrevive.

La Nota Triste

¿Por qué Jueces 19 y por qué en un cementerio?

Así que, volvemos a la pregunta con la que comenzamos este capítulo. «Las historias tristes—escribe Trible—, producen nuevos comienzos»[21]. Esta esperanza extraña nos da el valor de examinar la matanza de esta historia inolvidable y probar los límites del evangelio que enseñamos y predicamos. Es una nota de *blues* extraordinariamente difícil de escuchar, pero ponerle fin en nuestros oídos es abandonar no solo a la esclava sexual sin nombre en su condición ya abandonada, sino también a las incontables víctimas del día de hoy, para quienes esta historia es una realidad presente.

Cuando un grupo de cristianos norteamericanos está de pie, en el precipicio de un despeñadero de Guatemala que deja ver cientos de recolectores de basura en la miseria, el impulso inmediato es satanizar a la iglesia guatemalteca por ser tan ciega a estas condiciones deplorables en medio de su propia ciudad. Sin embargo, el viaje hacia la narración de Jueces 19 (si se mira lo suficiente), finalmente lleva a los norteamericanos a considerar los *basureros* llenos de etnias aisladas y marginalizadas en sus propias ciudades que ellos han pasado por alto. Allí es donde los animamos a considerar las palabras del narrador anónimo de Jueces 19: considerar, tomar consejo y hablar por los más pequeños, los últimos y los perdidos, buscar lo que podría ser una palabra tierna para las concubinas descuartizadas y sin nombre de sus propias comunidades. Esta reorientación desorientadora y dolorosa ha dado mucho fruto, a medida que nuestros visitantes de los equipos de visión regresan a los «campos misioneros» de sus vidas diarias. Después de salir de Guatemala en su primera visita, Henri Nouwen escribió: «Habíamos viajado entre dos mundos y nos dimos cuenta de que era uno»[22]. De la misma manera, reflexionar en Jueces 19 nos permite darnos cuenta de que los textos terribles que suprimimos, incluso en nuestras propias Escrituras, no son tan ajenos a los mundos con los que nos topamos.

Los textos de terror se escriben a diario en los guetos, en los asentamientos marginales, en las *favelas* y en los barrios alrededor del mundo. Son lo que Pablo habría llamado «cartas vivas», pero estas epístolas son cuentos aterradores de abandono, brutalidad, violencia y desesperación, para lo que parece que no hay evangelio. Estos textos de terror del día de hoy son la vida cotidiana para más de un millardo de personas alrededor del mundo, que viven en comunidades marginales y conocen el horror indecible que engendra la pobreza despreciable[23].

Esta historia terrible no es ficción para los huérfanos abandonados en las instituciones de Europa Oriental, que sufren golpes, abuso sexual o que son explotados sexualmente con regularidad, según uno de nuestros amigos de los Salmos de la Calle. No es un cuento distante para los millones de esclavos sexuales de hoy día de Tailandia, o para las pandillas de Norte o Centroamérica. Estas narraciones bíblicas del caos y terror son conocidas, sus tramas y personajes parecen ciertos. Penetran en las profundidades de la bondad de Dios ante el mal. También las ocultamos, las suprimimos, las negamos y las descartamos rutinariamente aquellos de nosotros que administramos poder en la iglesia norteamericana, a medida que decidimos qué historias son permitidas en el léxico diario de la vida y desde nuestros púlpitos los domingos por la mañana.

Es un mal que estas historias existan en todo caso, pero es dos veces peor cuando prácticamente se suprimen del libro sagrado de la iglesia. Como escribe Martin Marty: «Rehusarse a oír o a contar la historia de sufrimiento es embrutecedor»[24]. Las Escrituras en sí dan testimonio de esta verdad. Solamente tenemos que recordar que más de un tercio de los Salmos están escritos desde la perspectiva del abandono. Las Escrituras le dan una voz penetrante al dolor. Es despiadadamente sincera en cuanto a los fracasos, los defectos, la miseria y el sufrimiento de sus muchos personajes con defectos. Abraham, Isaac y Jacob fueron tanto víctimas como opresores. Las Escrituras no escatiman los detalles despreciables de sus vidas, ni nos evita la 5ª nota disminuida de dolor que emana de ellos.

La rechazada «hija de Sión» de Lamentaciones clama en su condición quebrantada y abusada al lado del camino: «¡Mírame, mírame!» a cualquier transeúnte que se atreva a detenerse a escuchar su historia de abandono (Lm 2:18). Ella clama a los extraños (y a nosotros), creyendo que Dios desde hace mucho hace oídos sordos a su miseria. Y Job, el santo patrón del sufrimiento, grita por la atención de Dios e insiste en contar su historia.

René Girard argumenta que una de las cosas que hace que la Biblia sea única es que es la única literatura sagrada en la historia que cuenta el relato de la víctima *desde la perspectiva de la víctima* y que ve y defiende su inocencia[25]. Las Escrituras le dan voz a los que no tienen voz y declara la solidaridad de Dios con la víctima, y esto es precisamente lo que está en peligro que se pierda dentro de la iglesia norteamericana, con nuestras historias inclinadas a hacer sentir bien, que elevan e inspiran.

La insistencia de la Biblia en darles voz a la esclava sexual victimizada y sin nombre, independientemente de a quién implique, refleja lo que hemos visto y oído en los callejones oscuros y en las calles llenas desde Nairobi hasta la Ciudad de Guatemala. La voz de los que no tienen voz es el megáfono de Dios, que nos llama a reexaminar el evangelio que enseñamos y la teología que le da significado, para que llegue a ser una *buena noticia* tangible para la gente que ha sido aplastada por la vida.

Elie Weisel, en su novela autobiográfica del Holocausto, *Night* (Noche), habla del ahorcamiento de dos adultos y un niño a quienes atraparon robando un pan en el campo de concentración. Es una historia brutal que termina sin misericordia. Aparentemente, el niño no pesaba lo suficiente para que lo ahorcaran apropiadamente y asegurar una muerte rápida. Weisel y el resto del campamento vieron al niño experimentar una muerte lenta y agonizante. Un hombre pregunta: «¿Dónde está Dios ahora?»

«Justo aquí—responde otro—. Justo aquí»[26].

Esta pregunta de dónde se encuentra Dios es precisamente la pregunta que Jueces 19 plantea. ¿Dónde está Dios para la mujer sin nombre? La única respuesta inmediata y aceptable parece ser el silencio. Es la misma respuesta que Dios Padre da cuando Jesús clama en la cruz. Y si Dios responde con el sacramento del silencio en presencia de la agonía de su Hijo, tal vez sea sabio hacer lo mismo cuando se enfrenta a la realidad del dolor de otro: sostener y ser sostenidos lo suficiente por el dolor de otro para que eso nos transforme. Si eso es cierto, ¿cómo entonces debemos actuar? ¿Podemos decir algo, en todo caso, cuando historias como estas nos confrontan?

Tan arriesgado como parezca, debemos actuar. La sabiduría del silencio en la presencia del dolor de otro no es una licencia para evitar el desafío de fe que semejantes historias nos ponen encima. Hay una manera de hablar desde el silencio. No debemos mantenernos al margen de los desafíos teológicos que estas historias presentan, no sea que «falsifiquemos la fe», como lo dice Trible.

El teólogo de la liberación, Gustavo Gutiérrez, argumenta: «El tema del libro de Job no es precisamente el sufrimiento, ese misterio humano impenetrable, sino más bien cómo hablar de Dios en medio del sufrimiento», y considerar lo que significa «hablar con Dios en vista del sufrimiento del inocente»[27]. ¿Cómo le hablará Job a Dios? Incluso ¿cómo hablará de él? ¿Lo maldecirá Job o no? Esta es, por supuesto, la apuesta que Satanás hace con Dios, el resultado de la cual depende en el hecho de que Job se rinda a la teología dominante de la época, representada por los consoladores de Job. Los consoladores de Job insisten que Job merece lo que recibe y que Dios lo está castigando por su pecado. Dios bendice al justo y castiga al pecador, ¿cierto? Ninguna otra explicación es posible. Pero Job permanece firme en medio de su dolor, y se rehúsa a aceptar esta «teología transaccional» que se ha usado a lo largo de la historia para revictimizar a las víctimas. Dios reconoce el rechazo de Job y dice que Job ha «hablado de mí lo que es recto» en Job 42 (lbla).

Hablar de Dios auténticamente y con autoridad en tanto que estamos en el «terreno duro y demandante» del sufrimiento humano es precisamente la tarea que tenemos en nuestras manos[28]. Es un camino peligroso y difícil que nos obliga a una geografía de la gracia: un lugar al que puede ser insoportable entrar y abrirse camino. Este es no solo el desafío de Job, sino el desafío de Jueces 19, ¿dónde está Dios en la historia de la mujer descuartizada, y cómo debemos hablar de la presencia divina en el lugar de los muertos? Por lo que jugaremos una clase de ruleta rusa con las Escrituras, utilizando Jueces 19 para probar los límites de la solidaridad de Dios con los más pequeños.

La pista que se adivina a medias

Como lo hemos visto, el centro interpretativo de Jueces 19 se encuentra en las tres órdenes: *consideradlo, tomad consejo, hablad*. Se nos pide que *consideremos* el corazón de la mujer sin nombre de una manera que el levita no logró hacerlo. ¿Por qué? ¿Qué espera la voz que encontremos allí? También se nos pide que consideremos el corazón de ella en el contexto de la comunidad: *tomar consejo* juntos, haciendo colectivamente lo que teníamos que haber hecho personalmente. De nuevo, ¿qué espera la voz que veamos? Se nos invita a *hablar* solamente después de considerar tiernamente el corazón de la mujer sin nombre y establecer un consejo que haga lo mismo. Pero ¿qué espera la voz que digamos cuando finalmente hablamos?

Para llegar a estas preguntas tenemos que reconocer que de todos los personajes trágicos de las Escrituras (y probablemente de nuestro mundo hoy día), esta esclava sexual sin nombre está en el fondo del montón de basura, incluso a Job se le da un nombre y la dignidad de contar su propia historia. La esclava sexual es la más pequeña en cada sentido imaginable. En la ocasión excepcional que podemos contemplar a la mujer sin nombre lo suficiente para reflexionar en su corazón, hasta podríamos oír vagamente en el fondo las palabras de Jesús de Mateo 25: «todo lo que hicieron por uno de mis hermanos, aun por el más pequeño, lo hicieron por mí»

Esta clase de volver a imaginar es esencial para nuestra metodología del *jazz* de leer las Escrituras, podría llamarlo *imaginación lírica,* escuchar y probar ritmos sincopados y armonías extrañas entre notas disonantes. Hay algo extrañamente incómodo al escuchar las palabras de Jesús al reflexionar en el corazón de la mujer sin nombre. ¿Es posible que Dios sea realmente Emanuel para una esclava sexual sin nombre que es violada por una pandilla y descuartizada? Si reflexionamos lo suficiente y vemos profundamente su corazón, descubrimos lo impensable. O, para ser más exactos, el corazón nos descubre a nosotros. Hay un detalle muy pequeño en esta historia que nos da el valor para creer lo que sugerimos aquí.

La Nota Triste

Resulta que esta mujer sin nombre nació en un pueblo insignificante llamado Belén. Esta clave, que se menciona no menos de cuatro veces, gira y libera nuestra imaginación. Jesús no solo nació en Belén, sino que en la noche que fue traicionado y abandonado en las tierras de sus enemigos, él partió pan que era su cuerpo, y lo dio a los doce discípulos. Pidió a sus discípulos que se acordaran de él en esta comida. El cuerpo de Cristo fue quebrantado y su sangre derramada por la nación de Israel, un grupo de personas que lo quería muerto.

Al leer Jueces 19 con una imaginación santificada, es como si nos convirtiéramos en los discípulos de Jesús en el camino a Emaús en Lucas 24. Este pasaje habla de la larga caminata de los discípulos con el extraño, que de repente se revela como Jesús cuando recrea aquella comida de la noche que fue traicionado. Así como el extraño se revela como Jesús en el partimiento del pan, de igual manera, la mujer sin nombre revela que es Jesús en el partimiento de su cuerpo. «todo lo que hicieron por . . . el más pequeño . . . ».

Si reflexionamos lo suficiente en el corazón de la mujer sin nombre, llegamos a conocer no solo su corazón, sino también su nombre. Nos atreveremos a darle la dignidad del nombre que se le ha negado por más de tres mil años. Incluso nos atreveremos a darle un nombre por encima de todos los demás.

A medida que la gracia fluye hacia abajo y se acumula en Jueces 19, se nos confronta con lo que parece una fosa séptica. Es ofensivo y escandaloso, indescriptible, pero si podemos mantener nuestra mirada lo suficiente y reflexionar en la mujer, ella nos enseña una verdad difícil, pero certera: que ella no estuvo sola en su abandono. No estuvo sola cuando la entregaron a la turba. No estuvo sola cuando fue violada y golpeada por una pandilla esa noche. No solo ella fue descuartizada en doce pedazos y entregada a Israel. Dios estuvo con ella esa noche.

Dios, también, fue abusado, golpeado, violado y descuartizado. ¿Dónde está Dios? Dios está con nosotros, particularmente con los más pequeños. Emanuel.

Ahora bien, esto quizá no se parezca mucho a una buena noticia, pero sospechamos que sí lo es, porque no somos esclavas sexuales sin nombre. En la Comunidad de los Salmos de la Calle hemos llegado a creer que la pregunta última y final de los corazones de aquellos que han sido destrozados por la vida no es la gran pregunta «¿Por qué?», aunque indudable y legítimamente la hacen todos los que se han sentido abandonados. Hay una pregunta aun más profunda que merodea debajo de la superficie del dolor humano. Se forma en las aguas profundas de nuestro caos. Es la pregunta demasiado difícil de poner en palabras, demasiado aterradora para mencionarla. La pregunta más desgarradora de todas que demandamos de Dios en nuestro momento más grande de necesidad es: «¿Dónde estás? ¿Estás conmigo? ¿O estoy totalmente solo?» Nadie quiere morir solo, especialmente una esclava sexual sin nombre, sin rostro, que está siendo descuartizada por los pecados de otros. Cuando toda la esperanza se pierde, los destrozados quieren saber que Dios está con ellos, y si Dios está con ellos, ¿de qué manera? ¿Como testigo? ¿Como juez? Si la historia de la mujer sin nombre es alguna indicación de la forma en que Dios está presente en nuestro sufrimiento, es como Aquel que sufre con nosotros. Y lo que puede tardar una eternidad en comprenderse completamente es que Dios sufre con nosotros durante nuestros tiempos más aterradores e impotentes. Esto es lo que el evangelio se atreve a sugerir.

Esta es precisamente la historia de lo que Jesús vino a decir cuando dejó la casa de su Padre y «se trasladó al vecindario», como lo dice Eugene Peterson[29]. Cuando leemos las Escrituras a la luz de Jueces 19, la encarnación no solamente es una idea teológica abstracta, cuyo único propósito es arreglar el problema del pecado. Se convierte en la expresión concreta de algo que siempre ha sido cierto. Jesús se traslada al vecindario para revelar algo que ha sido cierto desde el comienzo: Dios está con nosotros, de manera radical. Por supuesto, hay más en la historia de la transformación que solo la presencia de Dios, pero aquí es donde comenzamos. Trible nos recuerda: «Cuando dejamos la tierra del terror, cojeamos[30]». Y, de esa manera, cuando salimos de la sombra de Jueces 19, continuamos nuestro viaje, cojeando hacia la geografía de la gracia más profundamente.

2
Cómo Leer la Palabra

Maestro, ¿cuál es el mandamiento más importante de la ley?
~Mateo 22:36

*Si no estás dispuesto a desvestirte,
no entres a la corriente de la Verdad.*
~Rumi[19]

P*odría ser útil hacer una pausa aquí* y explorar más acerca de nuestro método. En este capítulo, tratamos de hacer explícito lo que está implícito en el resto del libro, es decir, cómo aprendemos a leer tanto la Palabra como el mundo.

En nuestra experiencia, volver a contar la historia de Jueces 19 hace surgir toda clase de preguntas en cuanto a la forma en la que las personas se acercan a las Escrituras y ven el mundo. Muchas personas nunca han siquiera oído la historia de Jueces 19, mucho menos la han oído predicar en sus iglesias. Parece que la historia de la esclava sexual sin nombre ha sido eliminada casi completamente. Escucharla por primera vez en un salón de clases es lo suficientemente difícil. Escucharla por primera vez en un cementerio que da a un basurero puede ser radicalmente desorientador.

Al estilo de Barth, nuestra esperanza es sostener la Palabra con una mano y el mundo con la otra, e involucrar a ambos en una conversación larga. Pero este lenguaje es desorientador, porque, ¿las manos de quién son lo suficientemente grandes como para sostener la Palabra o el mundo, mucho menos ambos al mismo tiempo, o quién de nosotros, en nuestros intentos temerosos de coaccionarlos y controlarlos, no les hará violencia a ambos? Así que, para ser más precisos, nuestra esperanza es *contemplar* la Palabra y el mundo. O, para ser aun más precisos, queremos que la Palabra y el mundo nos *sostengan*, y que ambos nos mezan con la plena confianza de que hay una clase de bondad y misericordia en la base de todo. Esta gracia nos permite relajarnos y confiar en que todo está bien. Desde este lugar de confianza primordial es que descubrimos una libertad lúdica, incluso en medio de un terreno muy difícil. Para algunos, nuestro carácter juguetón puede malinterpretarse como una falta de reverencia. Para otros, la libertad, en tanto que es profundamente atractiva, también puede ser desorientadora y confusa. Pero, esa libertad lúdica no descarta ni menosprecia el valor de la certidumbre doctrinal, ni la mantiene cautiva. Queremos involucrarnos en una conversación desafiante que no nos coacciona hacia un punto de vista u otro. Nos interesa *reunirnos* en el espacio que está en medio, no el control mental.

Karl Rahner, el arquitecto del Segundo Concilio del Vaticano, dijo que lo que más quiere la mente es la *comunión*, no la *explicación*. Desafortunadamente, la comunión rara vez ocurre en una cultura que se siente impulsada a explicar y defender casi todo, particularmente nuestra fe. Es interesante que Jesús rara vez explicó algo. Richard Rohr señala que a Jesús le hicieron 183 preguntas en los Evangelios[32], pero él solamente respondió tres directamente: una en cuanto a su autoridad, otra en cuanto a ser rey y la tercera en cuanto a cómo orar. Jesús reformuló las preguntas como historias, adivinanzas, teatro dramático, o simplemente se quedó callado, pero no se sintió obligado a dar respuestas. Estamos convencidos de que Jesús quería subvertir nuestra adicción humana a las explicaciones cuando fuera posible, y nos abrió la posibilidad de comunión con el Padre y la promesa de transformación que esa comunión tiene para todos nosotros.

Bob Ekblad, director de Tierra Nueva y The People's Seminary de Burlington, Washington, ha trabajado ampliamente con trabajadores migrantes en granjas y reclusos en los Estados Unidos y Centroamérica por más de 25 años. Ha sido tanto mentor como amigo para muchos de nosotros que estamos aprendiendo a leer las Escrituras con personas de los márgenes de la sociedad dominante. Como resultado de años de prueba y error, Bob ha identificado por lo menos siete barreras que evitan que las personas heridas experimenten la Palabra liberadora de Dios en las Escrituras. Él trata con algunos de estos «obstáculos comunes» en su libro *Reading the Bible with the Damned* (Cómo leer la Biblia con los condenados), y exploraremos varios más.

Es curioso que la mayor parte del cristianismo dominante de Norteamérica no experimenta estos obstáculos como tales. De hecho, si se ven en todo caso, se interpretan como guías confiables y guardianes de la ortodoxia, lo que explica por qué son tan poderosos y peligrosos. Son como lentes que difícilmente se observan o cuestionan, y sirven como herramientas espontáneas y mayormente inconscientes del *statu quo*. El efecto neto es doble: primero, la Palabra de Dios se usa para justificar y reforzar los valores y posición de los miembros privilegiados. Segundo, llega a ser una herramienta de condenación y juicio para los que están en los márgenes. Ekblad identifica las siguientes barreras para leer las Escrituras en busca de buenas noticias, que hemos adaptado de nuestra experiencia como comunidad:

El hiperpersonalismo, o *todo gira a mi alrededor*. Tenemos la tendencia de fusionar la experiencia personal con las Escrituras de una manera que evita que experimentemos la alteridad y distancia de la Palabra. Tenemos que respetar y honrar las voces del texto y dejar que el texto haga el trabajo de vincularnos, desafiarnos, estimularnos, deshacernos y rehacernos. En cierto sentido, tenemos que bajar de nivel como aprendices humildes ante el texto, y permitir que el texto exprese su Palabra de vida liberadora, sin sujetar con demasiada fuerza nuestras categorías fijas y estrategias interpretativas. Debemos reconocer que la cercanía prematura lleva a la intimidad falsa con las Escrituras[33].

Domesticación o *amansamiento de la bestia salvaje*. Esto refleja nuestra tendencia a domesticar las Escrituras y hacerlas seguras. En tanto que deseamos encontrarnos con las Escrituras de acuerdo a sus condiciones y permitir que expresen su palabra liberadora a nuestras vidas, muy a menudo (consciente o inconscientemente), tratamos de controlarlas. Debido a nuestros temores, reales o imaginarios, las despojamos de su autoridad y las domesticamos, con el efecto de que nos aislamos de su poder transformador. Estas interpretaciones seguras y egocéntricas vienen casi automáticamente[34]. Para combatirlas, debemos aprender a reflexionar en las Escrituras desde un lugar donde se escucha activamente, se desconoce humildemente, se respeta a los demás y un lugar de debilidad. Leer la Biblia (Antiguo y Nuevo Testamentos) significa que tenemos en mente la afirmación de los escritores del Nuevo Testamento acerca de Jesús como la revelación más completa de Dios (Col 1:15). Leer la Biblia desde la perspectiva de fe en el Jesús indomable desbloquea las Escrituras y desata su poder liberador.

Reduccionismo, *o Biblias de calcomanía para el auto.* Las personas de fe frecuentemente reducen las realidades complejas de la vida a fórmulas espirituales simples, y abren paso a un pensamiento demasiado simplista. Nos inquieta el misterio. Nos gusta compartimentar el mundo en categorías artificiales y rígidas del bien y del mal. Mucho de las Escrituras nos llama a salir de nuestras categorías severas hacia el misterio y la paradoja. Se resiste a la simplicidad. Más bien, las Escrituras a menudo «hacen más complejas» las cosas y nos piden que estemos dispuestos a hacer lo mismo. Detrás de esa resistencia al misterio y de nuestro deseo de simplificar en exceso las cosas está nuestra necesidad de control. La comprensión genuina implica la disposición de explorar las complejidades de las Escrituras y vivir con las tensiones y ambigüedades que ellas crean.

Aislacionismo, o *simplemente Yo y Mi Tribu.* Tendemos a pensar en todo desde la perspectiva de nuestro pequeño mundo. Esto afecta negativamente nuestra lectura de las Escrituras, porque las Escrituras lanzan una red amplia. Es muy poderosamente liberadora cuando la leemos en el contexto de una comunidad amplia y diversa, especialmente entre aquellos que más intensamente anhelan liberación. Mientras más cerrada esté nuestra comunidad con límites rígidos, más probable es nuestra tentación de involucrarnos en una lectura cerrada y rígida de las Escrituras. En ese caso, fácilmente metemos nuestras inclinaciones políticas, culturales e ideológicas en nuestra interpretación del texto sin siquiera saberlo, y despojamos al texto de su poder para transformar. Así como exploramos Jueces 19 en el cementerio con el *basurero* frente a nosotros, no solo debemos aprender a leer las Escrituras desde los márgenes, sino también a leerlas en su contexto canónico completo y no solo nuestros pasajes favoritos. Leemos más productivamente en comunión con los santos que nos han precedido, con los lentes de diversos acercamientos teológicos (p. ej., protestante, católico, tradicional, ortodoxo, pentecostal), en diálogo activo con las ciencias sociales (psicología, sociología, ciencia política), e incluso en diálogo activo con los «poderes» (cortes, policía, migración, políticos).

Heroísmo, o *superhéroes y villanos.* La adoración de héroes surge del deseo profundo de «limpiar» la humanidad, y de la desconfianza en la complejidad humana. Desesperadamente queremos héroes inmaculados que inspiren nuestra imaginación. Con ese propósito, peligrosamente elevamos a ciertos personajes bíblicos como modelos a imitar (Abraham, Jacob, David). Pero crear héroes bíblicos frecuentemente es una forma de escapar por la puerta de atrás de la naturaleza escandalosa del Dios de gracia. Esta adoración de héroes nos tienta a imaginar el crecimiento personal e incluso la salvación como un fenómeno mágico, en lugar de un proceso complicado de transformación. Irónicamente, el heroísmo también sirve como un intento retorcido de rescatar a Dios, así como a nosotros, de la realidad de la cruz. Los críticos literarios observan que la narrativa bíblica tiene solamente un héroe, Dios, y hasta Dios como se revela en Jesucristo estuvo sujeto a una gran agitación porque «mediante el sufrimiento aprendió a obedecer; y consumada su perfección, llegó a ser autor de la salvación» (Hebreos 5:8). El lector sincero buscará en vano personajes modelo en la Biblia. Debemos evitar minimizar los fracasos de las personalidades bíblicas y resistirnos a limpiarlos incluso para los más jóvenes. Los niños y jóvenes entienden el fracaso mejor de lo que creemos. En lugar de ir en busca de la virtud simple o del éxito superhumano, la lectura sincera de las Escrituras nos ayuda a reconocer el fracaso humano como un vehículo para la abrumadora, y a veces extravagante, gracia de Dios. Nuestros hijos (así como nosotros mismos) tienen que tener la libertad de batallar y fallar.

El moralismo, o *el pequeño libro de instrucciones de Dios.* Muy frecuentemente llegamos a la Biblia como si fuera un libro de reglas que tiene el interés principal de corregir nuestro comportamiento. Las personas de fe a menudo examinan la Biblia en busca de información en cuanto a qué hacer en determinada situación. Al igual que el joven carcelero de Hechos 16, queremos saber «¿qué tengo que hacer para ser salvo?» Pero la Biblia no fue diseñada para administrar cada una de nuestras acciones; aunque fuera así, demuestra que es excepcionalmente difícil encontrar consejo claro para cada clase de circunstancia (¡un índice sería útil!). Más bien, la Biblia cuenta la historia de un Dios que salva por gracia[35]. El moralismo nos aleja de la gracia y hace que monitorear nuestra actividad sea el foco de las Escrituras en lugar de participar alegremente en la actividad de Dios. Por ejemplo, la parábola del hijo pródigo no da una receta de cómo debemos dejar de pecar y volver a Dios, más bien representa el abrumador amor de Dios hacia los que están perdidos. Quizá debería llamarse más propiamente el «Padre pródigo», con su amor gratuito y generosidad abrumadora (la palabra «pródigo» significa descuidado, extravagante y que gasta de manera derrochadora)[36]. Debemos plantear conscientemente la pregunta: «¿Qué nos dicen las Escrituras de quién es Dios y qué ha hecho Dios por nosotros? ¿Qué parte juegan o no juegan los humanos? ¿Quién es realmente el sujeto del pasaje?»

El dualismo, o *personalidades divididas.* Robert McAfee Brown llama al dualismo la «Gran falacia»[37]. Es la tendencia de «desencarnar» la Palabra al dividir artificialmente la realidad en dos reinos: el espiritual y el material. Con esta cosmovisión somos tentados a considerar el reino espiritual bueno y el reino material malo. Esta forma «gnóstica» de pensar se remonta a los primeros días del cristianismo, los escritores bíblicos y los líderes de la iglesia primitiva lucharon en contra de ella por razones importantes. Cuando se aplica a la interpretación de las Escrituras, desvincula la actividad divina del contexto humano e histórico, y lleva a una fe incorpórea flotante y principios abstractos. Por el contrario, la noción bíblica de la encarnación debe impulsarnos como lectores más profundamente a nuestra propia carne y a la carne de otros.

Dejar estas barreras atrás, en última instancia, nos guiará al misterio de la Encarnación: el viaje de Dios profundamente en la humanidad. Por eso es que siempre debemos buscar entender el contexto de la vida real en el cual se escribieron las Escrituras, y rehusarnos a saltar por encima de las realidades de la condición humana para llegar a la «verdad espiritual» del pasaje. El lector debe reconocer y llevar su propio contexto de la vida real al diálogo con el texto, sin permitir que el texto llegue a ser una abstracción incorpórea.

Bob Ekblad y su colega, Chris Hoke, llegaron a la ciudad de Guatemala hace varios años para guiarnos en un proceso de leer la Biblia con los condenados, en este caso, los miembros de pandillas de las cárceles de máxima seguridad. En su correspondencia escrita acerca de la experiencia, Ekblad demuestra precisamente lo importante que es no cargarse con el peso de los obstáculos mencionados anteriormente, para que el poder transformador de las Escrituras pueda desatarse incluso en los ambientes más severos y opresivos:

> Los guardias abrieron las puertas y nos dejaron en medio de 180 jóvenes, muchos con tatuajes que cubrían sus rostros y la parte superior de sus cuerpos. A diferencia de nuestra

cárcel local, el humo de marihuana, llamadas de teléfono, una prostituta y una disputa por una mujer dificultó obtener la atención de las personas para el estudio bíblico. Pedí permiso para imponer las manos en cada uno y orar para que la Presencia de Dios los sanara, llenara y bendijera. Pude percibir que cada chico endurecido se suavizaba a medida que Joel y yo orábamos con ellos, pero los hombres tenían que tener el cuidado de no expresar externamente que estaban siendo afectados de manera positiva.

Entonces dirigí una reflexión acerca del llamado de Mateo en lo que resultó ser un estudio bíblico exitoso. Describí cómo Mateo era un cobrador de impuestos, miembro de una clase notoria de personas que casi todos odiaban. «¿Quién podría encajar en la descripción de los cobradores de impuestos hoy día?» Pregunté. A las pandillas de Guatemala se les acusa de extorsionar los negocios de sus territorios para que paguen «impuestos para protegerlos» [de ellos mismos] y a los conductores de taxi/bus para que paguen «impuestos de circulación». Los hombres sonrieron y se vieron entre sí, reconociendo que ellos encajaban en la descripción.

«Entonces, ¿qué hacía Mateo cuando Jesús lo llamó?» Pregunto yo. Los hombres se ven sorprendidos cuando observan que él no estaba siguiendo ninguna regla, buscando a Dios ni haciendo nada religioso, sino practicando su negocio despreciable cuando Jesús apareció en la calle y lo escogió.

«Veamos si Jesús hizo que Mateo dejara su pandilla para ser cristiano», sugiero, y la gente ve de cerca el siguiente versículo. Allí, Jesús está comiendo en la casa de Mateo con otros cobradores de impuestos y pecadores y con los discípulos.

«Entonces, ¿quién siguió a quien?», pregunto, emocionado por ver la reacción de la gente. Los hombres pudieron ver que Jesús, aparentemente, había seguido al gánster Mateo a su barrio y se había unido a sus compinches para comer, en lugar de la idea de que Mateo dejara inmediatamente a su «familia» y se uniera a Jesús en la iglesia.

«¿Qué piensan ustedes, chicos? ¿Permitirían que Jesús se uniera a su pandilla?» Pregunto, y miro directamente a los dos jefes de la pandilla. Ambos tenían grandes sonrisas mientras vemos la reacción de Jesús al desdeño de los fariseos.

«No son los sanos los que necesitan médico, sino los enfermos». Les pregunto si están ofendidos, en todo caso, al pensar en sí mismos como enfermos, y ellos no parecen estar ofendidos en absoluto. He captado su atención y las palabras finales de Jesús para los miembros religiosos impactan a estos chicos como un rocío de balas espirituales desde un vehículo en movimiento: «Vayan y aprendan qué significa esto: "Lo que pido de ustedes es misericordia y no sacrificios". Porque no he venido a llamar a justos, sino a pecadores». Por la experiencia sabía que ellos estaban permitiendo que Jesús entrara y estaban escuchando su llamado a seguirlo. El jueves pasado, de regreso en nuestra cárcel local, dos grupos de diez internos recibieron a Jesús en sus celdas y en sus vidas después de discutir detenidamente este mismo pasaje con ellos.

Pero aquel día, todavía teníamos que salir de la cárcel. En el camino para salir, pensé en el director de la cárcel precisamente cuando Joel sugiere que le agradezcamos. Entramos a su oficina y apretamos su mano. Reconozco que tiene un trabajo muy complicado y que necesita mucha sabiduría y le pregunto si podemos orar por él y bendecirlo. «Bueno», dice él, y le pregunto si puedo poner mis manos sobre él. Acepta, pero justo cuando comenzamos a orar él de repente saca su pistola de mano, le saca el peine y vacía sus bolsillos de otros peines. «¡Esto es más apropiado!», dice, y coloca su pistola y municiones encima de su archivador. Recibe nuestra bendición y le ofrecemos orar por curación de una herida relacionada con una pelea de machete que le dejó el brazo, hombro y pecho con un dolor punzante. «Todo el dolor se me quitó», nos dice con una sonrisa después de que oramos. Salimos sorprendidos por el Espíritu extraordinario verdaderamente especial, quien desarma y ama tanto a los gánsteres como al director de la cárcel[38].

Cuando quitamos las barreras que nos ciegan al poder liberador de la Palabra de Dios, y practicamos leer las Escrituras desde abajo con aquellos que han sido condenados por la sociedad, el texto cobra vida de maneras nuevas. Comenzamos a ver equivalentes contemporáneos a realidades antiguas con regularidad impactante. La gente y los lugares que históricamente han sido excluidos del texto encuentran su voz, y nosotros también. Lo que parecía escondido antes llega a ser obvio. Se requiere de práctica, pero con el tiempo el texto y el contexto comienzan a hablar entre sí de maneras radicalmente liberadoras. Hemos obtenido mucho de personas como Bob Ekblad, Gerald West, Ray Bakke y otros que tienen el hábito de leer las Escrituras contextualmente. Por ejemplo, cuando miramos la vida de Jesús desde abajo, estos son algunos de sus rasgos que los eruditos, así como nuestros amigos de contextos marginados, nos han ayudado a identificar:

Nacido en Asia. Jesús era un bebé que nació en Asia. Frecuentemente se pasa por alto, pero el Medio Oriente es asiático y estamos conscientes de que casi el 60% del mundo ha nacido en Asia.

Legado de raza mixta. La genealogía de Jesús del Evangelio de Mateo incluye a cuatro mujeres no judías. Son las únicas no judías en la línea de arriba: Tamar y Rahab son cananeas, que es el lado africano de Jesús. Rut es moabita y Betsabé es hitita. Estas «abuelas de la Navidad» como al profesor Ray Bakke le gusta llamarlas, hacen que Jesús sea un Salvador mestizo. Uno de los grupos raciales que crecen más rápidamente en Norteamérica es «multirracial».

Pasado escandaloso. Las abuelas de la Navidad tienen historias particularmente coloridas y Mateo quiere que incluyamos sus historias como parte de la historia de la salvación. Tamar y Rahab eran prostitutas, lo cual es suficientemente malo, pero la historia de Rut es aun más escandalosa. Rut era moabita, un grupo étnico considerado en el antiguo Israel como el producto del incesto de Lot con sus hijas, después de huir de Sodoma y Gomorra. Debido a esto, los moabitas eran considerados, quizá, el grupo más escandaloso del Medio Oriente. A la última abuela de la Navidad, Betsabé, la descubrieron en una aventura adúltera con el rey David, lo cual resultó en el asesinato de su esposo Urías. En vista del hecho de que Betsabé era mujer y extranjera, probablemente fue un instrumento impotente de abuso del rey. Hoy día, casi un millón de mujeres y niños son traficados como víctimas del comercio sexual a nivel mundial cada año, una industria valorada en millardos de dólares[39]. Las abuelas de Jesús les dieron voz y esperanza a estas mujeres y niños.

Madre adolescente. María probablemente tenía 13 años de edad cuando dio a luz a Jesús. A nivel mundial, algunos 14 millones de adolescentes dan a luz cada año[40].

Nacimiento vergonzoso. Hubo un escándalo en cuanto a la concepción de María. José estuvo tentado a divorciarse de ella en secreto. Es probable que la historia del nacimiento de Jesús fuera un tema de interés entre la comunidad. Hoy día, el 99% de nacimientos a las adolescentes de menos de 15 años de edad en los Estados Unidos son fuera del matrimonio, lo cual resulta en niños que todavía algunos denigran como «bastardos»[41].

Pobre. La ofrenda escasa que José y María dieron en el templo fue la ofrenda de los «pobres». Hoy día, más de un millardo de personas vive en barrios marginales alrededor del mundo, una cantidad que se espera que se duplique dentro de veinte años[42].

Refugiado político. La familia de Jesús huyó a Egipto para escapar de la persecución de Herodes. Hoy día, más de cincuenta millones de personas alrededor del mundo han sido obligadas a huir de sus hogares en los últimos cinco años, debido a conflicto, persecución y disturbios políticos[43].

Migrante. La familia de Jesús regresa a Israel y discretamente se establece en Nazaret. Hoy día, diez millones de migrantes indocumentados viven actualmente en los Estados Unidos[44].

Borracho y glotón. A Jesús frecuentemente se le etiquetaba como borracho y glotón. Su primer milagro de 120 galones de buen vino (seis jarras de piedra) no podrían haber ayudado a su reputación en este sentido. Estos días, el estadounidense promedio consume más de 25 galones de cerveza, dos galones de vino y 1.5 galones de bebidas alcohólicas cada año[45].

Enfermo mental. Por lo menos por algún tiempo, la propia familia de Jesús pensaba que él estaba «fuera de sí». En los Estados Unidos, el 20% de adultos experimentó enfermedad mental el año pasado y el 5% sufre de enfermedad mental grave[46].

Geografía de la gracia

Malhechor. Jesús quebrantó las leyes del día de reposo. Los Estados Unidos hoy día tienen más de 1.5 millones de personas en la cárcel también por quebrantar la ley[47].

Despreciado y rechazado. Al final, Jesús fue rechazado por todos y hasta se pensó que Dios lo había maldecido. En los Estados Unidos, las motivaciones principales para los crímenes de odio son la raza (48%), la religión (19%) y la orientación sexual (18%), y revelan quiénes son nuestras personas más despreciadas y rechazadas[48].

Víctima inocente. Jesús fue la arquetípica víctima inocente. Hablando de víctimas inocentes, los Servicios de Protección Infantil han confirmado que más de 700,000 niños son abusados o descuidados en los Estados Unidos, lo cual representa solamente una fracción de aquellos que sufren abuso[49].

Abandonados por el padre. Las Escrituras nos dicen que Jesús clamó: «Dios mío, Dios mío, ¿por qué me has desamparado?» Los eruditos señalan que esta es la única vez en el Nuevo Testamento que Jesús no se refiere a Dios como Padre. La falta de Padre tampoco la desconocemos, casi un tercio de todos los niños en los Estados Unidos vive sin su padre; el 50% de ellos son afroamericanos[50].

Asesinado. Jesús fue víctima de homicidio. Hoy día, la violencia está entre las causas principales de muerte para las personas de 15 a 44 años de edad y afecta a ciertas poblaciones de manera desproporcional. Por ejemplo, en los Estados Unidos, los varones afroamericanos de 14 a 24 años de edad conforman la población general, pero el 30% de todas las víctimas de homicidio[51].

Resucitado como un sanador herido. El Cristo resucitado tiene las cicatrices de su muerte. Algunos de los primeros padres de la iglesia creían que la iglesia nació de las heridas del costado de Jesús, muy similar al hecho de que Eva salió del costado de Adán. Vivimos en una cultura de heridos ambulantes. Más de 100 millones de estadounidenses sufren de dolor crónico[52].

Estos son solo unos cuantos ejemplos de lo que significa que el texto y el contexto hablen entre sí. Jesús ocupa la vergüenza del Israel del primer siglo con una facilidad y gracia increíbles, así como en el mundo del siglo XXI. Robert Capon estaba consciente de algo cuando sugirió: «La desvergüenza es la virtud suprema de la encarnación»[53]. Para leer las Escrituras desde abajo se requiere de cierta desvergüenza, algo que nos cuesta adquirir a los que todavía nos consume el miedo a la vergüenza.

3
Cómo Leer el Mundo

Porque tanto amó Dios al mundo que dio a su Hijo unigénito.
~Juan 3:16

Vi el paraíso en el polvo de las calles.
~Denise Levertov, «City Psalm» (El salmo de la ciudad)[54]

E*stamos comenzando a descubrir la emoción* de dos conversiones: una con la Palabra, como lo acabamos de describir; la otra con el mundo, que exploraremos más completamente en este capítulo. Cada conversión invita y enciende una capacidad mayor de amar a la otra. Si aprender a leer la Palabra desde abajo es desafiante y liberador para nuestra fe en Dios, aprender a leer el mundo desde abajo es desafiante y liberador para nuestra fe en la humanidad.

Nuestros estudiantes están constantemente interesados en oír más de las formas de ver la belleza en el mundo al ver la miseria, la pobreza que desfigura y la violencia que son una realidad diaria para tantos.

Geografía de la gracia

No hay un camino fácil para esta forma de ver. Casi siempre debemos perder nuestra vista antes de encontrarla. Adquirir esa visión tiene una calidad paradójica que se siente profundamente, pero es difícil de analizar. Por un lado, la vista nueva casi siempre parece que «solo ocurre», y llega como un momento de percepción espontánea. Es un don puro. Lo llamamos revelación.

Por otro lado, la nueva vista también casi siempre nos llega por medio del dolor y lo que a veces se siente como un viaje interminable. La desorientación relacionada con este proceso puede ser aterradora, pero al final abre espacio para una nueva forma de ver. El erudito del Antiguo Testamento, Walter Brueggemann, identifica un patrón similar de transformación en la historia de Israel, en el cual los escritores bíblicos revelan un proceso constante de orientación, desorientación y reorientación. Es el ritmo de vida de Israel con Dios. Independientemente de si la vista nueva ocurre en un momento o a lo largo de toda una vida, el patrón es el mismo. Esto es, en resumen, el proceso de la transformación.

El poema «City Psalm» (Salmo de la ciudad), por Denise Levertov, describe una manera de ver el mundo que está llena de percepción del evangelio, una percepción que celebra verdaderamente la buena noticia en los lugares difíciles:

Los asesinatos continúan, cada segundo
el dolor y el infortunio se extienden
en la cadena genética, la injusticia se hace conscientemente, y el aire
lleva el polvo de las esperanzas desmoronadas,
pero respirar ese humo, caminar por los pavimentos atestados
entre vidas lisiadas, perforadores intensos,
un estacionamiento dolorosamente reluciente

con el sol de mayo, he visto
no detrás, sino dentro, dentro del
dolor amortiguado, la arenilla que ha volado,
fachadas de concreto espantosas, otro dolor, un resplandor
como de rocío, una morada de misericordia,
han oído, no detrás, sino dentro del ruido,
un zumbido que se transforma en una sonrisa silenciosa.
Nada cambió, todo se reveló de otra manera;
no era ese horror, esos asesinatos no continuaron,
pero como si fuera transparente todo reveló
una alteridad que era bendita, que era felicidad.
Vi el Paraíso en el polvo de la calle[55].

Al igual que Levertov, nosotros también estamos aprendiendo a ver «el paraíso en el polvo de la calle». Estamos aprendiendo a no ver «detrás sino dentro del dolor amortiguado y la arenilla que ha volado». Estamos aprendiendo a ver una «morada de misericordia» en el centro de todo eso, incluso cuando ese centro está enterrado en capas de dolor. Es una nueva manera de ver lo que no requiere una cantidad pequeña de práctica, paciencia, imaginación y fe. Como escribe Isaías: «¡Voy a hacer algo nuevo! Ya está sucediendo, ¿no se dan cuenta?» (43:19).

No hay nada romántico o sentimental en cuanto a ver de esta forma. Se requiere de una sinceridad cruda e implacable en cuanto a nosotros mismo y al mundo, no la clase de sinceridad que está velada en el autodesprecio o ira inapropiada, sino la clase de sinceridad que nace de un deseo profundo de lo que es verdadero. La «morada de misericordia» de la que habla Levertov en su poema no niega el horror. No niega los asesinatos. Tampoco justifica las matanzas. Nos invita a dar otro vistazo, a considerar este mundo con todas sus fallas, y a hacerlo sin juicio, a sostener y ser sostenidos por la mirada de aflicción brutal más de lo que quisiéramos. En nuestra experiencia, se necesitan por lo menos dos dosis de gratitud en el corazón de uno, y por lo menos una dosis de valor revolucionario para ver de esta manera.

La promesa del evangelio es que Dios no está detrás del mundo de alguna manera remota o solapada. No tenemos que ignorar este mundo y sus aflicciones para encontrar esperanza. No tenemos que convertir al mundo antes de consolarlo. Dios está aquí ahora, activo y presente, o, como Pablo dice con libertad impresionante: «Cristo es todo y está en todos» (Col 3:11). En otras palabras, Cristo está dentro de todas las cosas y crea vida con la promesa de que algún día lo veremos por lo que es. En este sentido, el Evangelio nos invita a dar una segunda mirada, a Dios, sí, pero también al mundo, particularmente a sus aspectos más difíciles: a sostener y ser sostenidos por la mirada de la mujer sin nombre hasta que surja otro rostro.

El poeta Yeats declaró: «Las cosas se desmoronan; el centro no puede aguantar»[56]. Levertov da un vistazo a lo que Yeats no pudo y lo llama misericordia. ¡Qué vista! ¡Qué hogar! Tal vez esa es la razón por la que Jesús lloró por Jerusalén y dijo: «Lo que pido de ustedes es misericordia y no sacrificios». La afirmación radical de Jesús (que nuestras almas malinterpretan tan crónicamente) es que dentro de todo este polvo está el paraíso en acción, una morada de misericordia que un día será completamente revelada, más de lo que se está revelando ahora. Este es el evangelio.

La forma en que vemos establece parámetros en nuestras acciones. Si no podemos ver el paraíso en el polvo de las calles, es casi imposible formar parte de él, nos cuesta celebrar la vida en medio de gran sufrimiento. El juicio y la amargura amenazan con abrumarnos.

Pero, si podemos ver el paraíso en el polvo de las calles, encontramos dentro de nosotros mismos un generosidad y valor crecientes para celebrar la vida incluso ante el sufrimiento. Ver de esta manera puede ser desgarrador, pero cuando se practica con el tiempo, nos enamoramos cada vez más de este mundo. Comenzamos a involucrarlo no como territorio enemigo, cuyos ocupantes necesitan ser evacuados a un mejor lugar, sino como nuestro hogar con necesidad de sanar.

Pero, aunque sí veamos el paraíso en el polvo, vemos solamente su contorno borroso. Afortunadamente, incluso los trazos son suficientes para llenar nuestros corazones de alegría. Nos libera para dar y recibir misericordia, lo mismo que Dios desea. Para decirlo de nuevo, la vista del evangelio no ve *más allá* del sufrimiento de este mundo, se atreve a ver *dentro* de él y declarar que, de alguna manera descabellada, independientemente de todo el dolor y sufrimiento de este mundo, ya estamos en una «morada de misericordia». Estamos convencidos de que eso es lo que Jesús vino a ayudar a ver a los ciegos. Ver la presencia del reino de Dios en acción es ser liberados para practicarlo ahora.

Esta visión, o algo muy semejante a eso, es lo que nos sostiene en nuestro trabajo. Nosotros lo llamamos realismo radical, es decir, realismo fundamentado en la experiencia concreta de esperanza. La esperanza del evangelio se atreve a penetrar en la niebla y a llamar las cosas por lo que son. Se atreve a sugerir que, dentro de la belleza, así como de la aflicción, está la verdadera presencia de un Dios amoroso. Esto, de hecho, es realidad; es la realidad más profunda. Compartiremos muchas historias para ilustrar esta esperanza, pero por el momento simplemente queremos describir su forma básica.

La esperanza está cambiando el lenguaje que usamos para referirnos a las comunidades urbanas a las que servimos. Estamos descubriendo formas de hablar de nuestro trabajo que reconocen los desafíos sin derrumbarnos ante ellos. Trabajamos para honrar la presencia de Dios sin negar el dolor de los más pequeños. Estamos aprendiendo a ver las ciudades de nuestras comunidades de tres maneras prácticas: como *un salón de clases, una parroquia* y *un patio de recreo*.

La ciudad como salón de clases

Jesús pasó por todas las ciudades de Galilea enseñando y predicando el evangelio (Mt 4:23). Pablo se desplazó por las ciudades para dar testimonio del evangelio. Estos son ejemplos de lo que significa involucrar a la ciudad como un salón de clases. Para ser claros, no hablamos simplemente de ministerio urbano como una estrategia para cambiar el mundo. Hablamos del hecho de que las ciudades tienen dentro de ellas todas las riquezas del reino de Dios, si simplemente podemos verlo. Nuestra tarea es poner atención a lo que ya existe, orar por ojos para ver y oídos para oír lo que Dios está haciendo en determinado lugar.

La ciudad es una biblioteca de sabiduría palpable, viva y creciente, que funciona en tiempo real y siempre está accesible para aquellos que están dispuestos a sentarse a sus pies para aprender. Esto se debe a que la ciudad funciona tanto como un *imán* como una *lupa* de cultura, como lo sugiere Ray Bakke[57]. Es un imán en el hecho de que las personas llegan en tropel a las ciudades, huyendo de la opresión y en busca de oportunidades. Las ciudades siguen creciendo en todo el mundo debido a este impulso magnético. De hecho, más del 50% del mundo ahora es urbano. Algunos expertos esperan que ese número crezca al 60% para el año 2050[58]. Con ese crecimiento llega la riqueza cultura y sabiduría de los grupos étnicos que, en muchos casos, han sobrevivido contra todo pronóstico. Sus historias merecen ser oídas.

La ciudad también funciona como una lupa, amplía la concentración de la cultura urbana y la exporta al mundo a través de las herramientas modernas de comunicación, así como de la reubicación natural de las personas con el tiempo.

Hay implicaciones enormes de esta dinámica que están más allá del alcance de este libro, pero simplemente queremos observar aquí que esta dinámica está en juego: es real y creciente. Entre los muchos desafíos que genera, el impulso magnético y el impulso amplificador de la realidad urbana crean un ambiente de aprendizaje increíblemente dinámico. La ciudad es un laboratorio vivo que tal vez es la escuela de posgrado más económica y accesible del mundo. Muchos en el sistema educativo norteamericano, desde la escuela primaria hasta el posgrado, están comenzando a reconocer los límites del modelo académico tradicional: recluirse detrás de las paredes de un salón de clases físico, adquirir conocimiento a través de una distancia objetiva del mundo. El modelo tradicional ha permitido grandes avances científicos y tecnológicos, pero está rodeado de puntos ciegos al aplicar estos avances a la vida real, en nuestro caso, a la vida en las calles. Afortunadamente esto está cambiando.

El educador brasileño, Paulo Freire, nos anima a crear ambientes de aprendizaje donde los maestros son estudiantes, y los estudiantes también son maestros[59]. También nos anima a considerar el contexto en el cual se lleva a cabo el aprendizaje, comenzando con preguntas locales concretas y que surgen de las ideas, desafíos y oportunidades de otros, para informar al proceso de aprendizaje. La red de los Salmos de la Calle sigue explorando lo que esto significa para los líderes que trabajan en los lugares difíciles, y estamos desarrollando herramientas prácticas que animan a los estudiantes y maestros a involucrar a la ciudad como un salón de clases.

Nuestro método básico es un compromiso triple para conocer el *sufrimiento*, la *esperanza* y el *corazón* de un lugar particular y usamos este marco de dos maneras: mapear las realidades externas de ese lugar y mapear las realidades internas de los líderes de allí.

Cómo mapear el sufrimiento. El centro sagrado de cualquier comunidad es su dolor y hay muchas maneras de mapearlo. Un método es lo que llamamos «Momentos de bendición». Es una liturgia pública, diseñada para las víctimas de homicidio violento. Un grupo con base en la fe, llamado Associated Ministries de Tacoma, Washington, ha estado practicando esto por más de doce años. Cada vez que hay un homicidio en Tacoma, un grupo pequeño de clérigos y personas laicas se reúnen en el lugar del acontecimiento para hacer una liturgia pública de quince minutos, que reconoce el acto violento y reclama el espacio como terreno sagrado y santo. Después de doce años de estar en el terreno manchado de sangre de cada homicidio de esa ciudad, reconociendo el dolor y llorando con los vecinos, uno comienza a entender las heridas de su propia ciudad.

El trabajo interno de mapear nuestras propias heridas es igualmente importante. Esto tiende a ser más privado que público, por supuesto, pero es igualmente significativo. Muchos de nosotros oramos una versión del Examen (de San Ignacio) a diario: confesamos nuestras heridas y anhelos, así como nuestra gratitud. A muchos de nuestros líderes también les parece esta práctica una manera valiosa de mapear su propio dolor. Cada año, como red, entramos a un tiempo de *lamento* en la época de la Cuaresma, y aprendemos a dar espacio y voz a las heridas que cargamos.

Cómo mapear la esperanza. La esperanza siempre es particular, nunca es genérica. Cada comunidad expresa su esperanza de manera única y merece ser vista de manera única. Ya hemos mencionado un método para mapear la esperanza: «Los viajes de visión». Estos viajes funcionan como peregrinajes, viajes intencionales en busca de la presencia sanadora de Dios, la cual confiamos que nos ha precedido. También buscamos señales externas de esperanza en los contextos locales, señales que pueden ser claramente visibles o estar profundamente escondidas. Y le ponemos gran atención a nuestra propia geografía de la gracia interna: el trabajo de mapear nuestras propias esperanzas y sueños. Muchos de nuestros ejercicios con los líderes locales requieren de trabajo con la memoria, de ver hacia atrás en sus vidas para descubrir y recuperar sus propias aspiraciones para su contexto y sus propias vidas.

Cómo mapear el corazón. Conocer el corazón de un lugar es la parte más elusiva del proceso de mapeo, porque es más que solamente la suma de sus sufrimientos y esperanzas. Para mapear el corazón se requiere lo que la tradición cristiana llama discernimiento, y el discernimiento es dominio del Espíritu. La iglesia ha empleado muchas formas de práctica espiritual a lo largo de la historia para ayudar a poner atención al movimiento del Espíritu, y todas ellas tienen su lugar. Un método muy práctico de mapear el corazón de una comunidad es a través de la disciplina regular de las caminatas de oración. Las caminatas de oración implican caminar en un vecindario con los ojos de nuestro corazón muy abiertos, reflexionando en el sufrimiento y las esperanzas de las personas que viven allí, y poniendo atención al corazón de Dios por ese lugar, así como al nuestro.

El trabajo interno de mapear nuestro propio corazón funciona de manera muy similar. La palabra clave para poner atención cuando mapeamos el corazón es «deseo». Estamos formados en y a través del deseo. Jesús lo dijo de esta manera: «Porque donde esté tu tesoro, allí estará también tu corazón» (Mt 6:21). Mapear nuestro corazón, y el corazón de Dios, es el proceso de toda una vida de conocer no solo el deseo de Dios, sino el nuestro también.

La ciudad como parroquia

John Wesley declaró: «El mundo es mi parroquia». Con ese mismo espíritu, estamos aprendiendo a ver la ciudad como nuestra parroquia. John Stahl-Wert de Pittsburgh Leadership Foundation ha escrito ampliamente sobre esto[60]. La parroquia es una palabra antigua que se ha perdido en muchos círculos protestantes, pero está reapareciendo. Describe la comunidad geográfica que rodea a una iglesia local. Antes del esparcimiento de los suburbios en Estados Unidos, la gente típicamente adoraba en el vecindario en el que vivía. El ministerio parroquial significaba que había una iglesia local para servir no solamente a quienes asistían a los servicios de adoración el domingo en la mañana, sino también a aquellos que vivían en su área geográfica. En este modelo, la responsabilidad del pastor es cuidar de la comunidad, no solo de la congregación. Todos los que viven dentro de la comunidad son miembros de la parroquia.

Nosotros trabajamos con líderes que vienen de todas partes de las ciudades y de muchos trasfondos denominacionales. Es abundantemente claro que en algo tan dinámico y diverso como la ciudad, ninguna expresión de la iglesia en sí misma es suficiente para trabajar en sanar la ciudad. Incluso estamos aprendiendo a reconocer las contribuciones de otras tradiciones de fe, que frecuentemente tienen raíces mucho más profundas que nosotros en un lugar en particular.

Richard Foster, en su libro *Streams of Living Water: Celebrating the Great Traditions of Christian Faith* (Corrientes de agua viva: Cómo celebrar las grandes tradiciones de la fe cristiana), identifica seis corrientes de la iglesia cristiana: la palabra, la justicia social, lo sacramental, lo carismático, lo contemplativo y la santidad[61]. Buscar y afirmar estas corrientes es una prioridad. Una ciudad no puede experimentar la plenitud de la transformación hasta que estas «corrientes» distintas se fusionen en un río bravo, la clase de río que refleja lo que se describe en Apocalipsis 22. Estas corrientes fluyen en las tradiciones católica, ortodoxa y protestante por igual.

Si la gracia es como el agua que corre hacia abajo y se acumula en los lugares más bajos, entonces los lugares más bajos serán la confluencia de todas las corrientes activas de la gracia de Dios en el mundo. Imaginamos que estas corrientes son impulsadas hacia abajo y se acumulan por la gravedad del amor de Dios. Tal vez la oración de Jesús por unidad en Juan 17 encontrará una expresión más grande, no en las alturas elevadas del compromiso intelectual de la iglesia con el ecumenismo, sino en las profundidades de los centros urbanos alrededor del mundo, donde la unidad encontrará una aplicación práctica en todas las corrientes de la iglesia, a medida que trabajan conjuntamente con hermanos y hermanas de otras confesiones para amar y sanar gente quebrantada.

La ciudad como patio de recreo

Estamos aprendiendo a ver la ciudad como un patio de recreo, un lugar para practicar y modelar el amor de Dios. Dave Hillis, presidente de Leadership Foundations (un movimiento que está comprometido con la renovación espiritual y social de los centros urbanos de todo el mundo), por muchos años ha dirigido un movimiento para adoptar la ciudad como el patio de recreo de Dios. Hillis desarrolla la comprensión de G. K. Chesterton de que «el verdadero propósito de toda la vida humana es jugar» y que «el cielo es un patio de recreo»[62].

El profeta Zacarías dijo: «Los niños y las niñas volverán a jugar en las calles de la ciudad» (8:5). Es una visión llena de esperanza y vitalidad, que se rehúsa a la desesperación. Muchos de nosotros hemos sido entrenados para ver la ciudad como un campo de batalla entre el bien y el mal, Dios y Satanás, donde todo llega a ser una proposición de ganar o perder, que consiste de juegos de suma cero y rivalidades interminables. En ninguna parte esto es más cierto que entre los grupos que se fundamentan en la fe y en las iglesias de las comunidades pobres que viven en el borde de su propia existencia, y están tentados a ver a sus propias comunidades de esta manera. Se nos ha entrenado a pensar en la misión en términos militares, donde el territorio debe ser conquistado o defendido. Muchos textos de prueba de las Escrituras se presentan para apoyar esa opinión, pero el evangelio ofrece otra manera de proceder. La imagen del patio de recreo nos ayuda a encontrar nuestra forma de hacerlo, y a invitar a otros.

El libro de Proverbios ofrece una vista privilegiada dentro del misterio de Dios durante el acto de la creación de Dios. «Allí estaba yo, afirmando su obra. Día tras día me llenaba yo de alegría, siempre disfrutaba de estar en su presencia» (Pr 8:30). La palabra «disfrutar» en este texto es la palabra hebrea *sachaq*, que significa «reír» o «jugar». Entonces, aquí tenemos un vistazo imponente de Dios activo en la creación. Muy literalmente, fuimos creados con una risa alegre. La creación es el resultado de Dios que juega, y prácticamente todos los grandes movimientos de Dios tienen la misma cualidad en ellos.

Los patios de recreo proveen espacios abiertos en los que la participación y la libertad de probar cosas nuevas es lo importante. Ganar no es el objetivo final y el fracaso está integrado en el juego. Claro que jugar no es solo diversión y juegos, el juego de nuestro mundo real puede ser un trabajo difícil con abundantes golpes y moretones. Pero renunciar a la ciudad como un patio de recreo es entrar al círculo vicioso de violencia que convierte a nuestras ciudades en campos de batalla aun más peligrosos. El poder liberador del evangelio nos libera para desvincular y quitar tácticas de campo de batalla que perpetúan e inflaman las rivalidades del patio escolar convirtiéndolas en guerras sin cuartel. Puede parecer casi imposible hacer esto en el contexto de pobreza y violencia, pero es la promesa de Jesús y la geografía que estamos determinados a explorar.

Mary Oliver escribe en su poema «Messenger» (Mensajero) que «mi trabajo es amar al mundo»[63]. Estamos descubriendo la riqueza de este trabajo y nos encontramos enamorándonos de este mundo más de lo que alguna vez consideramos posible. No hablamos de amar al mundo en una condición idealizada, el mundo como debería ser, libre de pecado y quebrantamiento. Hablamos de aprender a amar al mundo como está, en su dolida condición herida y belleza desolada. Esta clase de amor es nueva para nosotros y llega como sorpresa, una sorpresa agradable, sin duda. Si nuestra primera conversión fue a la Palabra que es Cristo, nuestra segunda conversión es al mundo, y nos damos cuenta de que la primera conversión no significa nada sin la segunda.

4
Una Presencia Radical

Y les aseguro que estaré con ustedes siempre,
hasta el fin del mundo.
~Mateo 28:20

Dios, despójame de Dios.
~Meister Eckhart[64]

Nosotros la llamamos La Gran Comisión: «Por tanto, vayan y hagan discípulos de todas las naciones, bautizándolos en el nombre del Padre y del Hijo y del Espíritu Santo» (Mt 28:19). Se ha convertido en un texto tan clave para muchos cristianos dedicados a la misión que podemos imaginar a Jesús alertando a sus discípulos para que tengan listos sus bolígrafos. «Bueno, ¡pongan atención! Estoy a punto de darles MI GRAN COMISIÓN». O, tal vez lo discípulos se vieron unos a otros sorprendidos después de que Jesús dijo: «Tenemos que estar recibiendo en este momento LA GRAN COMISIÓN».

Sin embargo, el término *Gran Comisión* en realidad nunca llegó de la boca de Jesús ni de sus discípulos. Aunque no es seguro quién acuñó el término, según David Bosch, en su libro revolucionario *Transforming Mission* (*Misión en transformación*)[65], William Carey, fundador de Baptist Missionary Society y padre de las misiones protestantes modernas, fue quien lo puso en el mapa a principios de los años 1800, cuando recaudaba fondos para trabajar como misionero en la India.

Pero ¿es este pasaje en realidad la «Gran Comisión»? ¿Es *el* texto que debería guiar la forma en que entendemos la misión de Dios? ¿Podría ser que la casi canonización del término ha dañado nuestra comprensión de la misión cristiana?

Tenemos que recordar que hay cuatro relatos del Evangelio, no uno, y cada uno tiene su propia «Gran Comisión», igualmente válida e importante. No es que haya algo malo en la Gran Comisión de Mateo, sino que el problema es más bien lo que ocurre cuando la comisión de Mateo se considera más importante que las comisiones de los otros relatos del Evangelio. Considere, por ejemplo, qué se consideraría como la Gran Comisión del Evangelio de Juan: «Como el Padre me envió a mí, así yo los envío a ustedes» (Jn 20:21). Ponga atención a la diferencia con Mateo 28, no es un asunto de aceptar una y rechazar la otra, sino observe el matiz que cada una le da a la otra. Mateo nos exhorta a ir y hacer discípulos y luego a bautizarlos, pero no nos dice nada en cuanto a la metodología de cómo se tienen que hacer esos discípulos. Juan hace énfasis en el «cómo».

En Juan 20, después de que Jesús ha resucitado, entra al salón donde sus discípulos están reunidos y dice: «¡La paz sea con ustedes! . . . Como el Padre me envió a mí, así yo los envío a ustedes» (Jn 20:21). Esto nos insta a preguntar: si Jesús nos envía como el Padre lo envió a él, ¿cómo envió exactamente el Padre a Jesús? La respuesta dice en voz alta desde el principio del Evangelio: «Y el Verbo se hizo hombre y habitó entre nosotros» (Jn 1:14). Dios nos envió en la carne, y así es como Jesús nos envía: en la carne.

El apóstol Pablo usa otra metáfora para desempacar la encarnación en Efesios 2:10: «Porque somos hechura de Dios, creados en Cristo Jesús para buenas obras, las cuales Dios dispuso de antemano a fin de que las pongamos en práctica». La palabra griega que se usa aquí para hechura suya es *poiema*. Aquí es donde obtenemos la palabra española para poesía. Hablando encarnacionalmente, somos la poesía de Dios para el mundo. Dios nos habla con poesía *a* nosotros, y al mundo *por medio* de nosotros. Es nuestro privilegio distintivo estar en comunidad con gente de lugares difíciles que viven como la poesía encarnada de Dios. Criar poetas para que encarnen la canción del evangelio de Dios a las personas perdidas, privadas de derechos y marginadas, es una empresa vital. Wallace Stegner representa bellamente cómo los poetas crean espacio:

> Ningún lugar es un lugar *si no ha tenido un poeta* . . . Lo que Frost hizo por New Hampshire y Vermont, lo que Faulkner hizo por Mississippi y Steinbeck por Salinas Valley, Wendell Berry lo hace por su rincón familiar de Kentucky, y cientos de otras personas amantes de los lugares, dotadas o no, están haciendo por los lugares donde nacieron, se criaron, o adoptaron e hicieron suyos[66].

Entonces, la encarnación no es simplemente una doctrina desconectada de la realidad de la calle, más bien, tiene implicaciones profundas para la vida diaria y el ministerio. A riesgo de reducir la encarnación a una fórmula, podríamos pensar en ella de tres maneras:

Geografía de la gracia

Dios en Cristo
Cristo en nosotros
Nosotros en el mundo

Existimos en el mundo para señalar, elevar y celebrar al Cristo encarnado. Tenemos que aprender a llegar a las calles con la licencia poética que se encuentra en Efesios 2:10. Esto llama a una presencia radical. Para ayudarnos a entender esta idea, considere la doctrina a la luz de una lección de gramática sencilla.

Las preposiciones para la misión

Aprendimos en la escuela que las preposiciones son palabras pequeñas que conectan pensamientos o ideas, conectores que indican relación. Las usamos en relaciones espaciales, como en «mis dedos se desplazan *sobre* el teclado». Al considerar el trabajo de la misión a la luz de la encarnación, debemos poner mucha atención a las preposiciones que usamos.

Hay tres preposiciones misionales principales. La primera es «a». Los ministerios que se enfocan en esta preposición tienden a ubicar el poder en lugares muy específicos como el púlpito. Frecuentemente tratan con aquellos a quienes quieren alcanzar de una manera paternalista; es decir, se colocan a sí mismos en una posición de superioridad sobre aquellos a quienes se sienten llamados a alcanzar. Los ministerios que ven la «misión» como algo hecho «a» otros incluso pueden llegar a ser opresivos, y violan la dignidad y libertad de aquellos a quienes ministran en el nombre de Jesús. Algunos cristianos están atrapados en iglesias y profundamente oprimidos por el ministerio que se les hace «a» ellos.

La segunda preposición es *para*. En lugar llegar a ser paternalistas, estas clases de ministerios pueden caer en la trampa de llegar a ser maternalistas. Muchos hemos crecido en familias con madres bienintencionadas, que trataron de hacer por nosotros mucho más de lo necesario. Muchos ministerios a los jóvenes, por ejemplo, tienden a hacer muchas cosas más por los jóvenes en lugar de equiparlos para que actúen por su cuenta. En estos ministerios, la gente frecuentemente tiene que buscar la aprobación del líder o pastor para todo lo que hace, porque carecen de confianza o de libertad para pensar y actuar por su cuenta.

Una tercera opción preposicional para la misión de la iglesia es *con*. Esta es la preposición encarnacional: *Emanuel* (Dios con nosotros). Cuando esta preposición impulsa a la misión, ya sea a la iglesia, a una organización, o incluso a un proyecto misionero de corto plazo, el potencial para transformar a *tanto* a los líderes *como* a la gente que quieren servir se intensifica. Con el potencial hay un costo: estos ministerios requieren de una inversión mucho más alta de tiempo y energía relacional (aunque mucho más se libera a largo plazo). Esta clase de ministerio también demanda que los líderes dejen el poder en lugar de protegerlo. Los que ya están dedicados al liderazgo, a veces evitan esta clase de ministerio porque significa dejar el poder y la iniciativa a otros.

En forma de cuadro, la gramática preposicional del ministerio se ve algo así:

PREPOSICIÓN	ACTITUD RELACIONAL	RESULTADO
A	Paternalista	Opresión
POR	Maternalista	Codependencia
CON	Encarnacional	Transformación

Cómo es el ministerio Con

La primera vez que enseñamos juntos (Kris y Joel) en Centroamérica fue en un curso intensivo de una semana, a nivel de maestría, en

Geografía de la gracia

el Seminario Teológico Centroamericano (SETECA), en la ciudad de Guatemala. La noche antes del último día del curso, llevamos a nuestros estudiantes a un viaje de campo a una de nuestras iglesias favoritas, Nueva Jerusalén, en Santa Catarina Pinula, una pequeña ciudad en las afueras de la Ciudad de Guatemala. Allí, el pastor de jóvenes, William Quiñónez, practica la misión encarnacional en su iglesia local y comunidad.

William nos presentó a tres jóvenes, e indicó que eran «líderes de células». Él inició una conversación entre los cinco que estábamos allí y luego se fue a hablar con alguien más. Nos impactó saber que los tres tenían historias largas de pandillas, por lo que nos interesó escuchar su experiencia de salir de las pandillas para tener vidas nuevas como líderes cristianos. ¿Cómo había sido salir? ¿Cómo hicieron la transición hacia una vida nueva? Ninguno de ellos decidió respondernos inicialmente, lo cual atribuí (Joel) a mi muy mal español de ese entonces. De nuevo, intenté comunicar nuestra pregunta y ellos se vieron unos a otros como diciendo: «¿Quién quiere ser el que les explique a estos gringos qué es lo que pasa en realidad?»

El más alto de los tres asumió la responsabilidad y dijo:

—Pues, la verdad es que nunca nos hemos ido de las pandillas, hermano. —Insisto, pensé que mi mal español me traicionaba, por lo que pedí una aclaración de lo que estaba seguro que había entendido mal.

—Espera un minuto, el pastor William acaba de presentárnoslos, a los tres, como líderes de células de los jueves en la noche. ¿Cómo pueden estar todavía en la pandilla y ser líderes de iglesia al mismo tiempo? —Nuestro amigo alto suspiró como para adquirir la paciencia que necesitaba para explicarse a estos dos gringos ingenuos que tenía enfrente.

—Bueno —dijo—, el pastor William nos ha estado enseñando acerca de «la encarnación de Jesús» y nos lo explicó de esta manera:

Una Presencia Radical

Jesús decidió irse del cielo para unirse a una pandilla, una pandilla verdaderamente perdida llena de ladrones, asesinos, mentirosos y traidores. Una pandilla llamada «humanidad». Dejó el cielo para unirse a la "pandilla de la humanidad" porque él sabía que la única manera de transformar ese lío en algo bello sería desde dentro.

»El pastor William nos desafió a considerar lo que eso significa para nosotros como miembros de pandillas. Pensamos que podríamos tener que dejar la pandilla después de darle nuestra lealtad a Jesús, pero después de considerarlo, decidimos quedarnos en la pandilla y trabajar en transformarla desde dentro. Los *homies* (compañeros de las pandillas) nos respetan por la forma en que hemos cambiado y se dan cuenta de que hay ciertas cosas que ellos hacen de las que ya no podemos ser parte, pero decidimos no salirnos de la pandilla. Nuestro grupo célula del jueves en la noche se enfoca en nuestros *homies*.

Nos quedamos con la boca abierta al escucharlos exponer una demostración elocuente de la encarnación, que señala a una idea de la presencia mucho más radical de lo que alguna vez hubiéramos considerado. Olvidé por completo traducirle a Kris por un momento hasta que él vio la expresión sorprendida en mi rostro y me preguntó qué habían dicho. Kris quedó tan atónito como yo y les preguntó a quemarropa:

—¿Saben el pastor principal y el resto de la congregación que ustedes están dirigiendo células en tanto que todavía son miembros de pandillas?

Entonces fue tiempo de que otro de los pandilleros se metiera a la conversación y explicó de una forma muy realista:

—Definitivamente lo saben. Apenas hace unas semanas ellos nos llevaron frente a la congregación para que oraran por nosotros con imposición de manos, y nos ungieron como sus misioneros a las pandillas de Santa Catalina Pinula.

Una presencia radical, en efecto. La ciudad de Santa Catalina Pinula había llegado a ser un «lugar», porque habían encontrado, nombrado y comisionado a unos poetas de la calle.

5
Las Preguntas Bellas

¿Cómo cantar las canciones del Señor en una tierra extraña?
~Mateo 28:20

Por lo que me arrodillé. Pero no me salían las palabras.
¿Por qué no salían?
~Huckleberry Finn[6u]

Nuestra exploración de la geografía de la gracia nos ha llevado a 20 años de peregrinación, trabajando con líderes de base de los lugares difíciles. Nos hemos tropezado, tratando de averiguar cómo sería una teología sostenible y misional entre la gente que ha sido destrozada por la vida. Hemos trabajado con grupos estratégicos de líderes de base en las ciudades capitales de seis países de Centroamérica y el Caribe, de múltiples ciudades de Estados Unidos y en lugares como Kenia, Rumania y Tailandia, entre otros. Nos reunimos en esos lugares para escuchar y reflexionar en lo que se está aprendiendo en las trayectorias tortuosas por el panorama de la gracia. Estos grupos hacen preguntas de las Escrituras y de unos y otros, en busca de una teología que sostenga su trabajo en los barrios marginales, en las cárceles, en los burdeles y en las calles. Muy francamente, no estamos convencidos de tener un sentido claro de siquiera qué preguntas apropiadas hacer. Estamos muy conscientes de las preguntas «correctas» y de las respuestas «correctas», pero parece que su exactitud para otros contextos las hace inadecuadas para nosotros.

En Salmos 137:4 el salmista hace una pregunta inquietante que da un punto de partida para la discusión: «¿*Cómo cantar las canciones del Señor en una tierra extraña*?» En este pasaje, los israelitas se encuentran en Babilonia, despojados de su tierra natal por los ejércitos enemigos. Dios los ha instruido que busquen la paz y prosperidad de sus opresores, pero ellos se preguntan ¿cómo, en un lugar oscuro y extraño, van a cantar las canciones de Dios de gracia, misericordia y amor?

Exploramos esta misma pregunta con los líderes que trabajan en el mundo oscuro y extraño de las pandillas callejeras encarceladas, de la juventud sin hogar en las calles, de las prostitutas adolescentes y de las familias que sufren una pobreza implacable. Aprender a hacer las preguntas bellas como esta invita a la melodía que se necesita para un alcance efectivo, a medida que aprendemos a cantar las canciones de Dios en tierras extrañas: los mismos lugares en los que la escandalosa gracia de Dios se acumula en las reservas profundas.

El poeta e. e. cummings escribió en una ocasión: «la respuesta más bella, siempre está precedida de una pregunta aún más bella.»[68]. Hemos llegado a creer que las preguntas bellas en realidad sí revelan respuestas bellas. Si los cristianos en realidad creyéramos que las preguntas bellas son mucho más importantes que las respuestas bien elaboradas, nuestra misión con los grupos étnicos marginados sería mucho más efectiva.

Las Preguntas Bellas

Yo (Joel) me tropecé por primera vez con la importancia crucial de este principio hace mucho tiempo, cuando vivía en el norte de Filadelfia, y trataba de trabajar con traficantes de drogas adolescentes en las calles de nuestro vecindario, apodados «The Badlands» (Los Malatierra). Varias iglesias locales comenzaron las «marchas anti-drogas» para «recuperar las calles» de los traficantes. Nuestra iglesia estaba desesperada por ver el cambio, pero no vimos ningún fruto, en absoluto, de esas marchas. Cierto día, un joven que recientemente había salido de la escena de las drogas me invitó a conocer a algunos de los tipos de la calle y a escuchar sus historias.

Ingenuamente acepté su invitación, y lo vi como una oportunidad para formar algunas relaciones con los jóvenes que a todos les gustaba satanizar. No tenía idea de qué hacer o decir en esa «tierra extraña», y siquiera comenzar a determinar cuál podría ser una pregunta bella. Durante las primeras horas, no tuve ninguna interacción significativa con los traficantes de drogas, que corrían incesantemente de un lado a otro entregando su producto a los automóviles que pasaban. Finalmente, con desesperación y frustración, traté de comenzar una conversación con uno de ellos: —Si tuvieras mi trabajo como pastor de esta comunidad, ¿qué harías para alcanzarte a ti mismo? —Esa pregunta dio inicio a una conversación que duró varias horas, y se llenó con perspectivas más profundas en cuanto a la eclesiología de lo que yo hubiera experimentado alguna vez en el seminario, incluso después de haber recibido un pedazo de papel que afirmaba que yo tenía una «Maestría en Divinidades». Aprendí que muchos de estos jóvenes habían asistido a la escuela dominical de las mismas iglesias que entonces los denunciaban en sus marchas. Articularon el dolor de la marginalización que habían experimentado y explicaron lo que la pandilla de drogas había hecho para ganarse su lealtad.

Geografía de la gracia

Un joven llamado Miguel entró a la conversación y dijo, con un cigarrillo de marihuana en la boca, que la manera en que él se alcanzaría a sí mismo y a su pandilla sería organizando un torneo de balonmano en su vecindario. —Mirá —me dijo—, estas jodidas paredes son las únicas paredes en las que podemos jugar aquí, con estas aceras, y, de paso, se nos joden los tobillos. Hay unas buenas paredes entre la Quinta Avenida y la Calle Allegheny, en el centro recreativo, pero no nos permiten jugar allí, porque somos narcotraficantes. Hombre, tú eres pastor. Tienen que darte permiso. Si organizas un torneo allí, yo y todos mis chicos vamos.

Como era de esperar, cuando me acerqué al centro recreativo en la Quinta Avenida y la Calle Allegheny para usar sus paredes para un torneo de balonmano en equipo el sábado para los jóvenes del vecindario, con mucho gusto ayudaron. Por supuesto, nunca les dije a qué vecindario me refería. Otras dos iglesias del vecindario se unieron para patrocinar el torneo y recibimos una pequeña donación para comprar unos trofeos «bonitos» para los equipos del primer, segundo y tercer lugar de ambas categorías por edad. También pudimos pagar a un artista local de grafiti para que pintara camisetas personalizadas para cada participante.

Miguel, el traficante que nos había dado la idea, se encargó de organizar a todos los equipos y de promover el evento. Incluso me hizo que pidiera permiso en el centro recreativo para que pudieran pintar las paredes como preparación para el torneo. Irónicamente, dada la naturaleza de mi primera conversación con él, constantemente regañaba a cualquier jugador que hablara vulgarmente durante el torneo. Les gritaba, y les decía que tenían que respetar a las personas de la iglesia quienes hicieron que el torneo fuera posible. También nos pidieron que colocáramos un sistema de sonido y que pusiéramos música cristiana tipo hip-hop y otra «música de iglesia». Querían que pusiéramos una mesa llena de Biblias y otra literatura cristiana para que los jugadores y los aficionados pudieran leer algo entre los partidos.

El torneo comenzó al medio día y finalmente nos pidieron que nos fuéramos a las 11:00 p. m., sin haber terminado el campeonato. Miguel se disculpó mucho cuando pidió permiso para realizar la final el siguiente domingo por la mañana. «Ustedes pueden venir después de sus servicios y entregar los trofeos —dijo—. Todos los vamos a esperar». No es necesario decir que hubo unas cuantas bancas vacías en esas tres iglesias del vecindario ese domingo por la mañana. Miguel llegó a ser un buen amigo y comenzamos a trabajar juntos en varios torneos al año, y conseguimos el permiso del Ejército de Salvación del lugar para llevar a cabo torneos de invierno dentro del gimnasio de ellos. El Ejército incluso puso madera especial en sus paredes para que las pelotas rebotaran con eficiencia máxima. Varios años y muchos torneos después, Miguel vino a buscarme un día a la iglesia. Se había metido en un lío y había engañado a su pareja durante una noche de fiesta, por lo que llegó a derramar su corazón y a preguntar si había alguna forma de organizar su vida. En medio de un río de lágrimas, Dios abrió su corazón. Miguel entró a una vida nueva de la que nunca ha dado un paso atrás.

Muchos meses después del torneo, durante un tiempo de reflexión en lo que había ocurrido, me di cuenta de que como iglesia habíamos estado haciendo totalmente lo opuesto a hacer preguntas bellas. Habíamos estado buscando a Dios, preguntándole que nos mostrara qué hacer para alcanzar a estos traficantes de drogas, mientras que todo el tiempo Jesús simplemente estaba esperando que fuéramos directamente a ellos, armados con las preguntas bellas. Tradicionalmente, nuestra estrategia de evangelismo implica oración por la guía de Dios, preguntándole *qué* debemos hacer. Acabamos poniendo un sello de aprobación a los planes que ya habíamos diseñado, pensando que Dios los ha aprobado porque oramos. Escribimos nuestros planes y le pedimos a Dios que firme en *nuestra* línea de puntos. Luego, después de recibir la «aprobación» de Dios, vamos al mundo a averiguar *cómo* lograr lo que ya nos sentimos impulsados a hacer.

Cuando hacemos las preguntas bellas, revertimos este orden. Las preguntas nos impulsan al mundo que pregunta qué hacer, y *luego* acudimos a Dios para averiguar *cómo*. Le damos a Dios una hoja de papel en blanco para que él escriba su plan (por medio de consultar a las comunidades a las que estamos llamados a servir), y luego firmamos en la línea de puntos *de Dios*. El eje de este cambio está en una transferencia de poder. Dios le dio autoridad y poder a Jesús, y él, a su vez, se lo dio al Espíritu, quien luego se lo dio a la iglesia. El problema es que la iglesia a menudo altera el flujo de poder al atesorarlo y ubicarlo exclusivamente en lugares como el púlpito y los servicios del domingo por la mañana, dirigidos por profesionales. La iglesia debería facilitar perpetuamente el proceso de dar poder *a los más impotentes* de la comunidad, en lugar de atesorarlo para sí misma.

Un estudio de las preguntas que Jesús hace en los Evangelios revela el proceso por el cual él transfiere el poder para que puedan surgir respuestas bellas. Frecuentemente, antes de sanar a alguien, Jesús pregunta lo que la persona quiere que él haga por ella. Este acercamiento implica una transformadora transferencia de poder al mundo. De igual manera, hemos aprendido que el empoderamiento genuino comienza cuando hacemos preguntas que invitan a los que nos rodean a decir lo que necesitan. Si somos fieles para preguntar, Dios será fiel para mostrarnos el cómo. Solo entonces aprendemos a cantar bellamente juntos las canciones del Señor en tierras extrañas.

¿Qué quieres que haga por ti?

Nuestra primera comunidad misional de Centroamérica echó raíces en un pueblo llamado Chinandega, Nicaragua. Después de tres años de entrenamiento en lo que llamamos «Series de los Salmos de la Calle», llegamos a quedar muy impresionados con un grupo de tres jóvenes que habían llegado juntos al entrenamiento. Por su habilidad para involucrarse en los desafíos teológicos" con las Escrituras y por los ejemplos que compartieron, llegó a ser obvio que estos jóvenes vivían como poesía de Dios en su vecindario de Managua, que se llamaba Los Brasiles.

Después de participar en uno de los intensivos de los Salmos de la Calle, frecuentemente nos quedamos en el país para ver los vecindarios y visitar los ministerios de nuestros compañeros de conversación. Yo (Joel) estaba decidido a visitar a Los Brasiles para reunirme con el liderazgo de la iglesia, donde se discipulaba a estos jóvenes. De esta manera, junto con mi compañero de entrenamiento de Colombia, Jairo Piraneque, visitamos Los Brasiles y nos reunimos con alguien quien ha llegado a ser para mí un modelo de misión fiel.

El pastor Tomás Ruiz ha vivido y trabajado fielmente con Los Brasiles por más de veinte años. Comenzó con veinticinco miembros y la iglesia permaneció más o menos de ese tamaño durante los primeros siete años. Cansado de tantos años de arduo trabajo con poco fruto tangible, el pastor Tomás, guiado por el Espíritu Santo, comenzó a escuchar a los residentes del vecindario. Pronto llegó a ser claro que en muchas ocasiones él y su iglesia habían ofendido a la comunidad al juzgarlos mal y condenarlos. Entonces, en su lectura devocional personal, él se topó con la historia de Jesús y Bartimeo de Lucas 18:35-43. Esa historia convenció profundamente al pastor Ruiz de la manera paternalista en la que había considerado a su vecindario como inferior.

Geografía de la gracia

Mientras escuchábamos, él nos explicó cómo, durante muchos años, él y su iglesia de veinticinco miembros trataron de averiguar qué deberían hacer para «bendecir» y «alcanzar» a sus vecinos. Con idea tras idea trataron de alcanzar a sus vecinos sin éxito al imponerles las ideas que ellos habían presentado en sus conversaciones aisladas. Cuando leyeron la historia de Jesús y Bartimeo, el pastor Tomás relató cómo él llegó a darse cuenta de que él y su congregación habían estado «haciendo» un ministerio que estaba desencarnado de las necesidades reales y sueños de su propio vecindario. En la pregunta de Jesús a Bartimeo: «¿Qué quieres que haga por ti?» El pastor Tomás encontró una pregunta que da vida y transfiere poder. Por lo que llamó a toda la comunidad a una reunión en una cena. Después de que se sirvió la comida, él se puso de pie y apasionadamente suplicó a sus vecinos, en nombre de la iglesia, que lo perdonaran. Esto allanó el camino para hacerles la misma pregunta bella que Jesús le había hecho a Bartimeo.

Poco después de la cena, los miembros de la iglesia anduvieron por la comunidad para preguntarles a sus vecinos: «¿Qué podemos hacer como iglesia para servirlos y bendecirlos?» La respuesta número uno fue una súplica para ayudarlos a limpiar las calles de la basura y agujeros de lodo que estaban ocasionando tantos problemas al vecindario, incluso enfermedades serias entre los niños por los mosquitos que se propagaban por la gran cantidad de baches. Los miembros de la iglesia se volvieron a reunir para comparar notas de lo que se habían enterado, y, de manera colectiva, se comprometieron a responder a las necesidades de la comunidad, especialmente los baches infestados de mosquitos.

La limpieza de tres semanas se llevó a cabo con un giro sorprendentemente importante: decidieron trabajar en las calles durante su tiempo de adoración regular de domingo por la mañana. Usaron la acción de recoger basura y llenar los agujeros como un genuino acto de adoración a Dios, una forma de adoración que era visible y en solidaridad con las necesidades reales de los vecinos. El ministerio de la iglesia rejuveneció al preguntarle a la comunidad qué podía hacer la iglesia para bendecirlos, en lugar de decidir por sí mismos, con el pretexto de reuniones de oración o sesiones de planificación estratégica.

Como resultado de una pregunta bella, la iglesia del pastor Tomás, Faro de Luz, comenzó a servir a la comunidad con una visión renovada en el año 2000. Ahora tienen 250 «discípulos» (el pastor Tomás se rehúsa a contar a los «miembros» porque para él cada residente de la comunidad es «miembro») en el sentido antiguo, pero ahora renovado, de parroquia. Tienen un edificio multiusos para la iglesia, una escuela en el vecindario de unos 300 estudiantes, un centro de computación del vecindario, un gimnasio, y un proyecto de microempresa que hace productos de hierro. Recientemente compraron tierra para un diamante de béisbol y campo de fútbol para la comunidad. Además, han construido 22 casas para las familias del vecindario. Todos estos proyectos y ministerios han nacido al hacer preguntas bellas. De esta manera, la comunidad toma posesión del trabajo que la iglesia hace junto *con* ellos. Con el tiempo, votaron para que el pastor Tomás fuera el representante legal del barrio Los Brasiles ante el gobierno de la ciudad de Managua, por la confianza y el respeto que se había desarrollado, y la iglesia ha plantado exitosamente varias congregaciones más en las comunidades vecinas.

Y ustedes, ¿quién dicen que soy yo?

La pregunta más bella que Jesús hizo a sus discípulos se encuentra en el mero centro del Evangelio de Marcos. En la antigua literatura judía, la clave del significado de una historia frecuentemente se encuentra en medio de la historia y no al final, como frecuentemente es el caso en las narraciones occidentales. Este énfasis en el centro es más obvio en la poesía quiástica que frecuentemente se encuentra en los Salmos; el mero centro del poema da el punto principal. Para el narrador judío, cada historia tiene un «centro sagrado» que contiene su tesoro único de significado.

El Evangelio de Marcos contiene 16 capítulos, por lo que, si seguimos la noción del «centro sagrado», algo verdaderamente importante podría encontrarse en el Capítulo 8. Allí encontramos a Jesús en Cesarea de Filipo. Qué es tan especial de este lugar, y por qué Jesús lo eligió para hacer esta pregunta tan importante a sus discípulos: «Y ustedes, ¿quién dicen que soy yo?» Si mira un mapa de la época, verá que Cesarea de Filipo es la frontera del extremo norte del ministerio de Jesús, por lo que sabemos, él nunca fue más allá. Tal vez hay algunas preguntas que solamente se pueden hacer en ciertos lugares. ¿Por qué no reservó Jesús esta pregunta fascinante para Jerusalén, el centro sagrado de toda una cultura? Tal vez porque un lugar como Jerusalén habría provocado una respuesta distinta. Allí, toda una historia y cultura habrían intervenido, haciéndola un lugar injusto para que los discípulos consideraran todas las posibilidades en cuanto a la identidad de Jesús. Ellos tenían que estar retirados de ese contexto para siquiera considerar algo más que los puntos de vista prevalecientes y normas aceptadas.

Los viajes de visión que llevamos a cabo en América Latina para grupos de los Estados Unidos proporcionan la misma clase de espacio que Jesús les dio a sus discípulos antes de plantearles su pregunta de suma importancia. Simplemente no podemos considerar ciertas preguntas en medio de los centros sagrados de nuestra crianza personal o «campos» denominacionales, porque esos lugares tienden a responder las preguntas por nosotros. Jesús guarda su pregunta más alta y sagrada para un lugar en el extremo norte de su ministerio, lo más alejado de todo lo más sagrado para sus discípulos. De la misma manera, Dios nos lleva por circunstancias en el extremo «norte» de nuestros centros sagrados para entender y experimentar plantear lo que podrían ser las preguntas más vitales. Él tiene en reserva sus preguntas más altas y sagradas para los lugares remotos y a veces oscuros del extremo de nuestros mapas culturales, físicos, teológicos, emocionales y espirituales.

Como lo hemos dicho, y seguiremos diciendo, hemos llegado a darnos cuenta de que un aspecto central de nuestro llamado como discípulos de Jesús es buscar los estanques de la gracia de Dios en los lugares difíciles, en el extremo norte de la vida y experiencia familiar. Nos damos cuenta de que nuestras conversaciones nos llevan lejos de los «centros sagrados» de nuestra Jerusalén personal, donde las preguntas tienden a ser respondidas en nuestro lugar. La pregunta: «Y ustedes, ¿quién dicen que soy yo?» suena muy distinta cuando se hace en medio de un cementerio que da vista a 3,000 personas que trabajan en un basurero para ganarse una existencia mísera, que cuando se hace desde la comodidad de un salón de escuela dominical.

A los peregrinos norteamericanos y pandilleros por igual, preguntamos: ¿Dónde está su Cesarea de Filipo? ¿Dónde está el extremo norte al que Dios lo ha llevado, y cómo responde la pregunta de Marcos 8 de manera distinta, debido al lugar donde ha estado? ¿Cómo le ha abierto los ojos su trayectoria personal a lo que Jesús es? ¿Está listo para las preguntas bellas de él una vez que usted llegue?

6
Terreno Santo

*Ustedes verán abrirse el cielo, y a los ángeles de Dios
subir y bajar sobre el Hijo del Hombre*
~Juan 1:51

*No hay nada tan secular que no pueda ser sagrado,
y ese es uno de los mensajes más profundos
de la Encarnación.*
~Madeline L'Engle[69]

Antes de que existiera el *Centro* para la Misión Transformadora o la Comunidad de los Salmos de la Calle, llamábamos a nuestro pequeño grupo común y corriente de teólogos de la calle, MUD* Inc. (por sus siglas en inglés: «Making Urban Disciples» [Formación de discípulos urbanos]). Era un nombre que llamaba la atención y encajaba muy bien

---

* Nota de la traductora: La palabra *mud* en inglés significa lodo. Por eso es que en el texto original en inglés tiene sentido las siglas MUD, al relacionarlas con la palabra que significa lodo.

con diseños de camisetas y otras formas artísticas de expresión. Pero tal vez no deberíamos haber «crecido» a títulos más sofisticados. El nombre MUD surgió de la descripción de Génesis 2:7: «el Señor formó al hombre del polvo de la tierra». Al inicio de la creación, las manos de Dios están en el lodo, y destroza nuestras expectativas típicas del comportamiento divino. Dios juega en el lodo y proclama que lo que Dios hizo con él es bueno, Dios no tiene miedo a la intimidad lodosa de tocar la creación de Dios. Si Dios puede poner las manos de Dios en el lodo para santificar lo que Dios toca, ¿qué de nosotros? Dios llama bueno al polvo. ¿Podemos hacerlo nosotros?

Léalo desde otro ángulo, vemos que Dios besa a la humanidad para darle existencia. Fue el beso (aliento) de Dios lo que le dio vida al lodo. Esta idea confundió a la mente griega porque, como Dios es Espíritu, cualquier pensamiento de un Dios que toca el lodo, o peor aún, que usa carne, estaba completamente fuera del ámbito de la imaginación apropiada.

En su libro, *Una Pena en Observación*, C. S. Lewis escribe de su batalla para entender la muerte de su esposa. Al reflexionar en la inmensa decepción de que su esposa no había sanado, escribe sobre cómo nuestras imágenes preconcebidas de Dios tienen que ser desafiadas continuamente.

> Las imágenes, debo suponer, tienen su uso o no habrían sido tan populares. Sin embargo, para mí, su peligro es más obvio. Las imágenes del Santo fácilmente se convierten en imágenes santas, sacrosantas. Mi idea de Dios no es una idea divina. Tiene que ser destrozada una y otra vez. Él se destroza a sí mismo. Él es el gran Iconoclasta. ¿No podemos casi decir que este destrozo es una de las marcas de Su presencia? La

encarnación es el ejemplo supremo; deja todas las ideas previas del Mesías en ruinas[70].

En su experiencia de dolor y pérdida, a Lewis le pareció necesario destrozar su propia imagen defectuosa e inadecuada de Dios que él había estado adorando antes de la pérdida de su esposa. De hecho, como dice Lewis, Dios hace el destrozo (la palabra «iconoclasta» significa literalmente «destructor de imágenes»). En este proceso, frecuentemente a través de nuestro propio sufrimiento, Dios demuestra cómo el toque transformador de Dios santifica nuestras vidas y nuestro mundo.

La Encarnación une lo que el mundo divide

En Juan 1:43-51 leemos el relato del llamado de Jesús a Felipe y Natanael. Felipe inmediatamente acepta el llamado de seguir a Jesús, y luego le explica a Natanael lo que le ha ocurrido a él. Natanael, evidentemente, sigue siendo escéptico, pero todavía está intrigado por el encuentro de Felipe con este Jesús de Nazaret («¿Puede salir algo bueno de Nazaret?» [lbla]), por lo que acepta el ofrecimiento de Felipe de ir a conocer a Jesús. A medida que Natanael se acerca, Jesús lo llama «un verdadero israelita, en quien no hay falsedad». Natanael queda impactado por la proclamación directa de Jesús y quiere saber cómo es que Jesús lo conoce. «Cuando aún estabas bajo la higuera, ya te había visto», declara Jesús. La perspicacia natural de Jesús inspira a Natanael a declarar que el Rabino Jesús es el Hijo de Dios, el Rey de Israel. Con esta declaración enfática de Natanael, Jesús da lo que parece a primera vista una respuesta extraña:

> «¿Lo crees porque te dije que te vi cuando estabas debajo de la higuera? ¡Vas a ver aun cosas más grandes que estas!

—y añadió—: Ciertamente les aseguro que ustedes verán abrirse el cielo y a los ángeles de Dios subir y bajar sobre el Hijo del Hombre» (Juan 1:50-51).

Cualquier oyente empapado de la tradicional sabiduría judía inmediatamente reconocería la referencia de Jesús a la historia de la escalera de Jacob de Génesis 28. En el mundo antiguo, cuando la divinidad aparecía, ese lugar de epifanía era sagrado. Generalmente, esos lugares estaban marcados con piedras como un lugar santo conmemorativo. En el pasaje de Génesis, Jacob se queda dormido y tiene una visión de ángeles que ascienden y descienden en una escalera. Se despierta del sueño y exclama: «¡Qué asombroso es este lugar! Es nada menos que la casa de Dios; ¡es la puerta del cielo!» Para Jacob, la imagen de la escalera de ángeles que suben y bajan hace del lugar una intersección entre el cielo y la tierra. Jacob le da un nombre nuevo al lugar: Betel («casa de Dios»). Toma la roca que le había servido de almohada y la usa como la piedra angular de un altar que erige, para que se pueda adorar a Dios en ese lugar santo, en esa intersección entre el cielo y la tierra.

Volviendo al Evangelio de Juan, hay una diferencia importante entre la visión de Jacob y el uso que Jesús hace de él para referirse a sí mismo. En Génesis 28, los ángeles suben y bajan en un *lugar*. En Juan 1, el ascenso y el descenso ocurre en una *persona*, una diferencia profunda. En tanto que un lugar es *estacionario*, Jesús es móvil y, de esta manera, la intersección santa entre el cielo y la tierra está en *marcha*. A donde sea que Jesús vaya, ese lugar es santo.

¿Significa eso que ahora que el Espíritu Santo mora en los corazones de su pueblo, entonces cada uno de nosotros es, por asociación, también una intersección móvil entre el cielo y la tierra? ¿Es posible que a dondequiera que vayamos, ese lugar llega a ser santo? ¿Es posible que la encarnación santifique al mundo de tal manera que todos los lugares son santificados? Las implicaciones de donde la gracia se ubica a través de la encarnación ahora llegan a ser impactantes. Donde sea que Dios camine, por la obra poderosa y presencia del Espíritu que mora internamente, ¡ese lugar es santo!

En una ocasión, yo (Joel) visité una cocina donde hacían sopa para los indigentes de Chicago. Antes de la cena, las monjas reunieron a todos los indigentes varones que habían llegado por comida en un círculo grande. En una multitud de cuerpos sin bañarse, en un edificio que tenía que haber sido declarado en ruinas, todos comenzaron a cantar: «Estamos en tierra sagrada. Parados en tierra sagrada...». Dios camina en todas partes. Toda la tierra es sagrada. Así que, ¿cómo cambia esto nuestra actitud en cuanto al lugar cuando lo consideramos santo? ¿Cómo cambia nuestro comportamiento hacia una persona cuando la considera sagrada?

El obispo George McKinney, en su libro *Cross the Line: Reclaiming the Inner City for God* (Traspase la línea: cómo reclamar los barrios marginales para Dios), cuenta la historia de los primeros días de su ministerio de plantación de iglesias en San Diego[71]. Después de la medianoche, una Nochebuena se encontró con un mensaje para compartir, pero todos estaban en casa, durmiendo, por lo que no tenía congregación con quien compartirlo. Él y su esposa discutieron a dónde debía ir en el vecindario a dar su mensaje de Nochebuena tan tarde en la noche. Determinaron que el mejor lugar era un club nocturno del lugar llamado «The Funky Ghetto». Al entrar, McKinney habló con el gerente del club detrás de la barra. Le dijo al hombre que era un pastor local, con un pequeño mensaje que esperaba dar esa noche, si pudiera tener unos cuantos minutos en el escenario, entre los actos de baile. El gerente, que probablemente pensó que eso merecía una buena risa, encendió las luces del lugar y les dijo a los pocos clientes del salón que un pastor local tenía algo que decirles. Considerando que era Nochebuena, y debido a que el pastor prometió ser breve, los clientes aceptaron la idea y aprobaron refunfuñando. Cuando terminó, pidió un vaso de agua y dijo que, si alguien de ellos quería hablar con él, estaría encantado de hablar antes de regresar a su casa a celebrar la Nochebuena con su esposa.

Uno de los hombres le agradeció por llegar, pero claramente no quería hablar de nada más. Justo antes de que McKinney se levantara para irse a su casa, una de las bailarinas que había estado en el escenario se acercó a su mesa, con una bata de toalla. Le contó cómo había crecido en un hogar cristiano, pero se había alejado de la fe cuando creció. Explicó cómo odiaba su vida de uso de drogas y baile de *striptease*. Luego proclamó: «Pero usted vino aquí esta noche y fue como si Dios me estuviera buscando y diciéndome que comience a hacer bien las cosas. Creo que no puede ser peor que el Funky Guetto, ¿verdad?

Después de hablar con él durante quince minutos, regresó detrás del escenario. McKinney esperó alrededor de otros quince minutos, pero nadie más llegó a hablar con él, por lo que simplemente volvió a casa. Quedó con la esperanza de poder comprender las lecciones que el Señor había querido enseñarle de su experiencia en el Funky Guetto.

Tal vez el obispo McKinney no había estado seguro qué se suponía que debía aprender, pero nosotros encontramos lecciones profundas para nosotros en su historia. Él había sido guiado a compartir un mensaje particular esa Nochebuena en un bar, porque nadie de su iglesia había estado ahí para escuchar. Los ángeles estuvieron ascendiendo y descendiendo dentro de un lugar de *striptease* de mala muerte, porque un pastor se había rehusado a condenar el lugar simplemente por lo que se hace allí, hacerlo habría sido condenarlo dos veces.

Cuando Jesús vivió en la tierra, el miedo de tener contacto físico con los leprosos no se trataba del miedo a contagiarse. Era el miedo a convertirse ritualmente «inmundo». En otras palabras, era un asunto de evitar la contaminación espiritual de aquellos que eran marginados y rechazados. El poder de la obra santificadora de Jesús en la encarnación es que él revirtió el proceso de contaminación. Opuesto a ser contaminado por leprosos, su toque llega a ser un agente contaminador en dirección opuesta: él «contaminó» a los demás con su justicia. Pablo dice que «donde abundó el pecado, sobreabundó la gracia» (Ro 5:20). ¿Puede ser que cada intento de contaminar algo solamente aumente su santidad en la presencia de Dios?

La encarnación demanda la realidad de la presencia de Dios en todas partes. La encarnación toma un mundo que hemos dividido y lo vuelve a juntar, porque Dios proclama que toda la vida es sagrada. La encarnación hace que toda la vida sea sagrada y que cada lugar sea terreno santo. No hay división entre lo sagrado y lo secular.

Cuando usamos esta historia para reflexionar en la misión encarnacional con ciertos jóvenes, por supuesto que tenemos que advertirles que no vuelvan corriendo a sus pastores, mentores o padres y digan que les hemos aconsejado que frecuenten los clubs de *striptease* para santificar a las bailarinas, ¡rápidamente podríamos encontrarnos sin líderes de base en nuestras conversaciones! El obispo McKinney respondió a un llamado muy único para un tiempo y lugar específicos. El punto no es replicar los detalles de esta historia; más bien, el poder radica en su comprensión de la «presencia santificadora» que le dio permiso para vivir este llamado a una «tierra extraña» en particular.

SEGUNDA SECCIÓN

El Sobrevuelo

*La tierra era un caos total, las tinieblas cubrían
el abismo, y el Espíritu de Dios se movía
sobre la superficie de las aguas.*

~Génesis 1:2

*Cristo juega en diez mil lugares, encantador en las extremidades,
Y encantador en los ojos que no son suyos
Para el Padre, a través de los rasgos de los rostros de los hombres.
Gerard Manley Hopkins*[72]

7
El Universo Simbólico

El Señor le puso una marca a Caín.
~Juan 1:51

*Los símbolos son el lenguaje natural del alma,
un lenguaje más antiguo y más universal que las palabras.*
~C. S. Lewis[73]

Nuestro amigo y mentor, Dave Hillis, cuenta la historia de cuando era consejero de campamento y le pidieron que dirigiera un seminario para la juventud urbana. Cuando estaba por iniciar la sesión, una joven de Los Ángeles entró y le preguntó a Dave de qué iba a hablar. Él dijo que sería acerca de cómo sobrevivir a la ciudad. La joven respondió, lo suficientemente en alto para que los demás lo escucharan y con cierta actitud: «¡Ah, qué fácil! Solo necesita tres cosas: una pistola, un preservativo y una Biblia».

Escuchar como una acción ética

¿Se ha preguntado alguna vez por qué Jesús esperó 30 años para comenzar su ministerio formal? ¿Qué hacía la Palabra, si no escuchar al mundo al que fue enviado? Bonhoeffer nos enseñó que el primer servicio que le debemos tanto a Dios como a la humanidad es el ministerio de escuchar, y aprendemos a hacerlo con el mismo Dios. «El amor de Dios por nosotros es que no solo nos da Su Palabra, sino que también nos presta oído»[74]. ¿No es irónico que la Palabra tardara 30 años escuchando al mundo antes de revelarse a sí mismo? ¿Qué estaba escuchando exactamente?

El padre Ben Beltrán sugiere que Jesús pasó treinta años ingresando a lo que él llama el «universo simbólico» de la humanidad, de una manera concreta y particular. El padre Beltrán es un sacerdote católico romano que trabaja con la comunidad Smokey Mountain en las Filipinas, una comunidad de rebuscadores de basura. Estos rebuscadores le enseñaron al padre Beltrán, un sacerdote educado por lo más brillante y mejor de Roma, a escuchar al mundo de ellos y, en última instancia, a enseñar y predicar la buena noticia en su medio.

En su libro, *Christology of the Inarticulate* (La cristología de los que no se pueden expresar), el padre Beltrán habla del modelo clásico de comunicación: la tríada del emisor, el mensaje y el receptor[75]. Él observa que cuando enfocamos nuestra atención en el emisor del mensaje, el interés principal es la *intención* del emisor[76]. Cuando nos enfocamos en el mensaje, nos interesa el *contenido*. Cuando nos enfocamos en el receptor, se entiende que la comunicación se ha llevado a cabo solamente cuando el mensaje se ha integrado en lo que él llama el universo simbólico del receptor[77]. Como lo señala Beltrán, mucho de la teología occidental se ha ocupado del *contenido* del mensaje, donde la teoría, la doctrina y el dogma son prioritarios[78]. Eso lleva a una fe

El Universo Simbólico

generalizada, incorpórea y desencarnada, que crea distancia entre el emisor y el receptor, y, en última instancia, les hace violencia a ambos.

Beltrán describe el universo simbólico como ese lugar donde se da forma a las almas de acuerdo al contexto en el que viven[79]. Está situado dentro de la comunidad y la cultura, y no es propiedad de una persona. En ese sentido, hablamos de interpretar la cultura en la que viven las personas. El lugar importa, y la cultura es producto del lugar.

Imagine la cultura como un iceberg. Dos tercios de un iceberg están escondidos debajo de la línea del agua. Solamente la parte más pequeña del iceberg es visible. Ahora bien, cambie la metáfora levemente e imagine que cada cultura tiene tres partes: cuerpo, mente y alma. El cuerpo de un lugar es como la punta del iceberg. La mente y el alma de un lugar están escondidas debajo de la superficie. El cuerpo de un lugar incluye el ambiente físico, ofrece tierra, arquitectura y clima. Aunque comprende los aspectos más obvios y visibles de un lugar, puede afectarnos profundamente de maneras que no siempre son obvias. Por ejemplo, Kris vive en el Noroeste del Pacífico, donde llueve mucho. Joel vive en la Ciudad de Guatemala, la tierra de la eterna primavera. ¡Uno es levemente deprimido y el otro es levemente frenético! Las personas del Noroeste viven mucho de sus vidas en espacios cerrados. Beben mucho café y se reúnen en tabernas. En la Ciudad de Guatemala, la gente vive la mayor parte de su vida afuera, en el aire perpetuo de la primavera. ¡El lugar importa!

La mente del lugar está justo debajo de la superficie. Al decir mente nos referimos a las normas sociales, al idioma, la comida, los ritos, la religión, los valores, el trabajo e incluso el humor. Hablamos de la forma peculiar en que la gente se conduce en un lugar en particular. Estos aspectos de la cultura se pueden observar, pero las personas que están dentro de la misma cultura no los disciernen fácilmente porque están muy arraigados. Frecuentemente se requiere que un extranjero se dé cuenta de la forma en que la cultura funciona. Por ejemplo, considere el papel de la comida en el funcionamiento de una cultura. Hace varios años visitamos Tailandia, donde los rituales complejos rodean los alimentos y las comidas. Cada cultura toma su comida en serio, pero la cultura tailandesa es inigualable. Prácticamente cada conversación importante ocurre dentro del contexto de una comida. Mientras más importante sea la conversación, más elaborada será la comida. En Nairobi, donde la comida no es tan abundante, pero no menos valorada, todas las conversaciones importantes ocurren con una sencilla taza de chai (té). En el Noroeste, las conversaciones importantes ocurren con una taza de café en una cafetería, o con una cerveza en una taberna. En Guatemala, las conversaciones importantes ocurren en un almuerzo largo e informal.

Debajo del cuerpo y la mente está el alma del lugar, o su «universo simbólico». Es la parte más profunda del iceberg, aquella que le da su masa y peso. La intuición nos dice que esta parte del iceberg existe, pero es casi imposible verla desde la superficie. El alma de la cultura es tanto invisible como inconsciente, y eso es lo que le da su poder. Los símbolos y las historias esconden, así como revelan, el alma al mismo tiempo. Son como la ropa, nos ayudan a trazar su forma particular, mientras que, al mismo tiempo, la cubren.

Podríamos pensar en el universo simbólico como la estructura del alma, esas historias que le dan forma a la manera que interpretamos toda la vida. Estas historias se unen con símbolos que llenan la historia de significado. De hecho, la palabra latina *symbolum* significa literalmente «unir»[80], y eso es lo que hacen los símbolos. Los símbolos son el pegamento que unen a los personajes con los guiones de los argumentos de nuestras historias, y les dan significado. C. S. Lewis

El Universo Simbólico

dijo: «Los símbolos son la expresión natural del alma, un lenguaje más antiguo y más universal que las palabras»[81]. Los símbolos son poesía metafórica que comprime el significado a su forma más concentrada, y explotan con posibilidades cuando nuestras imaginaciones los activan. Ese es su poder. Trabajan en nosotros tanto como nosotros trabajamos en ellos.

Los teólogos han llamado a esto el «escándalo de la particularidad»[82]: el misterio de la Palabra trascendente de Dios encarnada con forma específica, finita. Contrario a las formas en las que se empaca frecuentemente, el evangelio no es un producto de «talla única». La espiritualidad holística que se relaciona con un pueblo en particular, en un lugar particular, no se impone desde afuera, se deriva dentro de las realidades concretas, únicas de cada contexto.

Como lo mencionamos, el Noroeste del Pacífico de los Estados Unidos es el hogar de Kris. Entre otras cosas, se le conoce como la «Zona de ninguna»[83]. Según «Religion by Region Series» (la «Serie de Religión por Región») que estudió la religión en ocho zonas distintas de los Estados Unidos, el Noroeste es la «Zona de ninguna» porque cuando contestaron el censo, la mayoría de personas del Noroeste (el 62%) respondió «NINGUNA» en cuanto a la afiliación religiosa[84], convirtiéndola en la región menos eclesiástica del país[85].

Los del Noroeste se ganaron el título por el accidente geográfico y años de independencia feroz. Lo que atrajo a los colonos al Noroeste hace 200 años fue la sed de aventura y oportunidad, impulsada, en gran parte, por el deseo de escapar de la gente y los lugares de los que llegaron. No mucho ha cambiado desde entonces. Como resultado, cosas como la iglesia y formas convencionales de comunidad no son altas en el listado de prioridades, los del Noroeste son amigables, pero tienden a agradarse unos a otros a la distancia.

Geografía de la gracia

Evidentemente, solo cuando vemos por debajo de la superficie es que descubrimos la ironía escondida en todo esto. En tanto que la Zona de Ninguna es claramente de naturaleza no religiosa, es profundamente espiritual. Mientras que los del Noroeste se alejan de las instituciones y prácticas relacionadas con religiones particulares, están creando formas nuevas y alternativas de comunidad que expresan su hambre espiritual.

Entender cómo el contexto nos forma, nos ayuda a entender la forma en la que vemos y experimentamos a Dios. Considere un estudio publicado por la Universidad Baylor acerca de la vida religiosa en los Estados Unidos, que reveló que el 90% de estadounidenses creen en Dios[86]. El estudio sugiere que la imagen de Dios que la gente interioriza depende, en gran parte, de dónde vive. Resume las diversas imágenes de Dios en los Estados Unidos al usar cuatro categorías amplias: 1. Dios crítico. 2. Dios autoritario. 3. Dios benevolente. 4. Dios distante. El investigador sostiene que cada una de estas imágenes puede estar ampliamente vinculada a una región geográfica específica:

OPINIÓN DE DIOS	GEOGRAFÍA
Dios crítico	Este
Dios autoritario	Sur
Dios benevolente	Medio Oeste
Dios distante	Oeste[88]

Para los que han viajado por los Estados Unidos, estos resultados no son sorprendentes. Los del Este pueden ser críticos; viven en un mundo urbano acelerado que demanda juicios rápidos. Su Dios es igual. En el Sur, la autoridad y el respeto, especialmente para los ancianos, persiste como un valor importante. Su Dios refleja eso. En el granero de los Estados Unidos, formado por una cultura en la que mucha gente vive de la tierra y la familia es primordial, se ve a Dios como un proveedor benevolente de lluvia y sol para cultivar la tierra, y techo para mantener a la familia. En el Oeste, bueno, es el Oeste, donde la gente se ha abierto su propio camino. Se prefiere a Dios a la distancia, amistosamente, pero lejos.

Independientemente de cómo podamos evaluar el estudio de Baylor, señala a formas en las que el contexto le da forma a cómo construimos significado, y a cómo el universo simbólico de un pueblo se desarrolla a lo largo de las generaciones. El desafío es este: si nuestra imagen de Dios es determinada, en gran parte, y por lo tanto limitada, por el lugar en el que vivimos y con quién, ¿cómo podemos esperar ver a Dios como algo más que una simple proyección de nosotros mismos? ¿Ignoran la cultura y el contexto el poder del Espíritu para revelar el verdadero ser de Dios?

Para algunos, estas preguntas podrían ser inquietantes para su concepto de Dios, pero debemos aprender a apreciar las formas únicas en las que cada región, cultura y comunidad ve y experimenta a Dios. Eso solo realza nuestra convicción de que, si la iglesia en realidad es el cuerpo de Cristo, entonces se requerirá que *toda* la iglesia vea a Dios vibrantemente. Un solo pedazo, o pequeño fragmento no servirá. Por otro lado, la fortaleza única de cada contexto que merezca ser celebrada también crea puntos ciegos, igualmente únicos que merecen ser desafiados. El evangelio corta en ambos sentidos. Por eso es que no solo debemos celebrar, sino también desafiar el funcionamiento interno del universo simbólico que está vinculado a una geografía en particular. Lo que deleita al Espíritu en la Ciudad de Guatemala, puede entristecer al Espíritu en Tacoma. La espiritualidad auténtica no es una espiritualidad generalizada. Siempre es específica y concreta, en diálogo con las otras expresiones particulares de la autorrevelación de Dios.

Geografía de la gracia

Beltrán sugiere que cuando negamos la realidad concreta de un pueblo o lugar y malinterpretamos el universo simbólico de las personas a las que servimos, entramos al ciclo demoníaco de la «malinterpretación sistémica»[89]. La malinterpretación sistémica ha llegado a caracterizar mucho de lo que pasa por buena noticia en la iglesia hoy día. Ocurre cuando no logramos entrar al universo simbólico de un pueblo y lugar en particular. Como resultado, cada esfuerzo para ayudar aísla más a las personas a quienes se sirve, de maneras que ni el que da ni el que recibe se dan cuenta totalmente. Lo que tiene el propósito de ser buena noticia, en realidad es mala, pero (y aquí está el mecanismo demoníaco) los receptores vulnerables han sido condicionados a aceptar la mala noticia como si fuera buena. Ambas partes están atrapadas en un círculo vicioso de autoencarcelamiento que se disfraza de libertad.

Volvamos a la joven campista urbana para ver cómo funciona esto. Ella dijo que la supervivencia en su mundo requería de una pistola, un preservativo y una Biblia. Ella es un poco profeta, nos da un vistazo dentro del universo simbólico de muchos jóvenes urbanos con la precisión de un rayo láser. Por supuesto que no todo chico urbano lleva consigo una pistola, un preservativo o una Biblia, por lo menos no en sentido físico. Pero para los jóvenes que crecen en el contexto de pobreza y violencia de las comunidades urbanas, estos son símbolos que residen muy dentro de sus imaginaciones y los forman con el tiempo. Considere lo que la profeta urbana nos dice. Ella le da el mismo valor a las pistolas y los condones que a la Biblia. ¿Qué enseña ella? Los símbolos de pistolas, condones y Biblias son ideas de una cultura sacudida por el miedo, hambrienta de poder. Los tres símbolos revelan una narrativa que dice que este mundo es un lugar inseguro y peligroso, que demanda protección. Si la pistola no funciona, tal vez

El Universo Simbólico

el preservativo sí. Y si estos dos fallan, entonces, siempre podemos intentarlo con la Biblia. O tal vez dice que la situación determina el valor de cada uno. En algunos casos necesitamos una pistola. En otros, un preservativo; y aun en otros, una Biblia. Todo depende. O tal vez dice que necesitamos los tres al mismo tiempo y simplemente así son las cosas. Fallar en escuchar su historia y en interpretarla fielmente, de maneras que honren su historia, es entrar a un círculo vicioso de malinterpretación sistemática.

Ahora bien, consideremos cómo Jesús entra a nuestro universo simbólico. Él lo hace en dos niveles: el micronivel y el macronivel. Consideremos el primer micronivel. Un estudio rápido de los Evangelios, particularmente del Evangelio de Juan, revela que todas las «señales» que Jesús realiza son excepcionales y únicas en su especie. Él nunca se revela de la misma manera dos veces. Como dice C. S. Lewis, la única oración que Dios se rehúsa a responder es la oración «bis», o «hazlo otra vez»[90]. Jesús siempre se reúne con personas de maneras particulares, nunca con un programa generalizado. En una ocasión, él convierte agua en vino. En otra, escupe en el lodo. En otra, dice una palabra; y aun en otra, simplemente dibuja en la arena. En el tercer capítulo de Juan, Jesús habla con Nicodemo al abrigo de la noche. En Juan 4, habla con la mujer samaritana en plena luz del día. Siempre es nuevo y distinto. Jesús se reúne con la gente en sus circunstancias únicas y se dirige a sus historias únicas. El Evangelio nunca es general. Siempre es específico. Este es el escándalo de la particularidad.

Aun así, hay un argumento que todos los humanos compartimos, una estructura narrativa que trasciende la cultura, el lugar y el tiempo. De igual manera, hay un universo simbólico que es común para todas las personas, en todas partes, que muestra lo que significa ser humanos, en tanto que, al mismo tiempo honra las formas particulares en las que expresamos nuestra humanidad. Este es el universo simbólico a un macronivel.

Para entender el universo simbólico, común para toda la humanidad, seguiremos a Jesús al desierto y consideraremos la narración de la tentación. Aquí, Jesús vuelve a concebir el universo simbólico de la humanidad de maneras que nos liberan. Este es el trabajo de la Palabra encarnada: ser personificado en el universo simbólico de este mundo. Jesús escucha atentamente nuestra historia y allí, desde el interior de nuestra historia, Jesús comienza a reinterpretar nuestros símbolos y a remodelar el contorno de nuestra alma. Él cuenta la historia que no podemos contar por nosotros mismos. Revela lo que ha estado escondido desde la fundación del mundo, oculto bajo capas de miedo, ansiedad, culpa y vergüenza, todo lo cual ha sido sacralizado y luego proyectado hacia Dios, como si fuera enviado del cielo. Estamos ansiosos de decir más acerca del asunto «oculto» que Jesús revela, pero por ahora es suficiente decir que el asunto oculto no es tanto *algo* como es *alguien*, y que ese alguien no es, en absoluto, como pensamos que era. En una palabra, Dios no está enojado y nunca lo estuvo, o por lo menos en la forma que lo imaginamos, y eso es lo que Jesús revela.

Jesús hace el arduo trabajo de ver por nosotros para que podamos ver por nosotros mismos. Ofrece una visión de Dios y de la vida que los profetas solamente pudieron ver en destellos: una visión que está arraigada en nuestros deseos más profundos, pero que el mundo que nos rodea descarta crónica y sistemáticamente, y nuestras propias almas tímidas evitan. Su vida cuenta la historia que siempre quisiéramos que fuera cierta pero que nunca pudimos aceptar completamente. Él reubica el espejo de la vida para que podamos ver y adorar a la única imagen genuina de Dios, en lugar de meras proyecciones y exageraciones de nosotros mismos. Él hace todo esto desde el interior de la misma realidad que vivimos día a día, sin desplazarnos ni deshonrarnos. Esta es la clave: Jesús subvierte y vuelve a concebir la vida y al mismo Dios desde el interior de la experiencia humana. No solo subvierte nuestra forma de ver la realidad, sino que la transforma. La Palabra y el mundo se reúnen con un beso santo, y desde allí nacemos de nuevo.

Para volver a contar la historia de la tentación, tomaremos prestado de un método hermenéutico antiguo de interpretación bíblica conocido como *midrash*. *Midrash* es el término hebreo para «interpretación», y es la tradición judía de leer entre las líneas de las Escrituras hebreas para descubrir capas ocultas de significado. Hay una libertad juguetona en este método que tiene por lo menos dos ventajas distintas para los métodos modernos de interpretación bíblica. En primer lugar, valora el trabajo de la imaginación como herramienta importante de interpretación. En segundo lugar, es claro para todo el que lee o escucha un *midrash* que es una *interpretación* del texto, no una declaración de verdad doctrinal. Un *midrash* no hace afirmaciones falsas de autoridad más allá de la autoridad del intérprete. En otras palabras, hay una humildad integrada en el método del *midrash*, que es definitivamente una virtud cuando se interpretan las Escrituras.

Un midrash *de la historia de la tentación*

Cada uno de los Evangelios sinópticos marca el inicio del ministerio público de Jesús con un recorrido del universo simbólico de Israel, en el contexto de un desierto sin nombre en el Medio Oriente. En la jerga bíblica, el desierto es ese lugar de las Escrituras a donde vamos para averiguar quién es quién y qué es real. Es el lugar donde se revelan las almas.

Geografía de la gracia

Después de viajar cuarenta largos días y noches sin comida, Jesús descansa. Exhausto y con hambre, se encuentra con el diablo y nosotros también, porque esta no es solo la historia de Jesús. También es nuestra historia. Jesús lleva a toda la humanidad a esta reunión, o, para ser más precisos, carga la plenitud de la humanidad a esta cita divina con el Tentador. Estamos retomando una conversación que comenzó en un huerto hace mucho tiempo y continúa hasta este día.

La conversación se centra en tres símbolos que le han dado forma al alma de Israel, y del mundo, desde el comienzo: los símbolos de pan, templo y corona. Cada símbolo está empacado con significado y una historia narrada que representa una forma de ver el mundo y a Dios. El pan es un símbolo económico; el templo es un símbolo religioso; la corona es un símbolo político.

Donald Kraybill, en su muy útil libro *The Upside Down Kingdom* (El reino al revés), ve la conversación de Jesús con Satanás como una confrontación con los poderes y las autoridades que han colonizado las imaginaciones del mundo[91]. Aquí no tratamos simplemente con tentaciones personales de la carne o el orgullo de la vida, una perspectiva que frecuentemente ha dominado la enseñanza y predicación de una cultura occidental hiperpersonalizada. Cuando se considera simbólicamente, Jesús nombra los «poderes y autoridades»[92] del mundo (para usar el lenguaje de Pablo). Él menciona las realidades económica, religiosa y política que afirman poderes divinos para sí mismos y hacen mucho daño cuando se les permite gobernar por miedo. Resulta que estos sistemas son la infraestructura de la sociedad. De hecho, la sociología moderna nos enseña que estos son los sistemas con los que cada sociedad y (específicamente para nuestro contexto) cada ciudad funciona. Jesús está batallando con los mismos poderes y autoridades que él, en última instancia, expone y derrota en la cruz. Jesús se reúne con Satanás para hablar de cosas de máxima importancia: el pan, el templo y la corona tratan de la realidad en sí.

El pan: de la escasez a la abundancia

Imagine a Jesús después de un largo ayuno y una larga caminata en el desierto. Ve un panorama estéril, un páramo: sin jardines ni corrientes de agua, sin leche ni miel, solo rocas y arena y el ocasional zorro del desierto. El escenario encaja con su interior. La tierra está tan vacía como su estómago, y su estómago está tan vacío como su propia historia. Con relación al escenario mundial, él procede de un pueblo insignificante que ha vivido bajo el control de la opresión extranjera durante la mayor parte de su existencia. Israel había sido un estado esclavo, entre Egipto, Asiria, Babilonia, Grecia y ahora el Imperio romano. Los días de gloria de David y Salomón son un recuerdo distante y a veces cruel. Por lo que la historia de Jesús refleja la historia de su pueblo. Fue concebido en escándalo y nació en el camino, en un lugar de poco valor. Su nacimiento agravó la paranoia de los que estaban en el poder, por lo que su familia huyó a Egipto para sobrevivir la persecución. Él volvió a ingresar a la «tierra prometida» discretamente, con poca fanfarria. La tierra prometida parecía cualquier cosa, menos prometedora, muy semejante al lugar desértico donde Jesús está ahora, allí está él, el «ungido» sentado en un montón de rocas en medio de la nada. Está lleno de los mismos anhelos y frustraciones de su pueblo, cuyos espíritus estaban siendo aplastados por el peso de sus sueños frustrados.

Peregrinar en el desierto por cuarenta días tuvo que haberle traído a la mente los muchos peregrinajes de Israel. Definitivamente, Jesús habría recordado los cuarenta años de Israel en el desierto. Tal vez también habría recordado el encuentro de Moisés con Dios en el monte Horeb, un encuentro que puso en marcha todo ese peregrinaje hace tantos años (Éx 3:1). El Monte Horeb fue el lugar de la autorrevelación de Dios como el gran YO SOY. Irónicamente, el Horeb significa «páramo desolado». Que Dios se revelara a sí mismo en un páramo desolado no podría haberse escapado de la mente de Jesús. Tal vez Jesús esperaba que Dios apareciera y se revelara a sí mismo en el páramo que ahora él ocupaba. Esta vez no. En lugar de eso, el tentador aparece. Si el poder principal del mal se deriva de su habilidad de disfrazarse como bien, debemos suponer que la aparición de Satanás a Jesús estaba ocultada en una clase de exterior recto, porque el mal descubierto es incapaz de persuadir.

El diablo habla primero. «Si eres el Hijo de Dios, ordena a estas piedras que se conviertan en pan» (Mt 4:3). Superficialmente, esto parece menos una tentación y más una invitación razonable, tal vez incluso inspirada por Dios. ¿Qué hay de malo en convertir piedras en hogazas de pan, especialmente después de un largo ayuno? ¿Cuánto más, a la luz del hecho de que muchos de sus hermanos y hermanas también sufren de estómagos vacíos? No mucho después de esta tentación, ¿no hace Jesús ese mismo milagro de proveer pan? ¿Por qué ahora no? Uno puede oír las ruedas en la cabeza de Jesús girando muy semejante al sonido de su estómago que refunfuña: *¿por qué no?* Junto con Jesús, podemos visualizar las piedras convirtiéndose en pan. Ya no se hincharán ni entumecerán más los vientres de los niños hambrientos. El mundo ya no morirá de hambre ni se preguntará si hay un Dios que los ama.

Frecuentemente nos gusta hacer énfasis en el amor del Hijo por el Padre, pero no debemos olvidar su amor por el mundo. Él había caminado por treinta años entre su propio pueblo y había visto su miseria, y tenía un sentido creciente de su propio poder para aliviar el sufrimiento. Los adultos que tienen amor propio no pueden ver a los niños sufrir sin querer aliviar su dolor, especialmente si tienen el poder de hacer algo al respecto. La presencia avasalladora del sufrimiento ahoga nuestras teorías y teologías más nobles. Al igual que un estómago que se queja, la única manera de tranquilizar su ruido ensordecedor es satisfacer su deseo, ¡y hacerlo *ya*! No es difícil imaginar a Jesús estar abrumado por la visión de escasez ante él. ¿Qué clase de Dios permite que su pueblo muera de hambre? Cuando la cosmovisión de la escasez seduce, no es fácil ver el misterio de abundancia de Dios.

En esta angustia, el Espíritu que guio a Jesús al desierto de la tentación lo impulsa a ver más profundamente. Jesús da otra mirada a la aridez que lo rodea y escucha más cuidadosamente su propio estómago. Aquí, en lo profundo del suelo de la escasez implacable, Jesús discierne las semillas del amor abundante y fructífero de su Padre. Requiere de un poco de tiempo, pero finalmente comienza a sonreír cuando ve las técnicas agrícolas peculiares de su Padre que lanza la semilla preciosa de su amor de una forma extravagante, a diestra y siniestra, y quizás irresponsable, en toda clase de suelo: bueno, malo y feo. La naturaleza indiscriminada e inusual de la técnica agrícola del Padre es casi ridícula. ¿Qué clase de agricultor esparce semilla preciosa con tanta libertad y descuido? Jesús también ve 120 galones del vino más fino que fluye de seis jarras de piedra de agua estancada. Se acuerda de la mesa que Dios pone para la humanidad, una mesa con espacio para todos, especialmente aquellos que menos merecen un asiento. Se ríe porque el amor abundante de Dios le permite (y a nosotros) reinventar toda la economía de Dios como una economía de abundancia descabellada. Cuando uno ve a toda la humanidad (incluso al enemigo de uno) como amiga, las posibilidades de generosidad se multiplican treinta, sesenta, incluso cien veces. A la luz de esto, la generosidad engendra generosidad y cinco panes se convierten en 5,000. La generosidad radical entrega la misma vida, y ante eso nada, ni siquiera la muerte, puede prevalecer. Como lo imaginó Dostoevsky en *Los hermanos Karamazov*, en su capítulo famoso llamado «El gran inquisidor», si Jesús hubiera pensado menos de Dios y menos de la capacidad de la humanidad de actuar en lo que él vio, tal vez Jesús habría caído en la tentación y nos habría esclavizado con los milagros. En lugar de eso, Jesús le responde al Tentador: «No solo de pan vive el hombre, sino de toda palabra que sale de la boca de Dios» (Mt 4:4)[93]. Jesús se resiste al mito de la escasez y declara confiable a la Palabra de Dios ante las privaciones. Dios es amigo, no enemigo. Se puede confiar en Dios. ¡Hay suficiente!

Hay muchos autores que han desmentido el mito de escasez que Jesús confronta en el desierto, pero ninguno lo ha hecho tan concisamente como Mary Jo Leddy, quien escribe:

> La economía del amor de Dios no se basa en una ley de escasez, sino más bien está arraigada en el misterio de la superabundancia. La decisión personal o política de declarar que no hay suficiente es el inicio de crueldad social, guerra y violencia a una escala mínima o enorme. Por otro lado, la decisión de afirmar que hay suficiente para todos es el comienzo de la comunidad social, paz y justicia. La opción de asumir que hay suficiente libera la imaginación para pensar en nuevas posibilidades económicas y políticas[94].

La fidelidad de Jesús con el «misterio de la superabundancia» traslada a la humanidad de la esclavitud de la escasez, producto del miedo, a la libertad de la abundancia de Dios, producto del amor. Hay suficiente pan para todos, si solo pudiéramos verlo y aceptarlo.

El templo: del sacrificio a la misericordia

Ningún símbolo hizo afirmaciones más grandes sobre la imaginación de Israel que el templo. Lo que el pan era para el cuerpo de Israel, el templo era para su alma. El templo era el centro de la vida religiosa y personificaba las esperanzas y los sueños de Israel. Era el recordatorio de su condición de «escogidos». En el centro sagrado del templo estaba el Lugar Santísimo: la misma morada de Dios, ubicada en la ciudad de Dios. Era el centro del universo de Israel, y este centro continuamente transformaba y reinventaba la fe de Israel desde lo más profundo, más profundo de lo que cualquiera pudiera imaginar.

La belleza del templo era testimonio de la gloria de Dios, pero la economía de la escasez se había infiltrado en la vida religiosa de Israel con el paso de los años. Irónicamente, produjo una industria lucrativa en el templo. El Templo era el único motor económico de Jerusalén, motor que Jesús, en última instancia, consideró inútil. La economía de la escasez había producido una religión de escasez y seguía la misma lógica mortal. Como siempre es el caso con la escasez, la violencia era su principio gobernante, escondido bajo capas de reglas y reglamentos que enmascaraban el miedo que la sustentaba. Ese era el sistema sacrificial del templo, estaba altamente regulado y era un sistema sofisticado de violencia al que se le había dado un significado sagrado y justificado prácticamente por cada autoridad religiosa, excepto un puñado de profetas.

En la segunda tentación, el diablo lleva a Jesús a la cima del templo que daba a Jerusalén, donde le dice a Jesús: «Si eres el Hijo de Dios, tírate abajo»[95]. El tentador le recuerda a Jesús que los ángeles lo protegerán si lo hace, y no se hará ningún daño. A Jesús se le promete inmunidad. En nuestra lectura del texto, el diablo ve el sistema del templo por lo que es: un sistema gobernado por el principio de violencia que acabamos de describir. Tiene sentido que lo vea por lo que es, porque es un sistema en el que él se enorgullece mucho y tiene interés personal en mantenerlo. Ve una cueva de ladrones que se benefician del miedo de la gente. Ve un sistema sacrificial empapado de violencia, mantenido y justificado por un sistema complejo de reglas y reglamentos. Ve y disfruta todo esto.

Juntos, el diablo y Jesús presencian el caos controlado de abajo. Ven lo mismo. Uno está complacido, el otro está enojado. La ira de Jesús crea una apertura para el diablo, quien trata de seducir a Jesús con la lógica de la violencia en sí. Por lo que tienta a Jesús para que se «lance» en medio del lío violento de abajo y que haga algo al respecto. Tienta a Jesús para que limpie un sistema violento con violencia.

La palabra para «lanzar» (*ballo*) en realidad significa «lanzar» o «echar» de una manera violenta[96]. Está incrustada en el nombre «diablo» (*diabolos*). La palabra *diabolos* significa lanzar a un lado o arrojar. Significa dividir o separar y hacerlo a la fuerza o violentamente. Eso es lo que el diablo hace, divide y separa con violencia. Es la esencia de la mente diabólica. Por lo que, la esencia de esta tentación es una invitación a la violencia. Es la trampa más antigua del libro, que se remonta hasta Caín y Abel. Para decirlo más suavemente, a Jesús se le pide que condone el sistema del templo que está gobernado por la violencia. El problema, por supuesto, como lo señaló Einstein, es que «el problema no se puede resolver con el mismo conocimiento que se creó»[97]. En otras palabras, aunque sigue siendo una de las tentaciones más seductoras y lleva consigo una lógica convincente, la violencia no puede expulsar a la violencia más de lo que Satanás puede expulsar a Satanás. La humanidad lo ha intentado y ha fallado.

Jesús mira abajo los patios del templo, llenos de actividad. Ve a la gente comprando y vendiendo el favor de Dios, así como el de los demás. Siente el olor a carne quemada y sangre cruda que flota hacia arriba en las oraciones de la gente. Ve a aquellos que pueden permitirse el precio de admisión y aquellos que no pueden. Arde en enojo, y las ruedas lógicas de violencia comienzan a girar. ¿Por qué no lanzarme a ese caos violento como un acto de venganza misericordiosa y ponerle fin a un sistema que se ha vuelto loco? ¿Acaso no se les permitía eso a los profetas de antaño? Jesús es tentado a fortalecerse con el pensamiento de que será protegido en esa batalla. Después de todo, él es el ungido de Dios, y se le ha prometido victoria. Si Dios protegió a Caín en su violencia, ¿cuánto más protegerá Dios a Jesús en la suya? *¿Por qué no poner a prueba el perdón de Dios con un acto de violencia? Por qué no lanzarme al centro sagrado de mi propia casa y ocuparme de él de acuerdo a sus propias reglas. No solo voltearé las mesas de injusticia, lo destrozaré todo hasta sus fundamentos con mis propias manos. ¡La venganza es mía!*

Movido por el Espíritu, Jesús le da otra mirada. Discierne la figura borrosa de la mentira. La violencia no puede expulsar a la violencia, y Satanás no puede expulsar a Satanás (Mr 3:23). Todo el sistema sacrificial testifica de la mentira. Sí, contiene la violencia por un momento, y nunca puede traer paz. Jesús recuerda a los profetas de antaño que declararon el corazón de Dios a un pueblo que estuvo atrapado en un ciclo tras otro de violencia:

«Yo estimo a los pobres y contritos de espíritu, a los que tiemblan ante mi palabra. Pero los que sacrifican tesoros son como los que matan hombres; los que ofrecen corderos son como los que desnucan perros; los que presentan ofrendas de granos son como los que ofrecen sangre de cerdo, y los que queman ofrendas de incienso son como los que adoran ídolos. Ellos han escogido sus propios caminos y se deleitan en sus abominaciones» (Is 66:2-3).

La misericordia de Dios se incrementa en el corazón de Jesús, allí en la cima del templo, y una realidad nueva lo impacta: lo que está debajo de él es un pueblo que no sabe lo que hace. Son como ovejas sin pastor. Se deleitan en sus abominaciones porque han perdido el contacto con su deleite más profundo y genuino. No saben qué más hacer. Han confundido su propia necesidad de sangre con la de Dios. Una vez más, Jesús oye una voz aún más pequeña que se eleva desde dentro: «Porque misericordia quiero, y no sacrificio» (Os 6:6, rvr60).

Jesús vuelve a mirar el sistema religioso diseñado meticulosamente con todas sus reglas y reglamentos y discierne otra ley en función. Es la ley que regula su propio corazón. Es la inviolable ley del amor. Jesús discierne dentro de sí mismo el deseo de misericordia. Es la misericordia, no la venganza, lo que desmantelará el templo. La misericordia es la que está sentada detrás del mal, y la misericordia es la que amorosamente subvierte el sistema desde dentro. Es en y a través de esta misericordia que Jesús ve un templo nuevo. Se imagina un día en que finalmente declarará «Todo se ha cumplido». Al haber sido expuesto por lo que es, todo el culto al templo colapsará bajo su propio peso.

Jesús se retira de la cornisa del templo. ¿Podría ser que recordó que la paciencia de Dios con una humanidad violenta y su lentitud para la ira no es excusa para probar esa paciencia con su propio acto de violencia? Él cita el texto antiguo: «No pongas a prueba al Señor tu Dios» (Mt 4:7). Jesús rechaza la trampa de lanzarse al templo y probar el amor de Dios con su propio acto de violencia. Opta por otro camino, el camino de la misericordia, el camino que un día le daría vuelta al templo y llegaría a ser la esperanza de todos aquellos que alguna vez han clamado: «Señor ten misericordia».

La corona: del dominio a la doxología

La corona es el símbolo del sistema político, que se interesa en la administración de poder. En tanto que ese símbolo no se nombra directamente en la narrativa de la tentación, por el contexto es claro que tratamos con la tentación del poder. En un sistema monárquico, la corona es el símbolo supremo de poder. Como tal, es como un resumen de las tentaciones anteriores. Los sistemas económico, religioso y político son una pieza: cada uno necesita al otro para sobrevivir. No hay pan y templo sin corona, y no hay corona sin pan y templo. Están interconectados. Como dice Eugene Peterson, cada tentación trata con el «ejercicio de poder»[98], pero ninguna de ellas tan audazmente como la última tentación.

A lo largo de la narración de la tentación, presenciamos los esfuerzos sistemáticos de Satanás de hacer que Jesús use su poder, no para hacer mal sino para hacer «bien». Así es como funciona la tentación. El bien que el diablo busca es perverso, sin duda, pero como lo hemos dicho anteriormente, esa es la única manera de proceder del tentador. Aquí tratamos con Lucifer, el «portador de luz». Toda su existencia se deriva de la bondad de Dios. No hay maldad inherente en él. En el mejor de los casos, él es un parásito de la bondad, la tuerce y pervierte. En el peor de los casos, como dijo Agustín, es la ausencia de bondad. Satanás existe, así como existe la oscuridad, que la ciencia moderna nos dice que no es lo opuesto a la luz, sino la ausencia de ella. Por lo tanto, la habilidad del tentador es pervertir y manipular lo que *es* para sacar lo que *no es*. Esto hace que las tentaciones sean tan tentadoras.

«De nuevo lo tentó el diablo, llevándolo a una montaña muy alta, y le mostró todos los reinos del mundo y su esplendor. —Todo esto te daré si te postras y me adoras» (Mt 4:8-9). Jesús está en la cima del mundo, y mira todos los reinos. Desde esa gran distancia, el diablo le muestra su «esplendor». La palabra «esplendor» o «gloria» es una palabra clave en este texto. La palabra es *doxa*, que literalmente significa «alabanza»[99]. En esas alturas elevadas, su gloria evoca una profunda alabanza fundamental, una clase de doxología santa. Todo se ve bastante bien y digno de alabanza. Los reinos son buenos regalos que merecen un buen rey. Es difícil ver el punto débil de esos reinos y el principio moral de la muerte por el que funcionan a esa distancia. Es aun más difícil ver al diablo como cualquier otra cosa más que el portador de luz de Dios en ese momento, tal vez el mejor ángel de su propia naturaleza finalmente ha llegado a corregirlo.

Jesús piensa en el potencial de usar la corona, el potencial para el bien, no para el mal; el potencial para la vida, no para la muerte. *¿Quién mejor para usar la corona y para administrar poder que un rey benevolente que genuinamente se interesa por la creación? ¿Podría ser que en el aire poco denso de estas grandes alturas Jesús está desorientado y comienza a reconsiderar su posición en el pan y el templo? ¿Y si me equivoco? ¿Y si en realidad no hay suficiente para andar por ahí? ¿Y si cierta clase de violencia en realidad puede producir paz? ¿Y si hay algo de cierto en todo esto? ¿Por qué no tomar la corona? Si quieren un rey, ¿por qué no darles, por lo menos, uno bueno? Si alguien puede administrar el poder, ¿no sería el que es todopoderoso? Y dada la crueldad de este mundo, ¿por qué no dominar con bondad y traerla a sus pies* *por su propio bien? Después de todo, ¿no se doblará toda rodilla y toda lengua confesará algún día que yo soy Señor? Y si soy Señor, el ángel de luz que está frente a mí está aquí para recordarme que mi deber es inclinarme ante la verdad de todo lo que veo ahora.*

Lo que presenciamos aquí no es solo un llamado al reinado, sino un llamado a la «adoración». De hecho, la palabra para adoración en este texto es la misma palabra para «esplendor» o «gloria» que se usó antes, *doxa*. El diablo está ofreciendo una clase de doxología perversa, una forma distorsionada de alabanza, a Jesús se le tienta a adorar a una clase de poder que viola su propia naturaleza. Al verlo por fuera, todo se ve bastante inocente. Jesús es tentado a tomar su legítimo lugar como rey, pero hacerlo de una manera que le da alabanza a una clase falsa de poder. Se le tienta al poder abstracto de relación, imponiendo su voluntad por fuera, tomando el control y usando la fuerza para obtener lo que quiere, y debido a que lo que quiere es bueno, parece bastante razonable. Es la tentación de definir el poder en cuanto a fuerza. Eso es lo que significa tomar el trono de una manera que le da alabanza a Satanás. Como nos recuerda Walter Wink: «Independientemente de lo que significa poder del Espíritu, el abuso de poder no es parte de eso... el poder de Dios frecuentemente se ejerce de maneras personales, creando, salvando y bendiciendo. Nunca es una aplicación impersonal de fuerza desde afuera»[100].

Las reglas de las políticas de Satanás son sencillas: toma por la fuerza y obtiene arrebatando. El fin justifica los medios. Cuando se ve desde la perspectiva de los motivos, se ve benevolente, pero al final es egoísta. Solo cuando se expone vemos lo que Wink llama «el Sistema del control», con Satanás como su «espíritu que abarca al mundo»[101]. Vemos un sistema que requiere de lealtad total, que requiere súbditos, leyes y fuerza. En jerga religiosa, requiere de una forma perversa de «adoración» forzada, no una alabanza que se da sin reservas, como lo sabía Galadriel en *El Señor de los anillos* cuando, como respuesta al ofrecimiento de Frodo del único anillo dice: «¡Todos me amarán y perderán las esperanzas!»[102] Semejante sistema se ve a sí mismo como soberano y ante el cual no puede haber otro, y mantiene su condición semejante a Dios a través del miedo y la fuerza. Por eso es que William Stringfellow puede decir que la *única* autoridad moral de semejante poder es «aquella que se revela como su última autoridad, que es la muerte»[103]. El poder del control ha dominado la habilidad de esconder sus verdaderos propósitos, pero cuando se revela totalmente, no es un llamado a abrir y no es una alabanza que se da sin reservas, es más bien un llamado a la esclavitud y muerte. Esas formas de adoración son formas caídas que requieren del sacrificio de todos para su propia supervivencia.

Empoderado por otro Espíritu, Jesús da un segundo vistazo al «esplendor» de abajo. Otra alabanza entra, una nueva doxología. No es la doxología de la coerción, sino de una alabanza que se da sin reservas. La recuerda como una canción infantil que su madre solía cantarle cuando era niño. Un recordatorio de que otro poder está en marcha en el mundo, un poder más profundo y más potente, una clase nueva de reino, que derriba a los poderosos de sus tronos y eleva a los humildes, que llena de cosas buenas al que tiene hambre y envía vacío al rico (Lc 1:51-53). Es un canto para el Rey-Siervo.

Esta canción infantil lo trae de regreso a la realidad. Visualiza un poder que se perfeccionó en la debilidad, no en la fortaleza. Visualiza un poder que se derrama y se despoja de cualquier y toda coerción. Visualiza un poder que se despoja de los poderes de este mundo y, al hacerlo, «humilló en público al exhibirles en su desfile triunfal» (Col 2:15) al exponerlos por lo que son. Visualiza un poder que no solo

El Universo Simbólico

transforma la vida, sino que también la misma muerte. Ese poder es locura para aquellos que solo conocen el poder de la fuerza y el poder. Es una piedra de tropiezo para aquellos que están pereciendo, pero para aquellos que están siendo salvos, es el mismo poder de Dios, un poder que hace que la salvación sea posible.

Las gemas brillantes de la corona que se ofrece se ven por lo que son: una corona de espinas. La visión perversa de poder de Satanás queda expuesta. Todo el mundo está de cabeza. La cruz asciende y Jesús es «elevado». Jesús, junto con el resto de nosotros, ahora podemos ver la súplica de Satanás por lo que es: un llamado a inclinarse ante la misma muerte. Jesús declara: «¡Vete, Satanás! . . . Porque escrito está: "Adora al Señor Dios y sírvele solamente a él"» (Mt 4:10).

Es interesante que solamente en este último intento es que Jesús se dirige al diablo como «Satanás», cuyo nombre significa «acusador». Jesús ve la acusación por lo que es: que Dios no es Dios, y que Dios no es digno de alabanza. Mentiras, mentiras, mentiras, todo es una mentira. «¡Ay de los que llaman a lo malo bueno y a lo bueno malo!» (Is 5:20). Eso es obra de Satanás. Pero Dios es bueno, Hay suficiente. Él es el Dios de paz que es digno de nuestra alabanza.

Al haberse despojado de la voz del acusador, Jesús se permite recibir el cuidado atento de los ángeles (literalmente «mensajeros», en contraste con aquel que acusó y manipuló). La siguiente oración de Lucas 4:14 dice: «Jesús regresó a Galilea en el poder del Espíritu, y se extendió su fama por toda aquella región». Es una bella imagen. Al haber reinventado el universo simbólico en el desierto de Israel, Jesús es libre para predicar y enseñar la Buena Noticia a su pueblo. Durante los tres años siguientes, Jesús demuestra al mundo lo que, hasta entonces, solamente había sido conocido por «insinuaciones y conjeturas»[104]. Jesús reveló la economía de Dios al ofrecer pan nuevo de maneras nuevas: ¡declara que hay suficiente! Jesús revela la religión de Dios y construye un templo nuevo, le pone fin al sistema sacrificial, empapado de violencia y declara misericordia para todos. Jesús revela la política de Dios, demuestra la presencia de un reino nuevo, un poder nuevo en la tierra. Él es el Ungido, empoderado para predicar la buena noticia a los pobres, proclamar liberación a los cautivos, recuperación de la vista a los ciegos, dar libertad a los oprimidos y proclamar el año del favor de Dios para todos. Toda la vida se reinventa en Cristo.

Como nos lo recuerda Brueggemann, debido a esto, nosotros también podemos reinventar el mundo. Se nos llama a un baile ingenioso de subversión del evangelio:

> A levantarnos y emitir una *subversión* de la realidad, una versión alternativa de la realidad que expresa otra forma de vida en el mundo no solo es posible sino peculiarmente obligatoria y peculiarmente válida. Es una *subversión* porque debemos volar bajo, mantenernos debajo el radar y esperar que no se nos detecte demasiado pronto, una *subversión*, porque, en efecto, trata de *subvertir* la versión dominante de, y empoderar a, una comunidad de *subversivos* que están determinados a practicar sus vidas de acuerdo a una forma distinta de concebirlas[105].

Todo esto está alimentado por lo que Mary Jo Leddy llama «gratitud radical»[106] que llena el corazón de Jesús y lo llama a la cruz, donde toda la vida se reinventa de una vez por todas.

8
Los Propios y los de Afuera

> *Anden sabiamente para con los de afuera,*
> *aprovechando bien el tiempo.*
> ~Colosenses 4:5 (LBLA)

> *La iglesia es la única sociedad del mudo que existe para*
> *el bien de aquellos que no son miembros de ella.*
> ~Arzobispo William Temple[107]

La palabra española para «iglesia» se deriva de la palabra griega «*ekklesia*» que significa «los llamados afuera»[108]. En Juan 17, Jesús ora para que sus discípulos permanezcan en el mundo sin que el mundo los defina. Es muy frecuente que esta oración se interprete con los lentes de la moralidad: «no bebas, no fumes o no mastiques, o no corras por ahí con los que sí corren». Esta interpretación sugiere que el comportamiento moral superior nos permite «estar en el mundo, pero no ser de él», y nuestro trabajo es llamar al «mundo» a la misma clase de superioridad moral.

Desafortunadamente, el acercamiento moralista no funciona. Considere la diferencia entre el comportamiento moral de la «iglesia» y el comportamiento moral del «mundo». Los estudios revelan rutinariamente que los miembros de la iglesia engañan, mienten, roban, tienen aventuras amorosas, se divorcian, ven pornografía, abusan de drogas y alcohol, y hasta matan en aproximadamente los mismos niveles que la población general, no hay una diferencia perceptible entre «nosotros» y «ellos». Simplemente no hablamos de un pensamiento malo o permisivo de cristianos nominales o miembros de tradiciones «liberales». Irónicamente, mientras más conservadora y literal sea nuestra expresión de fe, peores son algunos aspectos de nuestros comportamientos morales, hablando estadísticamente. He aquí tres ejemplos.

Divorcio. Los cristianos no denominacionales se divorcian a niveles más altos que otros cristianos: los católicos y los luteranos son la minoría[109].

Violencia doméstica. Las investigaciones sugieren que algunos hombres y mujeres religiosos tienden a permanecer más tiempo en relaciones no saludables y violentas porque la religión a veces suele justificar la violencia doméstica[110].

Violencia sancionada por el estado. El 62% de los protestantes evangélicos de raza blanca apoyan la tortura, comparado con el 40% de los que no tienen afiliación religiosa[111].

Uno argumentaría que mientras más intensamente fijamos nuestros ojos en lograr una superioridad moral, peor llega a ser nuestra moral. Lo único que podemos decir con certeza es que la salida de la degradación no es la fijación moral. En un intento de entender la gramática inusual de Dios en cuanto a lo que significa estar *dentro* pero no ser *del* mundo, exploramos una forma que tiene menos que ver con desarrollar una moral superior, y más que ver con aprender a relacionarse, una manera que transforma toda la vida. Trasladarse de una fijación en la moral a las relaciones es un sendero contradictorio a la promesa del evangelio. A los cristianos no se nos llama principalmente a alguna clase de código moral superior, en lugar de eso, se nos invita a una manera radicalmente nueva de relacionarnos unos con otros y con Dios, una forma de relacionarse que llegó a ser la oración ferviente de Jesús en Juan 17. Es una forma de relacionarse que se basa en la abundancia del amor de Dios.

Semejante enfoque nos libera para ver a Dios obrar en el mundo y para conmemorar lo que vemos que Dios hace. Ver el evangelio y celebrar el evangelio son los dones del Espíritu que deseamos. Como nos lo recuerdan nuestros amigos de la iglesia ortodoxa oriental, si queremos la «sabiduría» de estos dones, debemos aprender a «poner atención», poner atención al hecho de que ya se nos dieron en abundancia. He aquí nuestra corazonada: la línea entre los de dentro y los de afuera, ellos y nosotros, es mayormente una invención nuestra. Principalmente, es una herramienta de control, con base en una cosmovisión de escasez, y tiene poco que ver con la oración de Jesús de Juan 17.

Yo (Kris) nunca olvidaré cuando Joel me invitó a hacer una visita con él a una cárcel en Guatemala. A mí no me gustan los espacios cerrados, y no soy fanático de hablar improvisadamente, especialmente cuando tiene que ver con hablar a pandillas en la cárcel. Cuando los guardianes nos dejaron adentro, nos recibieron con cálidos abrazos y una neblina densa de marihuana. Había pasado mucho tiempo desde la última vez que yo había estado drogado. Debido al ritmo acelerado de mi respiración nerviosa y la neblina densa que estaba inhalando, pronto descubrí que me relajaba un poco. Me gustaría pensar que simplemente era el Espíritu que tranquilizaba mis nervios, pero, en este caso, creo que lo que estaba experimentando era levemente más «natural». Después de más o menos una hora de conversación informal con los reclusos, Joel reunió a los jóvenes en un grupo, para una conversación más formal.

Vagamente recuerdo mencionar la historia de la pistola, el condón y la Biblia para ver cuáles podrían ser sus pensamientos. Para ser sincero, simplemente estaba lanzando palabras, tratando de continuar una conversación. Ellos estaban asombrados, pero no creo que yo me estaba conectando con ellos. De alguna manera, la conversación giró hacia la iglesia y si hay una buena noticia para los jóvenes que se encuentran en su posición. Sinceramente, yo me preguntaba lo mismo. Docenas de rostros ansiosos, y a veces enojados, me miraban, rostros llenos de los tatuajes elaborados que marcaban tanto la vergüenza como el dolor de sus vidas. Sentí que estaba viendo al mismo Caín, por lo que pregunté si sabían que Dios era el primer artista de tatuajes del mundo. Hubo unas cuantas sonrisas de reconocimiento y orgullo al contar la historia de Caín, que había matado a su hermano solo para que Dios lo marcara con un tatuaje para su propia protección. Las Escrituras lo llaman la «marca de Caín». Es la marca de la gracia.

Hasta este punto de la conversación, la distinción en mi mente entre «nosotros» y «ellos» estaba clara. Yo estaba en el *Equipo de nosotros*, y ellos estaban en el *Equipo de ellos*. Yo estaba allí para ayudar al Espíritu a reclutar el Equipo de ellos, para que se unieran al Equipo de nosotros. Tal vez era el otro espíritu vago el que obraba en mí, pero algo comenzó a pasarle a mi visión. Parecía que sus rostros se suavizaban.

Los Propios y los de Afuera

Lo que estaba ante nosotros no era un montón de ladrones, asesinos y mafiosos. Lo que teníamos enfrente era un grupo de niñitos. Sí, muchos, si no todos ellos, habían hecho cosas indescriptibles. Aun así, sus rostros seguían suavizándose. Para mí se veían cada vez más como niñitos. No niñitos inocentes, sino niños que habían hecho cosas horribles por razones que ellos todavía no entendían. *Padre, perdónalos porque no saben lo que hacen.*

Comencé a contarles la historia de cómo Dios obtuvo su nombre. Cuando Dios se le reveló a Moisés, Moisés preguntó el nombre de Dios. Dios dijo YO SOY. Los hebreos formaron una palabra para este nombre llamada YHWH (que se pronuncia yah-weh), una palabra que refleja la forma en la que respiramos e imita el sonido de nuestra respiración[112]. Joel y yo comenzamos a demostrar el sonido del nombre de Dios con nuestra respiración. Invitamos a los reclusos a unirse a nosotros para decir el nombre de Dios de esa manera: Yah-weh, Yah-weh, Yah-weh.

Los hebreos buscaban una palabra que honrara la naturaleza de Dios. Querían una palabra alrededor de la cual los labios no se cerraran, y que la lengua no apretara, como una forma de querer decir que Dios es libre y no está atado por la humanidad. Estábamos parados juntos en la cárcel, respirando el nombre de Dios. Algunos lo hicieron abiertamente. Otros trataron de ocultar su participación, pero todos respiramos. Mientras respirábamos, les recordé que lo primero que hicieron cuando llegaron a este mundo fue decir el nombre de Dios (YHWH). También les recordé que lo último que harán cuando dejen este mundo será decir el nombre de Dios. Les recordé que eso es el evangelio. Dios está con nosotros, ¡completamente! Dios nos ama, completamente. Dios vive con nosotros y Dios muere con nosotros. ¡Dios está con nosotros! Si alguien alguna vez trata de hacer más complicado el evangelio, no es el evangelio.

A medida que respiramos el nombre de Dios juntos ese día, la línea entre ellos y nosotros comenzó a desvanecerse. Ellos ya no eran los tipos malos y nosotros ya no éramos los tipos buenos. Simplemente éramos los tipos, todos nosotros, hijos de Dios.

Oímos la historia del nombre de Dios por primera vez con el padre Richard Rohr, quien nos recuerda que la belleza de todo esto es que el nombre de Dios nos une a todos. No hay una forma cristiana de respirar, una forma judía de respirar. No hay una forma budista o musulmana de respirar. No hay una forma masculina o femenina de respirar. No hay una forma esclava o libre de respirara. No hay una forma negra, blanca o café de respirar. No hay una forma conservadora o liberal de respirar. No hay una forma protestante o católica de respirar. Simplemente respiramos, y cada vez que respiramos declaramos el nombre de Dios. Todos somos hijos de Dios, incluso y más especialmente «los más pequeños»[113].

Las líneas entre nosotros

Cuando recordamos experiencias como respirar el nombre de Dios con pandilleros, nos encontramos fascinados por las preguntas de si hay líneas limítrofes en la geografía de la gracia. El arzobispo William Temple escribió: «La iglesia es la única sociedad cooperativa del mundo que existe para el beneficio de los que no son sus miembros»[114]. ¿En realidad podría ser cierto que la iglesia existe para aquellos que no llegan? ¿Cómo sería semejante iglesia? La idea de ser parte de un grupo de personas que existe para otros es una noción radical, y, en gran medida, no probada. Confesamos que no sabemos exactamente cómo es eso, aunque hemos tenido vistazos.

¿Cómo existe usted para aquellos que quizá nunca lleguen? Sería interesante que pusiéramos una silla vacía en el altar cada domingo para recordarnos para quién existe la iglesia. De manera similar, algunos judíos todavía practican la tradición de la copa de Elías, donde se deja una copa de vino adicional en la mesa, en caso de que un extraño pase casualmente. Quién sabe, pero ese extraño ¿podría ser el Mesías? Una iglesia de la ciudad de Guatemala ha tomado la noción de William Temple en serio, y radicalmente alteró la forma en la que adoran.

Cuando yo (Joel) entré a la iglesia Nueva Jerusalén de Santa Catalina Pinula, inmediatamente observé la pared salpicada de grafiti detrás del púlpito. Estaba llena de los apodos callejeros de tres o cuatro docenas de jóvenes. Los nombres estaban esparcidos artísticamente alrededor de la periferia de la pared. En medio de los nombres había una gran pregunta bella. La pregunta decía: «¿Sabes quién *no* está hoy en la iglesia?» Todo el servicio transcurrió sin ninguna referencia al grafiti, por lo que después le pregunté al pastor de jóvenes, William Quiñónez, un miembro estratégico de nuestra red de la Ciudad de Guatemala, acerca de los nombres y de la pregunta. Él respondió de una manera sencilla: «Ah, esos son los apodos de los pandilleros de nuestro pueblo. Decidimos poner todos sus nombres detrás del púlpito para que durante el servicio la gente pueda pensar en los que *no* están aquí, y no solo en los que sí están».

El pastor Quiñónez y su iglesia le habrían puesto una gran sonrisa al rostro del apóstol Pablo, quien escribió a los colosenses: «Anden sabiamente para con los de afuera, aprovechando bien el tiempo» (Col 4:15, lbla). Pablo le escribió a un grupo de personas que estaban muy preocupadas en cuanto a quién estaba «adentro» y quién estaba «afuera». Tenían toda clase de restricciones alimenticias y otras formas de medir a los de adentro, en comparación con los de afuera. En lugar de ir sacando las complejidades de lo que es puro y lo que no es, Pablo les implora a los cristianos colosenses a ser sabios en la manera que actuaban con aquellos que están afuera, y relaciona el uso fructífero del tiempo con la manera en la que tratan a los de afuera. Hablando del mismo tema, el escritor de Hebreos mapea la geografía de afuera versus la de adentro de una manera fascinante, y emplea capas de simbología judía:

> Porque el sumo sacerdote introduce la sangre de los animales en el Lugar Santísimo como sacrificio por el pecado, pero los cuerpos de esos animales se queman fuera del campamento. Por eso también Jesús, para santificar al pueblo mediante su propia sangre, sufrió fuera de la puerta de la ciudad. Por lo tanto, salgamos a su encuentro fuera del campamento, llevando la deshonra que él llevó (Hb 13:11-13).

El escritor hace referencia a las regulaciones religiosas judías que requerían que los sacrificios fueran quemados fuera del campamento. Se nos invita a considerar esta ubicación periferia con relación al acontecimiento central de la historia de Jesús: ¿dónde sufrió él? Fuera de la puerta de la ciudad, y al hacerlo santificó al pueblo que estaba adentro. «*Por lo tanto, salgamos a su encuentro fuera del campamento, llevando la deshonra que él llevó*».

Hablando de nuestro mundo simbólicamente, reconocemos que «el campamento» son las cosas que usamos para definirnos: iglesia, familia, crianza, cultura, ideología, dinero, doctrina, sexualidad, etc. La redención de estas cosas reside fuera de ellas. Como enseñó Karl Barth, la gracia siempre es un regalo de afuera.

Típicamente, cuando vamos en busca de Jesús, entramos a la iglesia, una vez a la semana el domingo. Pero Jesús nos invita a unirnos con él fuera del campamento. Cualquiera que alguna vez haya sido de afuera sabe que estar afuera es soportar la vergüenza de los que están dentro del campamento. La identidad del campamento siempre se forma de acuerdo a cualquier cosa y cualquier persona que sea distinta. Siempre es un asunto arriesgado entrar.

¿Recuerda la amonestación de Pablo a los colosenses en cuanto a cómo debían tratar a los de afuera? Pablo nos insta a que seamos sabios con los de afuera, porque la santificación (el proceso de ser «apartados» para un propósito sagrado) para aquellos de nosotros que estamos «adentro» es integral para las realidades vergonzosas de afuera. Considere las implicaciones para la misión. Tradicionalmente, la iglesia aborda la misión con la idea de que hay muchas personas no convertidas allá afuera, que necesitan la buena noticia de Jesucristo; por lo tanto, es nuestra responsabilidad ir por ellas para *su* beneficio. Esto puede ser cierto, pero ¿qué más podría ocurrir a medida que *salimos allá*? Descubrimos a Jesús. Esto nos da una libertad estimulante para saludar a Jesús en el nombre de Jesús y decir: «Hola, ha pasado mucho tiempo desde que hablamos. No tenía idea de que serías de esta forma. ¿Tienes hambre? ¿Estás desnudo?» Salir nos permite ver la misión como el proceso de caer de rodillas y decir: «Señor, ¿dónde estás?» Salimos de la iglesia para que aquellos de nosotros que estamos dentro de la iglesia podamos vivir y respirar». No hay aire en la iglesia sin esta geografía de la misión contradictoria.

No hay mejor «lugar de afuera» que entre dos ladrones, en una pequeña colina en las afueras de Jerusalén. Tal vez una lección de la cultura *hip-hop* puede darnos algo de luz aquí.

8 Millas

La película *8 Millas* se basa, en términos generales, en la vida de Eminem, uno de los artistas de *hip-hop* más controversiales y respetados. Eminem representa al personaje B-Rabbit en la película. B-Rabbit es un rapero inspirador de Detroit, que creció en el lado «equivocado» de la carretera «8 Mile» (8 Millas) de Detroit, Michigan. El camino literalmente separa a los que tienen de los que no tienen, a los de «adentro» de los de «afuera». Divide la ciudad de los suburbios, los ricos de los pobres, y los negros de los blancos. *8 Millas* es una metáfora gráfica de lo que divide al mundo. B-Rabbit vive en el lado de 8 Millas de Detroit, lo cual lo ubica con los que no tienen. Lo que complica las cosas es que B-Rabbit es pobre y blanco. Vive en un campamento para casas rodantes con su madre quien difícilmente es una ciudadana modelo, y él está profundamente avergonzado de ella. Él es un chico blanco que trata de tener éxito dentro del mundo negro del *hip-hop* urbano.

Algunos de nosotros hemos sido de «adentro» por tanto tiempo que es difícil imaginar cómo es estar afuera. Otros hemos sido de afuera por tanto tiempo que no tenemos idea de cómo funcionar como alguien de adentro. Atravesar 8 Millas parece imposible. Si alguna vez se sienta con un grupo de líderes de base para hablar de la ciudad o vecindario de ellos, muy probablemente los oirá discutir los límites geográficos, culturales, raciales, religiosos y sociales que hay allí, físicos o geográficos como ciertas calles, parques, puentes o escuelas. Límites similares aparecen en el lenguaje de la economía (ricos vs. pobres), de la raza (negra vs. blanca) y de la cultura (indígena vs. mestizo o poblaciones mixtas). Dentro de la iglesia, los límites frecuentemente rodean asuntos generacionales, preferencias musicales, estilo educacional, códigos de vestimenta, orientación de género o sexual. Incluso, tenemos límites enormes dentro de nuestra propia psique: lugares de nuestras vidas personales a los que nos da miedo ingresar, como expectativas familiares, secretos familiares o lugares de vergüenza personal.

Los Propios y los de Afuera

En los Evangelios vemos que Jesús pone fin a límites constantemente. Quizá él fue el que más puso fin a límites en la historia del mundo. Destruyó límites relacionados con cultura (la mujer en el pozo), el género (María y Marta), la religión (leyes del día de reposo) y las generaciones («Dejen que los niños vengan a mí» Mt 19:14). También derrumbó límites en cuanto a tradición y estrato social. El último límite como el de *8 Millas* que Jesús atravesó fue el cisma entre el cielo y la tierra, la vida y la muerte, y todo esto tiene implicaciones radicales para la iglesia con una misión.

Desafortunadamente, la iglesia institucional en las ciudades donde trabajamos con líderes de base está bloqueada por límites como los de *8 Millas*, y de esa manera frecuentemente se separa de la misma gente y los lugares que podrían dar lugar la visión que tan desesperadamente necesita. Esto se nos reforzó cuando nos pidieron que diéramos una asesoría acerca del alcance a las pandillas en la capital de un país de Centroamérica. De antemano, les pedimos a pandilleros encarcelados de un país vecino que compartieran algunos pensamientos que pudiéramos llevar a los líderes que asistirían al evento. He aquí una pequeña muestra de sus reacciones; lea lo siguiente con la imagen de los pandilleros centroamericanos tatuados de una cárcel de máxima seguridad:

> Frecuentemente hemos visto crecimiento en la estructura física de muchas iglesias. Vemos líderes con una actitud competitiva que eligen, según parece, competir con otras iglesias, en tanto que abandonan las necesidades que hay en las cárceles, los vecindarios, las áreas marginales y los centros de rehabilitación. La prioridad de estas iglesias parece que siempre está enfocada en la comodidad de sus respectivos

miembros, para que ellos puedan sentirse como personas muy importantes (VIP, por sus siglas en inglés). Han perdido, o quizás olvidado, la visión de Jesucristo, quien dijo: «Por tanto vayan y hagan discípulos de todas las naciones». No queremos criticar solo por ser críticos. [Sí queremos] defender la *verdad* de que mientras las iglesias construyen enormes santuarios, hay niños que mueren de hambre, pandilleros que se matan entre sí, y prisioneros que sufren mucho, en tanto que los cristianos se animan a sí mismos en sus grandes iglesias[115].

Este es un llamado de atención profético de algunos «de los de afuera» más extremos que uno pudiera conocer. ¿Qué nos dicen sus palabras como los de «afuera» a nosotros como los de «adentro»? En un sermón enfocado en Lucas 23, Tim Keller observa que «los de afuera» se reunieron alrededor de la cruz. Allí está Simón de Cirene, uno de afuera, étnico y culturalmente. Simón, un africano, carga la cruz de Jesús. Un criminal declarado culpable, alguien de afuera moralmente hablando, busca un lugar en el reino de Dios mientras está al lado de Jesús. El centurión romano, alguien de afuera racialmente, y parte de la odiada guardia romana, llega a una comprensión auténtica de lo que en realidad ocurre en la cruz. Finalmente están las mujeres, de afuera socialmente, que merodean por ahí cuando otros seguidores huyen. Lucas ubica en la cruz solamente a un religioso de adentro, José de Arimatea, quien parece que reconoce la importancia de la muerte de Jesús. José solicita la posibilidad de enterrar a Jesús. Lucas está tratando de enseñarnos algo de los roles invertidos de los de afuera en el Evangelio, a través de la elección de los personajes que él ubica alrededor de la cruz:

Los Propios y los de Afuera

SIMÓN DE CIRENE	DE AFUERA, CULTURALMENTE
Ladrón	De afuera, moralmente
Centurión	De afuera, racialmente
Las mujeres	De afuera, socialmente
José de Arimatea	De afuera, religiosamente

Al reflexionar en esta inversión de roles, Keller observa que debido a la forma en la que la salvación se obtiene, los de afuera tienden a entender y a aceptar la cruz antes que aquellos de adentro. En otras palabras, debido a la desagradable forma en la que se obtiene la salvación, los de afuera tienden a «entenderla» antes que los de adentro. Las mujeres tienden a entenderla antes que los hombres. Los niños tienden a entenderla antes que los adultos. Los pobres tienden a entenderla antes que los ricos. Todo está en la forma en que se obtiene la salvación. Los de afuera están familiarizados con el rechazo, la vergüenza y el escándalo que están en el centro de la historia de la salvación. No solo tienden a relacionarse más rápidamente, tienen el estómago para eso. Por ejemplo, las mujeres en la cruz fueron capaces de estar allí y ver por lo que Jesús pasó, porque conocían la experiencia de dolor, sufrimiento y rechazo, habían vivido en la historia de vergüenza y marginalización todas sus vidas. Hay una inteligencia profunda en todas las víctimas en cuanto a esas cosas. Y cuando pensamos que la cruz solamente les habla a los de afuera, Lucas nos hace recordar a José, el religioso de adentro. No todos los de afuera aceptan la cruz, ni todos los de adentro la rechazan. Pero los de afuera frecuentemente se apropian de ella más rápidamente que los de adentro, porque se reconocen a sí mismos en la cruz. Por otro lado, muchos de nosotros, religiosos de adentro, frecuentemente nos tropezamos con la cruz, porque tenemos tanto que perder.

Nuestra experiencia como religiosos de adentro es que frecuentemente llegamos tarde a la fiesta. Si llegamos, frecuentemente es con mucha renuencia y ofensiva, muy similar al hijo mayor de la parábola de Jesús de Lucas 15. Jesús deja la historia abierta e inconclusa. Se nos deja preguntándonos si el hijo mayor (de adentro) alguna vez decide unirse a la fiesta en homenaje del hijo menor (de afuera). Vemos la historia inconclusa como la invitación abierta de Jesús a los religiosos de adentro de todas partes.

Cómo orar con las prostitutas[116]

El pastor Francis Montas y su esposa, Loly, pastorean una iglesia de jóvenes, Casa de Favor y Gracia, que se reúne los sábados en la noche en un club nocturno remodelado de Santo Domingo. Ellos han sido miembros esenciales desde el inicio de nuestra comunidad misional en la República Dominicana, dirigida por el Director de CMT del Caribe, Mario Matos. Su trabajo con chicos de la calle, con delincuentes juveniles encarcelados y las chicas de Sarasota (prostitutas), sirve como un llamado de atención para muchos otros en la República Dominicana.

Un jueves en la noche, Francis y Loly llamaron a un servicio especial de oración porque muchos de los jóvenes de su rebaño tenían serios problemas. No sabían qué más hacer en vista de circunstancias tan difíciles. Se reunieron en una pequeña casa, cerca de las calles de peor fama de Santo Domingo por la prostitución: la Avenida Sarasota. Sus oraciones de unos por otros parecían tensas y «bloqueadas» de alguna manera que nunca antes habían experimentado. Su atención en la oración cambió a las jóvenes que trabajaban en la calle, que habían visto en el camino a su reunión de oración. Comenzaron a hablar de las mujeres y a orar por ellas. Finalmente, salieron del edificio, como si un imán los empujara hacia las mujeres, y pasaron las siguientes horas haciendo preguntas bellas a las «Chicas de Sarasota».

Yo (Joel) tuve la oportunidad de salir a las calles con Francis y Loly y su equipo siete semanas después, en cuyo tiempo ellos no se habían perdido ni un encuentro de jueves en la noche con las chicas. Experimentamos una imagen de la gracia escandalosa de Dios que destroza la insensibilidad en el mundo extraño de las chicas de la noche. Cada trabajadora sexual con la que hablamos se iluminó cuando las jóvenes de la iglesia las llamaron por su nombre y les dieron abrazos de oso. Las mujeres de la calle nos pusieron al día en cuanto a su semana, compartieron historias acerca de sus hijos y recibieron la oración con una anticipación entusiasta, y todo el tiempo ignoraron a los clientes potenciales que pasaban por ahí.

Acabábamos de terminar de compartir y orar con un grupo de tres trabajadoras sexuales cuando una de ellas, a quien llamaré Gloria, preguntó si podía orar por *nosotros*. No es necesario decir que eso fue una inversión de roles que yo no había anticipado. Todos nos tomamos de las manos en la acera de la Avenida Sarasota a las 2:30 a. m., y oí una de las oraciones más bellas de mi vida. Cuando Gloria dijo su «amén», una sonrisa explotó en su rostro. Confesó tímidamente que era la primera vez que había orado en voz alta. Hice como que tosía mientras trataba de limpiarme las lágrimas, avergonzado porque no podía mantener un exterior varonil fuerte. Gloria recibió más abrazos de oso de las damas y un apretón de manos incómodo de mi parte. Dijo que planificaba ir a la iglesia ese sábado en la noche cuando yo predicara.

Pensé en su promesa varias veces durante los días siguientes, y el sábado en la noche, Gloria, en efecto, llegó. Cuando el servicio terminó, ella recibió abrazo tras abrazo de los fieles jóvenes, incluyendo al predicador invitado, cuyo apretón de manos incómodo en la calle unas noches previas ya no sería suficiente para Gloria. Ella se me acercó con los brazos abiertos y una sonrisa que salía con alegría.

¡Cuán bendecida ha llegado a ser Casa Joven, y cómo su visión y misión para su ciudad se ha recalibrado a través de su interacción con estas jóvenes! Casa Joven está poniendo en práctica las implicaciones misionales que Keller describe en Lucas 23, donde los de afuera «entienden». Como resultado, animan a muchos otros «de adentro» de toda Centroamérica y el Caribe a intercambiar abrazos con los «de afuera» de sus respectivas ciudades y vecindarios. Al hacerlo, están aprendiendo a cantar la canción de Dios en sus propias «tierras extrañas».

9
El Drama de la Aceptación

*Su padre lo vio llegar. Lleno de amor y
compasión . . . Lo abrazó.*
~Lucas 15:20 (NTV)

El abrazo es gracia, y la gracia es una apuesta, siempre.
~Lewis Smedes[117]

Nuestra discusión de los de adentro y los de afuera llega a ser especialmente explosiva en el contexto de violencia y opresión, cuando los de afuera son responsables de injusticia en contra de los de adentro. Aquí, desafortunadamente, es donde muchos de los líderes de base con quienes trabajamos viven, se desplazan y tienen su ser. En el prefacio de su libro *Exclusion and Embrace: A Theological Exploration of Identity* (Exclusión y aceptación: una exploración teológica de la identidad), el teólogo Miroslav Volf comparte un encuentro después de una conferencia que dio sobre la necesidad de aceptar a los enemigos[118].

Geografía de la gracia

El teólogo Jurgen Moltman había preguntado si Volf creía que podía aceptar a un chetnik. Los chetniks eran peleadores serbios que, a principios de los años 1990, devastaron la tierra natal de Volf de Croacia, y destruyeron ciudades, llevaron a personas a campos de concentración, violaron mujeres y quemaron ciudades. Así que, ¿qué tan serio estaba dispuesto Volf a tomar este razonamiento de «acepta a tu enemigo» cuando llegó a ser verdaderamente personal? Moltmann supuso que todo sonaba bien en teoría, pero ¿podría Volf obligarse a aceptar a un chetnik, el peor *otro*? Después de una pausa significativa, Volf respondió: «No, no puedo, pero como seguidor de Cristo creo que debería poder hacerlo».

Con el paso de los años, en las redes de líderes con quienes trabajamos en lugares difíciles alrededor del mundo, ha habido muchas ocasiones en las que los ministerios y las personas se han encontrado en contra de sus propios grupos de afuera «chetnik». Frecuentemente, estos grupos de violentos de afuera han sembrado destrucción y han abusado de los vecindarios que nuestros amigos aman, en los mismos lugares donde están entregando sus vidas. ¿Qué significa seguir a Jesús cuando él nos dice que «amemos a nuestros enemigos», esos grupos de «peores otros»? Una cosa es considerar esto como un concepto objetivo o principio, pero otra muy distinta cuando nuestras vidas y las vidas de nuestros hijos son amenazadas por los «chetniks» de Croacia, Nairobi, la Ciudad de Guatemala o San Salvador. Esta es la realidad diaria que muchos de nuestros líderes enfrentan. Volf comparte esta batalla personal interna sobre el tema con una sinceridad devastadora cuando escribe: «Sentí que mi propia fe estaba en desacuerdo con ella misma, dividida entre el Dios que libera al necesitado y el Dios que abandona al Crucificado, entre la demanda de dar lugar a la justicia para las víctimas y el llamado a aceptar al criminal». *¿El llamado*

El Drama de la Aceptación

a aceptar al criminal?¿Puede eso en realidad ser de Dios? ¿Cómo es posible que estos siervos-líderes acepten a alguien que amenaza quitarles sus vidas, destruir sus ministerios y lastimar y matar a las personas que aman más?

Para comprender esto, una imagen que hemos explorado es lo que Volf describe como «El drama de la aceptación»[119]. Considere las implicaciones teológicas de «aceptar al criminal», de amar a los de afuera hostiles por medio de la acción sencilla de un *abrazo*. Los abrazos se componen de cuatro movimientos distintos: (1) abrir los brazos, (2) esperar, (3) cerrar los brazos y (4) abrirlos otra vez.

Primera acción: Abrir nuestros brazos. Volf describe los brazos abiertos del abrazo como el «código de deseo» por el otro. Los brazos abiertos hacia otra persona indican que se ha creado espacio para que el otro entre. Es una invitación al espacio de otro, el «golpe suave» en la puerta del corazón del otro.

Segunda acción: El período de espera. He aquí un «deseo controlado», a medida que el iniciador, con brazos los abiertos, espera la reacción de la persona para quien él o ella ha hecho la invitación. ¿Se moverá el «otro» hacia los brazos abiertos extendidos? Aquí hay una gran diferencia entre abrazar y sujetar, esperar la respuesta requiere de paciencia y disciplina.

Tercera acción: El cierre de los brazos alrededor del otro. Aquí uno llega a la meta del abrazo, el tiempo de morar mutuamente. Dos espacios individuales se encuentran mutuamente. La clave es la reciprocidad, cada uno abraza y es abrazado por el otro. En un abrazo, «el anfitrión es invitado y el invitado es anfitrión». Se requiere, después de todo, de dos pares de brazos para el abrazo, y esta acción tiene un toque de ternura. No debe pervertirse con un «abrazo de oso» agresivo o forzado, ni con una pasiva falta de disposición a ser recíproco.

Cuarta acción: La reapertura de los brazos. Para que un abrazo llegue a su culminación, hay que soltarse. El final de un abrazo es ya, en cierto sentido, el inicio de otro abrazo, porque la meta final del abrazo no es la fusión de «otros» dos en un «todo» diluido, sino la celebración de «otros» dos en unidad e intimidad momentánea, que deja su marca indeleble en cada uno.

Si esta es la mecánica física de lo que llamamos abrazo, entonces ¿cómo es con nuestros enemigos, los «otros» hostiles de nuestras vidas? Es fácil celebrar la alegría y calidez de un abrazo recíproco con un amigo o miembro amado de la familia, pero ¿podemos abrazar a los «chetniks» de nuestras vidas, los «otros peores» que buscan destruirnos y arruinarnos? Esta es una pregunta bella pero también intensamente difícil. Una espiritualidad *cruciforme* (formada por la muerte de Jesús en la cruz, que exploraremos detalladamente en la sección tres) incluye no solo al otro que es amigo, sino también al otro que es enemigo. Semejante espiritualidad, escribe Volf: «buscará abrir sus brazos al otro, incluso cuando el otro tiene una espada»[120].

Eso es exactamente lo que nuestros amigos alrededor del mundo nos han enseñado. Ellos toman precauciones para protegerse, a sus seres amados y sus pertenencias, pero en el proceso no han bajado sus brazos extendidos, a la espera, contra todo pronóstico, de la alegría de un abrazo recíproco.

Nuestra red de Kenia, coordinada por Gideon Ochieng, está formada de por lo menos doce tribus y veinticinco miembros de la red pronto se graduarán de una maestría de Global Urban Leadership (Liderazgo urbano global). No mucho después de que iniciamos el programa de maestría, la violencia explotó en el país después de la elección presidencial de 2007 y llegó al borde de una guerra civil. Muchos kenianos murieron, cientos de miles fueron desplazados, y

El Drama de la Aceptación

cada miembro de nuestra red se vio afectado por la violencia emocional, física y relacional. Algunos protegieron sus iglesias y hogares de saqueadores, en tanto que otros consolaron a las familias devastadas por la violencia física, la muerte y el engaño por parte de aquellos que anteriormente habían considerado amigos y vecinos.

Después de las elecciones, el escepticismo aumentó más allá de las líneas de la «alteridad», especialmente a lo largo de las afiliaciones tribales y políticas. Los descansos de la mañana y la tarde para tomar chai, los viajes en taxi, e incluso las iglesias, llegaron a ser exclusivos de los «otros», y Nairobi hizo un giro de un epicentro urbano inclusivo a 42 tribus separadas, dos afiliaciones políticas distintas, 199 asentamientos informales y ricos vs. pobres.

En medio de la tensión, los miembros de nuestra red amablemente accedieron a reunirse para un retiro de reconciliación en un pueblo fuera de Nairobi. Originalmente pensamos que sería un retiro de las demandas diarias sobre ellos como doctores, maestros, predicadores, consejeros, padres y muchos otros roles. De muchas maneras lo fue, aun así, en el verdadero retiro destacó la oportunidad de dejar la presión de llevar a cabo los roles políticos y tribales que sus comunidades les habían adjudicado. Los líderes de la red encontraron espacio para reír, para historias y para ver fútbol (que, de alguna manera, podría ser la metáfora global del abrazo). Aunque solamente duró dos días, el retiro representó un espacio cortés donde se pudieron abrir brazos y los «toques suaves en la puerta del corazón del otro» se pudieron escuchar.

No pretendemos sugerir que estos líderes modelaron la inclusión completa a la perfección. ¿Quién lo ha hecho? Discutieron los temas polémicos y ocasionalmente excluyeron a otros utilizando el lenguaje tribal, pero también abrieron sus brazos lo suficiente como para hacer espacio para «el otro», en un tiempo en el que todo su país estaba cargado de escepticismo, ira y violencia. Su pequeño retiro aflojó las cadenas de la alteridad y modeló una forma para que abrieran sus brazos a los «chetniks» que representaban inmenso dolor y violencia en sus hogares, iglesias y comunidades.

Ejemplos de abrazos como estos abundan en nuestra red. No son modelos perfectos de aceptación, pero son reales. Considere a una líder ministerial de la Ciudad de Guatemala, quien apeló a sus patrocinadores para fundar una iniciativa especial que se enfocaría en un grupo afianzado, que abusaba de su comunidad cobrándoles dinero de extorsión («impuesto de protección») y luego reaccionaba violentamente con agresiones y asesinato en contra de los que se rehusaban a pagar. Ella recibió unas cuantas respuestas a su solicitud, pero una fue muy notable. Una anciana viuda y pobre escribió y dijo que ella y sus hijos adultos sintieron que Dios los impulsaba a dar una ofrenda mensual para el proyecto. Eso fue muy extraordinario, porque después nos enteramos que ella y su familia habían sido intimidados personalmente por este grupo en particular y hasta habían perdido a un miembro de la familia por la violencia de ellos. Para apoyar el proyecto, decidieron extender sus brazos abiertos hacia los otros, aunque esos brazos tenían una espada en la mano.

Considere la lección que enseña el ejemplo de un niño de diez años, el hijo de una mujer de una de nuestras comunidades misionales. Al enterarse de que su vida y la de su madre habían sido amenazadas por un grupo violento de su vecindario, escribió una bella oración en su diario que su madre compartió con nosotros. Él pedía que el Señor perdonara al joven que hacía las amenazas (lo mencionó por nombre), y que se diera cuenta de cuánto lastimaba a otras personas. El niño le pidió a Dios que le mostrara al hombre que amenazaba el error de

El Drama de la Aceptación

sus caminos, y que encontrara la verdad del amor de Dios incluso por él. Yo (Joel) quedé atónito al leer las palabras de un niño que le pide a Dios que perdone a un opresor que amenazaba con quitarle la vida y a su madre también.

En otra ocasión, nos enteramos de un equipo de liderazgo de uno de nuestros grupos centroamericano que había soportado un período de amenazas de extorsión sumamente serias. La líder de este equipo de ministerio llamó para decirnos que ella y su equipo habían pasado dos horas en oración enfocada en el mismo grupo que amenazaba matarlos. Con una sinceridad profunda en su voz, me dijo: «Joel, fue tan bello. Dios nos dio tanto amor por estos jóvenes esta noche. Los amamos, a todos ellos. Estamos llenos del amor de Dios por ellos». Las amenazas no habían terminado, la situación no se acercaba a tener una resolución favorable, pero esta líder y su equipo ministerial habían decidido extender sus brazos a la gente que amenazaba con matarlos.

Pero una cosa es abrir sus brazos al enemigo, otra muy distinta es ser el extremo receptor de semejante abrazo. Es profundamente aleccionador. Hace varios años, yo (Kris) asistí a un campamento para niños con discapacidades. No estoy exactamente seguro por qué fui, pero recuerdo pensar que sería bueno para mí ir, tal vez como un acto de caridad o penitencia, no estoy seguro. Llegué al campamento con buen ánimo, pero para el fin de semana estaba exhausto emocional y espiritualmente. Me sentía cada vez más solo y aislado entre los chicos, a medida que la semana se hacía eterna. Irónicamente, para los chicos fue precisamente lo opuesto. Llegaron desconfiados y con reservas, pero para el fin de semana estaban despejados y presentes, dispuestos a celebrar.

Durante la última noche, el campamento se reunió para un concierto. Fue festivo y lleno de celebración. Me senté en la parte de atrás, y deseaba estar en casa. Me puse cada vez más impaciente y ansioso y me sentía terriblemente solo. Contaba los minutos antes de que terminara. El carnaval de humanidad desordenada y discapacitada me hizo sentir cada vez más irritado, chicos babeando, brazos agitándose, gestos raros, errores sociales, gruñidos extraños, olores feos. Se ponía cada vez más grotesco.

En la parte de atrás estaba Stephanie. Su cuerpo tenía ocho años de edad, pero estaba atrapada dentro de una mente que nunca avanzaría más allá de la edad de dos o tres años. No podía hablar, y sus padres la mantenían atada a una cuerda elástica para que ella pudiera caminar, pero no irse y lastimarse. Tenía dos hermanas gemelas mayores con cuerpos en buena condición física y llenas de vida. Stephanie y yo habíamos hecho una conexión pequeña a principios de la semana, pero no fue mucho, ya que ella no podía hablar y yo tenía poca paciencia para saber cómo profundizar la relación.

Así que, cuando estaba sentado en la fila de sillas en la parte de atrás del salón, con mi capucha en la cabeza, oí una conmoción cerca de la parte de atrás y me volteé para ver a Stephanie moviéndose pesadamente de una forma rara hacia el pasillo del centro. Siguió hacia el pasillo, estirando su cuerda justo lo que podía estirarla. Mientras se acercaba, de repente se volteó hacia mí y se lanzó hacia delante, con los brazos agitándose en el aire. Yo estaba totalmente desprevenido y ella me golpeó en la cara. No estaba seguro de qué estaba haciendo. ¿Se había caído? ¿Estaba enojada? Tardé un segundo en darme cuenta de que me estaba dando un abrazo. Reaccioné de la mejor manera posible, pero estaba mayormente avergonzado por la escena que ella estaba haciendo. Stephanie se fue tan torpemente como llegó y regresó por el pasillo del centro.

Contento porque el calvario había terminado, vi a Stephanie alejarse atropelladamente. Cuando llegó al final del pasillo hizo un giro

El Drama de la Aceptación

intenso a la izquierda y se dirigió a la esquina de la izquierda en la parte de atrás del salón. Allí, en la esquina, estaba un caballero mayor, que ninguno de nosotros había visto en toda la semana. Estaba sentado, encorvado en una banca. Se mecía de atrás para adelante con su cabeza enterrada en sus brazos. Era un campamento para chicos con necesidades especiales, pero aparentemente nadie le había dicho eso a él. Vivía cerca del campamento y había llegado para la celebración final. Vi a Stephanie abrirse camino a la esquina de atrás y lanzarse al hombre que estaba totalmente ajeno a lo que ocurría. Se vio más como una colisión que un abrazo, pero pronto él se preparó y con gran facilidad y afecto le devolvió su abrazo del mismo modo. Pensé que era el final de eso.

Pero no fue así.

De nuevo, Stephanie comenzó la larga trayectoria torpe de regreso al pasillo del centro. Yo miraba para ver a dónde iba después. Me puse ansioso. La música seguía, los chicos estaban gritando, y, ¡vaya!, venía de regreso hacia mí. De nuevo, se lanzó sobre mí. Yo sabía lo que venía, pero por alguna razón todavía estaba desprevenido para otro abrazo. Hice lo que pude por ser un poco más afectuoso esta vez, pero todavía era incómodo, y, para ser sincero, esperaba que ella se fuera. Se fue, y se dirigió al pasillo. Otra vez pensé que se había acabado.

Pero no fue así.

Se dirigió al hombre de la parte de atrás, quien, esta vez, esperaba ansiosamente su regreso. Ella se le lanzó. ¡El estaba radiante! Estaba ansioso para que ella llegara. Ella se volteó y se dirigió otra vez al pasillo. Algo estaba pasando en mí. Al igual que el hombre de atrás, esta vez me encontré esperando que Stephanie llegara, medio esperando que me volviera a escoger. De repente no importaba que hubiéramos llegado a ser el centro de atención y celebración. La música y el caos continuaron a nuestro alrededor, pero entonces ya no me importaba tanto. Mi deseo de que Stephanie me abrazara otra vez aumentó. En realidad, esperaba que ella me volviera a escoger. ¡Y lo hizo! Entre toda la gente que estaba presente aquella noche, ¡ella me escogió a mí! Se me lanzó una vez más y nos abrazamos. Fue un verdadero abrazo, un abrazo mutuo, un abrazo no cohibido, un abrazo que se ha quedado conmigo todos estos años.

Tal vez ha permanecido porque el drama de aquella noche continuó. De atrás para adelante, de atrás para adelante, de atrás para adelante, Stephanie simplemente siguió de atrás para adelante entre el anciano y yo. Ella nos dio un abrazo tras otro en lo que llegó a ser una bella danza entre una niñita llena de ánimo y dos hombres aislados, desesperados por un abrazo. Éramos los hombres más contentos del lugar. La música sonaba, los chicos demostraban su alegría babeando y gruñendo por todo el lugar, y, por un momento, fui transformado. Dudo mucho que Stephanie todavía esté viva, pero nunca olvidaré su abrazo, y sospecho que tampoco este hombre de la parte de atrás del salón, quienquiera que fuera.

Constantemente, las personas con las que tenemos que caminar nos enseñan y desafían en algunos de los lugares más oscuros. Nuestros amigos, siguiendo el ejemplo de Cristo, esperan con los brazos abiertos, extendidos con paciencia, ansiosos de algún día tener la alegría del abrazo recíproco. Alguien escribió en una ocasión que el perdón es la esencia que una flor deja en el talón que la aplastó. Con el paso de los años, hemos tenido la oportunidad de oler la esencia de algunas flores bellas. El perdón lleva consigo un enorme riesgo y un lugar muy alto. Pero, como escribe Lewis Smedes: «El abrazo es gracia, y la gracia es una apuesta, siempre»[121].

10
El Espíritu Sin Límites

Derramaré mi Espíritu sobre toda carne.
~Joel 2:28 (RVR60)

*Más allá de las ideas del bien y del mal
hay un campo. Nos vemos allí.*
~Rumi[122]

Hemos reflexionado ampliamente en la «Palabra hecha carne» (Jn 1:14) y tratado de descifrar las implicaciones de la encarnación al nivel de la calle, desde una variedad de posiciones estratégicas. Al estilo semejante al *jazz*, volvemos al principio y consideramos la primera imagen de Dios en las Escrituras. Es una vista previa de la encarnación: «Dios, en el principio, creó los cielos y la tierra. La tierra era un caos total, las tinieblas cubrían el abismo, y el Espíritu de Dios se movía sobre la superficie de las aguas» (Gn 1:2).

Aquí vemos a Dios íntimamente involucrado en la creación, y la primera imagen de Dios es la imagen del Espíritu «moviéndose» sobre el caos, tierna y apasionadamente. La expresión «se movía» está relacionada con la palabra «incubar». Es la imagen de una gallina madre sobre sus huevos, sacándolos a la vida. Esta simbología anima nuestras conversaciones con los líderes de base que trabajan en el caos diario de increíble dolor, sufrimiento, violencia e injusticia; la imagen de Dios como madre es más que consoladora para ellos. El rostro femenino de Dios es una parte esencial para sanar, no solo nuestra imagen de Dios sino la de las comunidades a las que servimos. Es una imagen que la iglesia tradicional ha negado en gran parte. Por esta razón, a menudo nos referimos al Espíritu como Ella. De hecho, la palabra Espíritu en hebreo es femenina (*ruach*). La palabra para Espíritu en griego es neutra (*pneuma*)[123]. Estamos acostumbrados a usar el pronombre masculino, pero estamos convencidos que para aquellos que han experimentado el abandono y abuso de su padre, la imagen de Dios como madre que saca vida para la existencia tiene una gran promesa. Es tanto bíblica como práctica. Tal vez por eso es que vemos que a las líderes se les acepta y recibe en comunidades muy difíciles de maneras que a los hombres no.

Para aquellos que quieren entender el servicio a las poblaciones marginadas en lugares difíciles, la imagen de Dios «moviéndose» en el caos también nos libera de la necesidad de *llevar* a Dios a aquellos que servimos, para *corregirlos* o sus circunstancias. En lugar de eso, nos da licencia para despertar a las personas al Dios que se mueve allí, en medio de sus caos. Eso significa que podemos saludar al Espíritu Santo en los lugares más difíciles con un beso santo, en lugar de tener que llevarlo como un paquete de entrega inmediata. Hemos desafiado a cientos de líderes de base de los lugares difíciles a trabajar con esta imagen en sus ministerios para ver qué ocurre. Ha tenido un impacto revolucionario, como lo veremos.

El trabajo del Espíritu

Antes de que hagamos un recorrido por Hechos para explorar cómo el Espíritu obró en aquellos primeros días de la iglesia, considere primero cómo nuestra opinión del Espíritu Santo podría ayudar u obstaculizar nuestra habilidad de reconocer y de unirnos a la obra del Espíritu. En Occidente, gravitamos hacia una creencia que, si se da suficiente información correcta, podemos explicar cualquier cosa. En esa noción está enterrada una compulsión poderosa de controlar. Como resultado, no estamos muy cómodos con la idea de un Espíritu Santo. Si Dios está presente en alguna clase de Espíritu, ¿cómo puedo estar seguro de cómo se comporta este Espíritu? ¿Cómo puedo definirlo, acceder a él, controlarlo? ¿Cómo puedo estar seguro de que el Espíritu no actúa sin mi aprobación previa y consentimiento total? ¿Cómo puedo estar seguro de que este Espíritu hará las cosas a mi manera?

La iglesia ortodoxa oriental, por razones teológicas y quizá culturales, se siente mucho más cómoda al aceptar el misterio inexplicable y naturaleza ilimitada del Espíritu Santo. En este sentido, sigue el ejemplo de María: cuando a ella se le dijo que el Espíritu de Dios llegaría sobre ella y concebiría un hijo, ella simplemente respondió: «Hágase» (lbla). De igual manera, la mente ortodoxa tal vez está más dispuesta a aceptar la descripción de Jesús de la obra del Espíritu: «El viento sopla donde quiere, y lo oyes silbar, aunque ignoras de dónde viene y a dónde va. Lo mismo pasa con todo el que nace del Espíritu» (Jn 3:8). La forma *como* el Espíritu se recrea y da nuevo nacimiento es un misterio y está más allá de nuestro control.

Una de las palabras que se usan en la iglesia oriental para describir a la Santa Trinidad es la palabra griega *perichorisis*, que proviene del mundo del baile[124]. Acogidos por Dios, se nos invita a unirnos, pero el Espíritu Santo inicia y coreografía este baile de la vida. Al principio, simplemente somos espectadores asombrados, pero la maravilla de todo esto es que el Espíritu llega a la orilla de la pista de baile, extiende una mano de invitación, y cortésmente nos guía a unirnos al baile.

Considere cómo nuestra comprensión del Espíritu afecta la forma en que pensamos en la misión. Cuando creemos que *nosotros* guiamos el baile, también pensamos que nos toca escoltar al Espíritu para llevarlo a los lugares en los que no está ubicado presencialmente, o a los grupos de personas que no lo conocen. En contraste, si entendemos que el *Espíritu* está al control, entonces él procede como le parece apropiado. En lugar de llevar al Espíritu a dondequiera que vamos, encontramos que ya está presente (desplazándose en el caos) allí. Nuestro trabajo es saludar al Espíritu que ya está obrando.

Esto puede parecer una idea abstracta y benigna, hasta que consideramos la presencia del Espíritu en algunas de las peores y más impactantes personas y lugares del mundo. Hace que la piel se erice. Protestamos: «De ninguna manera me puedes decir que el Espíritu ya está allí en esos lugares tan oscuros, por lo menos un Espíritu *Santo*».

Si creemos que nuestro trabajo es llevar al Espíritu Santo con nosotros, ¿no tiene esto un efecto profundo en la forma que vemos a las personas a las que somos llamados a servir? Muy frecuentemente lleva al primer paso del juicio, no a la bendición. En su peor iteración, acabamos como conquistadores con un mandato espiritual percibido, y hay demasiados ejemplos históricos de semejante pensamiento defectuoso y destructivo. Históricamente, a veces hemos arrancado Mateo 28 de su contexto, lo hemos canonizado como La Gran Comisión, y luego hemos ido de un lado a otro haciendo discípulos de todas las naciones de cualquier manera y estilo, y con cualquier método que hemos considerado más eficiente y efectivo.

El Espíritu Sin Límites

Muchos de nosotros todavía practicamos esta tradición. Nuestro primer paso hacia el vecindario rara vez es una bendición. Vemos solamente déficits en los lugares difíciles, en lugar de ver y celebrar los bienes de la comunidad y el vecindario, que son probablemente el resultado del Espíritu que ya está obrando. El Espíritu ha estado adelante de nosotros, y obra sin nuestra ayuda. Cuando creemos que tenemos que *llevar* al Espíritu Santo a los perdidos, nos convertimos en los héroes de nuestra historia, y olvidamos que esto es totalmente la historia de Dios, en la que se nos invita a ser participantes.

Si entendemos que el Espíritu nos precede a dondequiera que vayamos, nos daremos cuenta de que no tenemos que llevar al Espíritu con nosotros, porque el Espíritu ya está allí y está activo. Ha estado obrando y nos invita a bailar con él a medida que se desplaza en el caos, y que amorosamente nos extiende su mano de gracia. El Espíritu Santo es libre de deambular, y deambula como una madre que reúne a sus pollitos, o como una enamorada atrae a su pareja a la pista de baile.

Considere una historia de Alaska y las culturas tribales aleutianas que dominaron ese panorama por miles de años. Los cristianos ortodoxos orientales fueron los primeros en llevar la buena noticia de Jesús a esa parte del mundo y, al encontrarse con las personas aleutianas, comenzaron a escuchar, porque ellos tenían la expectativa de que el Espíritu ya estaba activo y obrando. Vieron que su trabajo era ubicar al Espíritu y ser testigos de su presencia y obra. Cuando los misioneros ortodoxos escucharon cuidadosamente las historias de las personas, pudieron reconocer al Espíritu que obra en la cultura. Por ejemplo, Michael Oleska, en su libro *Orthodox Alaska—A Theology of Mission* (Alaska Ortodoxa: Una teología de la misión) narra la comprensión tradicional de una caza de ballena esquimal en la que la ballena víctima posee una clase de inteligencia que es extraña para la cultura occidental:

> La ballena boreal ... es una criatura enorme y poderosa, perfectamente capaz de escaparse de una pequeña barquilla de cuero, remada por una docena de hombres. Para atrapar una ballena, los cazadores necesitan la cooperación de su presa. No debe alejarse. No debe zambullirse a las profundidades del océano. No debe atacar. Debe flotar en la superficie y esperar que los cazadores lleguen, permitirles maniobrar su pequeña barca directamente en frente de su cabeza y permitirles que lancen sus arpones, hechos a mano, directamente a su cara ... las ballenas se dejan matar, y confían que la Gente las va a tratar con respeto y les va a permitir que vuelvan a nacer. Muy poco de la cultura tradicional esquimal se puede entender sin comprender esta intuición fundamental[125].

Cuando los misioneros ortodoxos presenciaron esta intuición en función pudieron ver los leves contornos del Espíritu que se desplazaba. Reconocieron que el Espíritu Santo estaba obrando en esta cultura mucho antes de que siquiera hubieran escuchado el nombre de los aleutianos. Su punto de referencia teológico les permitió ver a Dios obrar entre estas personas, preparando el camino para que ellos, como cristianos, llegaran y remontaran esa historia a sus orígenes en la fe de ellos.

¿Cómo determina este pensamiento la forma en que uno ingresa a una sociedad compuesta por pandillas, drogadictos, familias en extrema pobreza o jóvenes de la calle? Llegamos haciendo preguntas bellas, escuchando y en busca del baile del Espíritu Santo. Como escribió John Howard Yoder: «Dios está obrando en el mundo, y es tarea de la iglesia saber cómo obra; es decir: "Miren, aquí está Cristo. ¡Aquí es donde Dios obra!"»[126]

El trasfondo histórico de estas dos perspectivas en cuanto al Espíritu es importante. Quinientos años antes de que Lutero iniciara la Reforma, la cual resultó en la división entre protestantes y católicos, casi indiscutiblemente hubo una división aun más grande entre la iglesia occidental y la iglesia ortodoxa oriental, que ocurrió cerca del final de los primeros 1,000 años de la historia de la iglesia. En nuestros entrenamientos con líderes de base nos ha sido útil dedicar tiempo para analizar esta historia antes de retroceder más en el libro de Hechos, donde vemos al Espíritu ilimitado en pleno apogeo.

La división entre la iglesia oriental y la iglesia occidental fue compleja, pero en el centro de la controversia estaba la pregunta de cómo entender al Espíritu. Para decirlo sencillamente, había un estira y encoge en cuanto a la persona y obra del Espíritu Santo. Toda la controversia giraba alrededor de tres palabras conocidas como la «cláusula *filioque*», que cambió el curso de la historia de la iglesia. La iglesia occidental declaró inequívocamente: «Creo en el Espíritu Santo que procede del Padre *y del Hijo*». La iglesia oriental discrepó con «y el Hijo». Sentían que reducía a la tercera persona de la Trinidad y convertía al Espíritu en una clase de propiedad del Padre y del Hijo, y, de esa manera, reducía al Espíritu a un dios de segundo nivel. Insistieron que el Espíritu simplemente procede del Padre de la misma manera que el Hijo. No había necesidad de someter al Espíritu al Hijo, como si, de alguna manera, los dos pudieran ser rivales.

Independientemente de lo que pensemos de este debate, ha habido enormes implicaciones en la historia y práctica de la misión cristiana. La iglesia occidental tradicionalmente (aunque no siempre) ha visto la misión como una forma de llevar al Espíritu a un pueblo o lugar. Con esta opinión, el Espíritu solamente puede estar activo donde se reconoce y adora al Hijo, porque el Espíritu procede del Hijo. La iglesia oriental (aunque no siempre) ha tendido a buscar al Espíritu que obra en el mundo, incluso en lugares donde no se reconoce a Cristo. Hay mucho más en el debate e historia posterior que esta generalización, pero cuando llegó a la calle, frecuentemente este fue el efecto neto. En nuestro trabajo, estamos aprendiendo a recuperar la opinión de que el Espíritu se puede considerar más oriental que occidental, y nos damos cuenta de que energiza nuestra presencia misional en los lugares difíciles. Con esto en mente, echemos un vistazo al libro de Hechos para ver ejemplos de cómo obra Espíritu sin límites.

Estudio de Hechos

El libro de Hechos está lleno de ejemplos bellos del Espíritu que ya está obrando, mucho antes de que los apóstoles aparezcan en la escena. Ray Bakke ha escrito y dado conferencias ampliamente sobre esto y sacaremos mucho de lo que hemos aprendido de él, a medida que nos embarcamos en este rápido recorrido.

Martin Kahler dijo: «la misión es la madre de la teología», y sugiere que la teología es el intento de la iglesia de entender cómo Dios obra en el mundo[127]. La teología siempre trata de alcanzar a Dios y la obra de Dios en el mundo. Siempre estamos uno o dos pasos atrás. En otras palabras, nuestras comprensiones teológicas más genuinas son el reflejo de la actividad de Dios, y la actividad de Dios siempre está afuera, a la cabeza y más allá de nuestro alcance. Esta es una razón por la que creemos que la teología desde abajo es un regalo tan crucial para la academia. Las academias tardan mucho tiempo para llegar a lo que ocurre en el terreno, y eso no es malo en absoluto. Sin embargo, las conversaciones en las comunidades son útiles en lo que veremos y reflexionaremos más vívidamente en el movimiento de Dios en el mundo real.

Cuando vemos toda la narrativa de Hechos, encontramos al Espíritu enfrente, atravesando límites y danzando en lugares extraños en cada capítulo, todo el camino hacia el corazón del poder en Roma. En cada paso del camino, a la iglesia se le llama al orden y se le obliga a considerar el movimiento de Dios, para quien ella no tiene categorías. La actividad del Espíritu en la misión crea conmoción entre el pueblo de Dios, y los obliga una y otra vez a volver a concebir a Dios, a la luz de las nuevas realidades que se crean. Es una cosa maravillosa de observar.

El Espíritu se mueve en Pentecostés, en Hechos capítulo 2, donde se nos dice que la multitud habló espontáneamente en otros idiomas. El énfasis del texto no está en los nuevos idiomas, o «lenguas». El texto hace énfasis en el hecho de que las personas en realidad se *oyeron* unas a otras. El verbo «oír» aparece cuatro veces en un pequeño espacio de solamente siete versículos. Cuando las personas verdaderamente se escuchan mutuamente, podemos asegurarnos de que el Espíritu está obrando. Es lo contrario a la Torre de Babel que trajo tanta confusión.

En Hechos 2:17-18, Pedro recuerda la profecía del Antiguo Testamento del libro de Joel, para explicar la misión del Espíritu. Cita directamente al profeta Joel, que habla de cómo el Espíritu atravesaría cuatro de las 8 Millas más desafiantes del mundo antiguo, y del nuestro también:

> Sucederá que en los últimos días —dice Dios—, derramaré mi Espíritu sobre todo el género humano. Los hijos y las hijas de ustedes profetizarán, tendrán visiones los jóvenes y sueños

los ancianos. En esos días derramaré mi Espíritu aun sobre mis siervos y mis siervas, y profetizarán (Hch 2:17-18).

Primero, «derramaré mi Espíritu sobre todo el género humano». Toda la gente de todas partes está bañada del Espíritu. Ya no hay límites étnicos ni culturales en Cristo. Podemos estar orgullosos de nuestro legado étnico y cultural, en tanto que también entender que no define la suma de lo que somos. La celebración y aprecio de la diversidad cultural y étnica es vital, pero los muros de división entre grupos se derriban en el Espíritu.

Segundo, «los hijos y las hijas profetizarán». El límite del género se borra. Muchas culturas han llegado lejos con este límite, pero todavía es una gran división, incluso en sociedades occidentales relativamente igualitarias. Jesús fue un gran profeta de la igualdad de género en una época en la que los buenos judíos varones a diario le agradecían a Dios porque no habían sido creados mujeres, gentiles o perros[128].

Tercero, «tendrán visiones los jóvenes y sueños los ancianos». Esto marca el cruce de la división generacional. Los jóvenes siempre están frustrados con la generación mayor, y se quejan de que su resistencia al cambio desacelera todo. El concepto contemporáneo de las «iglesias para jóvenes» y modelos profesionalizados de ministerios para jóvenes complican la gran división generacional de 8 Millas, y a la juventud se le corta cualquier interacción con la sabiduría de las personas mayores. Las redes sociales amplían más la distancia entre las generaciones ya que ambas se comunican socialmente en mundos totalmente distintos. En Norteamérica, a los mayores fácilmente los dejan en hogares de ancianos bajo el cuidado de alguien más, para que la generación más joven pueda seguir con su vida sin interrupciones, sin tener que tratar con enfermedades y muerte. Tenemos una fuerte necesidad de modelos de ministerios que unan la brecha creciente entre los jóvenes y los mayores, y que el Espíritu Santo, que rompe límites, guíe el camino.

Finalmente, Pedro (al citar a Joel) dice: «En esos días derramaré mi Espíritu aun sobre mis siervos y mis siervas». Esta es la gran división económica. La esclavitud tiene que ver con la economía, histórica y fundamentalmente, incluso cuando se ha revestido mucho de opresión racial. La historia de las guerras en Centroamérica y América del Sur, y el abuso y la esclavitud de poblaciones indígenas, está arraigada principalmente en la economía. La esclavitud se ha disfrazado y legitimado de muchísimas maneras, pero un hilo central en una amplia variedad de contextos ha sido el dinero. W. E. B. Du Bois dijo del siglo XX que el límite más significativo era la línea del color[129]. En el siglo XXI, nos preguntamos si el límite más significativo podría ser las distinciones de clases económicas.

La profecía de Joel funciona como un índice del libro de Hechos. A un ritmo impresionante, el Espíritu se desplaza adelante de la iglesia y atraviesa límite tras límite y nos invita a hacer lo mismo. Entonces y ahora, la iglesia se queda atónita por el movimiento de Dios y tiene que batallar para que entenderlo y seguir el ritmo. Varias veces en Hechos, los fieles se reunieron para debatir y reflexionar en lo que el Espíritu estaba haciendo. Este parece ser un patrón normativo para que la iglesia mantenga la invitación de Jueces 19 (lbla): «Consideradlo, tomad consejo y hablad».

En Hechos 6, los judíos griegos se quejan con los judíos hebreos de que se descuidaba a sus mujeres en la distribución diaria de comida. Es importante entender que estas eran mujeres griegas, porque a los ojos del judaísmo tradicional, solo ese hecho significaba que tenían que esperar el final de la fila. Sin embargo, los doce apóstoles decidieron nombrar a siete hombres para que *sirvieran en las mesas de las mujeres*. ¿No es precisamente el Espíritu Santo ilimitado que pasa el límite de poder de género al poner hombres al servicio de las mujeres, y no a cargo de ellas? Los hombres se convirtieron en mayordomos de las mujeres, una obra del Espíritu que pone fin a los límites.

En Hechos 7, leemos el discurso de Esteban al Sanedrín. En su discurso, Esteban ubica al Espíritu de Dios fuera del mapa de Israel, y eso enfurece a sus oidores. Su sangre hervía cuando él terminó, porque él siguió mostrando cómo Dios actúa fuera de las fronteras de Israel. Los líderes judíos «rechinaron los dientes» porque erróneamente entendían que Dios actuaba exclusivamente en el mapa de ellos, en suelo israelí. Estaban tan enojados que Esteban traspasara ese límite que decidieron ejecutarlo apedreándolo. Esteban, lleno del Espíritu Santo quien lo guio a lo largo de este límite letal de 8 Millas, miró al cielo y vio a Jesús de pie en su trono con expectación para recibir en gloria a este santo fiel. Bakke y otros han señalado que es el único lugar en las Escrituras donde Jesús está *de pie* cerca del trono, de pie para honrar a este infractor de límites lleno del Espíritu[130].

Después del asesinato de Esteban en el Capítulo 7, la iglesia se esparce por la persecución sofocante ocasionada por Saulo. El Espíritu Santo está haciendo su baile ilimitado en el caos de esa prueba, y los que estaban esparcidos «predicaban la Palabra por dondequiera que iban». Felipe atravesó una frontera hacia la región aborrecida de Samaria, y los milagros comienzan a ocurrir, lo cual llena la ciudad de gran alegría. Pedro oye lo que está pasando y viaja a Samaria para verlo con sus propios ojos. Se convence de la autenticidad de todo lo que se está llevando a cabo, antes de regresar a Jerusalén, «anunciando el evangelio en muchas aldeas de los samaritanos» (lbla).

Aquí, se atraviesa una de las líneas más impactantes de los límites de 8 Millas. El Espíritu Santo dirige a Felipe a un «camino del desierto» para que se encuentre con un eunuco, un funcionario de la reina de Etiopía. Bakke describe al eunuco como «un ministro de finanzas etíope sexualmente modificado». En el mundo antiguo, no era inusual que la realeza castrara a los funcionarios de la corte que estaban cerca de la monarquía. Como lo señala Bakke, no había nada más ofensivo para la cultura de la circuncisión hebrea que la cultura de la castración. Los judíos tradicionales consideraban a los eunucos contaminados permanentemente. Pero aquí en el capítulo 8 de Hechos, vemos a un eunuco que recibe al Espíritu Santo. El lenguaje de esta historia está escrito cuidadosamente para insistir en algo importante: debido a sus implicaciones contemporáneas, queremos bajar la velocidad un poco aquí y considerar cuidadosamente cómo se expresa la historia. Por ejemplo, el eunuco estaba leyendo al profeta Isaías cuando Felipe se le acerca:

> Maltratado y humillado, ni siquiera abrió su boca; como cordero, fue llevado al matadero; como oveja, enmudeció ante su trasquilador; y ni siquiera abrió su boca. Después de aprehenderlo y juzgarlo, le dieron muerte; nadie se preocupó de su descendencia. Fue arrancado de la tierra de los vivientes, y golpeado por la transgresión de mi pueblo (Is 53:7-8).

Observe la ironía gráfica y poética aquí. El eunuco es africano, muy posiblemente parte de la diáspora judía del Antiguo Testamento. Ha sido «arrancado» del centro de la cultura judía. El Espíritu dirige a Felipe para que lo acompañe (Hch 8:29). Observe también que estaba leyendo en Isaías acerca de una figura mesiánica a quien, sus «trasquiladores» «dieron muerte» como cordero. Hubo una perversión de la justicia, y la figura mesiánica del texto fue «arrancada» de la tierra de los vivos. Este lenguaje gráfico es algo con lo que un eunuco podía relacionarse. Si este eunuco estaba familiarizado con Isaías 53, es muy posible que también estuviera consciente que tres capítulos después, en Isaías 56, Dios le ofrece esperanza a los eunucos cuando dice: «A los eunucos... les concederé ver grabado su nombre dentro de mi templo y de mi ciudad: ¡eso les será mejor que tener hijos e hijas! También les daré un nombre eterno que jamás será borrado» (Is 56:4-5).

Los eunucos son inusuales, hoy día, aunque la mutilación sexual femenina todavía se practica en muchas partes del mundo. Más prevalentes son las comunidades enteras que han sido «arrancadas» de la sociedad tradicional, y particularmente de la iglesia, por su orientación sexual e identidad de género. Muchas personas jóvenes se sienten completamente extrañas con sus propios cuerpos. Muchos más hombres y mujeres completamente heterosexuales se sienten igualmente «arrancados» sexualmente de sus parejas. El involucramiento en estos asuntos dentro de las comunidades de fe está aumentando, y en muchas de las comunidades misionales en las que trabajamos alrededor del mundo hay progresos esperanzadores entre personas lesbianas, homosexuales, bisexuales y transexuales, quienes están encontrando maneras auténticas de seguir a Jesús. Lo que no se puede exagerar es la inclusión radical que vemos en Hechos 8 y la forma en que el siervo sufriente que fue «arrancado» y «golpeado» se identifica con el eunuco, o cómo el eunuco se «une» a la comunidad de los fieles.

Entendemos que esto es un tema particularmente doloroso y divisivo para muchos de nosotros dentro de la iglesia. Entre nosotros dos, autores, y las redes respectivas en las que trabajamos, hay puntos de vista ampliamente divergentes. Trabajamos dentro de iglesias evangélicas protestantes/reformadas y agencias misioneras y comunidades eclesiásticas de la línea liberal principal, y además nutrimos relaciones con católicos romanos. Tenemos amigos queridos y familia que han sufrido horriblemente con el peso de este tema en ambos lados del pasillo. No tenemos el propósito de debatir aquí la moral de varios estilos de vida sexual, ni sugerir que los homosexuales o lesbianas son los únicos «arrancados» de la comunidad, o que necesitan sanar sexualmente. Nuestra suposición básica es que todos tenemos necesidad de sanar. En lo que los dos coincidimos completamente es que nuestro llamado es nuestro llamado es a crear un espacio para que los líderes vean a Dios obrar en el mundo y lo celebren, incluso cuando el movimiento de Dios no encaje en las categorías teológicas prescritas. Siempre y cuando haya jóvenes que se identifican como lesbianas, homosexuales, bisexuales o transexuales, y que se sientan arrancados de Jesús y de la comunidad de fe, el evangelio de Jesús nos impulsa a apoyarlos y defenderlos. Cualquier otra cosa que el evangelio signifique, quiere decir que estamos con y para aquellos que se encuentran afuera, mirando hacia adentro. Nuestro llamado es recordar a la gente que siempre hay un lugar en la mesa. La buena noticia de Jesús nos invita a llevar la vergüenza, no solo de aquellos con los que estamos de acuerdo, sino también de aquellas personas marginadas con las que podríamos discrepar radicalmente.

Hace varios años, yo (Kris) estaba enseñando una clase en la que surgió la pregunta de la homosexualidad. La retórica rápidamente se tornó llena de odio, y uno de los estudiantes más francos dijo: «¡Dios odia a los maricones!» Yo estaba profundamente afectado, pero no estaba seguro en cuanto a qué decir. Me di cuenta de que difería y di otros puntos de vista que pudieran crear espacio para el diálogo. Al hacerlo, me había arrinconado. Algunos de los estudiantes comenzaron a cuestionar por qué defendía a la comunidad homosexual. Pronto quedó claro que ellos querían saber si yo era homosexual o heterosexual. En esa época yo no estaba casado, por lo que había una pregunta abierta en sus mentes.

Me di cuenta en ese momento de que tenía que tomar una decisión. Si afirmaba mi identidad como varón heterosexual en frente de la clase, aliviaría la tensión, y muy posiblemente nos sacaría del apuro. Pero dada la ley de los promedios, por lo menos una persona de ese salón bien podría ser homosexual, y me sentí impulsado a honrarla. No trataba de ser heroico, no soy tan valiente. Simplemente me sentí obligado. Me rehusé a responder la pregunta, lo cual solamente podría significar una cosa en sus mentes. ¡Debo ser homosexual! En un sentido, *yo era homosexual*, por lo menos para esa clase. Aprendí lo que se sentía estar afuera y avergonzado. La encarnación nos invita a estar con aquellos que no se pueden defender a sí mismos, ya sea que coincidamos con ellos o no. Cuando estamos con los que son avergonzados, nuestras propias identidades van a ser cuestionadas. Se nos recuerda que, debido a las relaciones de Jesús con la gente de los bordes de la sociedad, se asumía que él mismo era borracho, glotón, «pecador» y el mismo «Belzebú» (diablo). Soportó epítetos de la misma clase, que tienen el propósito de degradar a los homosexuales, las lesbianas, los bisexuales, los transexuales y la comunidad queer. Su identificación radical con los de afuera es muy instructiva para la iglesia, en medio de la controversia por la identidad sexual.

Tal vez nos hemos topado con una especie de 8 Millas aquí, que la iglesia todavía no puede atravesar. En nuestra experiencia, el Espíritu nunca nos obliga a ir a ninguna parte para la que no estamos preparados. Simplemente se desplaza e invita. Nunca hay un indicio de coerción en el trabajo del Espíritu. Sin embargo, pensamos que es importante recordar que hacer teología desde abajo tiene una forma de sacar a la superficie nuestras 8 Millas personales, con una regularidad alarmante. Para muchos de nosotros, nuestra 8 Millas suprema es muy simplemente nuestra necesidad de tener la razón. Es una adicción límite que fácilmente se esconde bajo la sombrilla de la rectitud. La adicción funciona tan fácilmente para aquellos de la izquierda como lo hace para los de la derecha, pero nuestras creencias no nos salvan. Por lo tanto, ofrecemos como respuesta las bellas palabras del poeta y místico Rumi, quien dijo: «Más allá de las ideas de hacer el bien y hacer el mal, hay un campo. Nos vemos allí»[131]. Queremos cultivar este campo. Es lo que hacemos. Es a donde hemos llegado a ver y experimentar al Espíritu que obra. Tal vez el aspecto más escandaloso de la gracia es el espacio que crea para que todos estemos equivocados: alegre y felizmente equivocados.

Entre nosotros dos hemos tenido mucha experiencia de estar equivocados. Ha llegado a ser algo como un don espiritual y tenemos la intención de ejercerlo regularmente. Así que, para otros viajeros agotados que también buscan el valor de estar equivocados, volvemos otra vez a San Huckleberry Finn, cuyo amor por el «Negro Jim» le permitió abandonar todo lo que creía, y todo lo que se le había enseñado que era correcto, en aras de vivir en la gracia de estar equivocado. ¡Qué don!

Como para anticipar la tensión de «correcto versus incorrecto», «nosotros versus ellos», Lucas (escritor de Hechos) sigue adelante al capítulo 10, donde cuenta la historia de Pedro, que se ve confrontado con su propio chauvinismo cultural y religioso. Se necesitan diez capítulos para que el Espíritu baile a su manera hacia la superioridad racial percibida de Pedro. Obra en Pedro por medio de un sueño acerca de comida contaminada y no contaminada. Pedro se resiste escondiéndose detrás de su propio sentido de rectitud. Le dice que no a Dios, pensando que le hace un favor a Dios, «¡De ninguna manera, Señor!», dice Pedro. El Espíritu persiste tres veces y finalmente deja a Pedro «perplejo» (rvr60). Mientras tanto, sin que Pedro lo supiera, el Espíritu también le hablaba al Cornelio «impuro». Dios favoreció a Cornelio y envió algunos mensajeros a Pedro. La ironía aquí es deliciosa. Los mensajeros del «impuro» son enviados en busca de Pedro, ¡que esta vez está perdido!

La historia continúa en el Capítulo 11, donde la palabra «cristiano» aparece inicialmente como un término de burla que se les da en Antioquía a los seguidores de Jesús, o «El Camino». Los críticos de «El Camino» se burlaban de los seguidores de Jesús por tratar de ser «pequeños Cristos». Fue una etiqueta de vergüenza que tenía el propósito de degradar a la primera iglesia que se registra en las Escrituras. Resulta que es una iglesia multicultural y urbana. Tienen un equipo de liderazgo extraño como se describe al inicio del capítulo 13, también es el primer equipo pastoral del que sabemos, formado por cinco hombres (la profecía de Joel de inclusión de género aparentemente todavía no había calado).

Considere a estos cinco: Bernabé es un griego de Chipre, Simeón es de África; Lucio es un africano de Cirene; Manaen es un exfuncionario de la corte de Herodes Antipas; y Saulo, un ciudadano romano de Tarso, completa el grupo. Aquí tenemos a un pensador griego, dos africanos, un hombre que trabajó para el rey Herodes judío y un ciudadano romano. Ahora bien, si tuviera que elegir al equipo de líderes para la primera iglesia, ¿habría elegido a estos hombres? Ellos tenían que haber estado matándose unos a otros, no trabajando juntos. Los especialistas del crecimiento de la iglesia nos dicen que esta clase de equipo de liderazgo es una receta para el desastre. Sin embargo, el

Espíritu ilimitado baila al ritmo de un tambor distinto y dice: «Hago lo que me place, reúno a estos».

Aquí vemos a la Iglesia con su mejor vestido, cuando se convierte en un lugar donde los enemigos naturales se reúnen. ¿Cómo nos habla eso? ¿Cómo se ve? Si la iglesia es solamente una reunión de amigos, es simplemente un club, no una iglesia. Cuando la iglesia funciona como un club exclusivo, donde se reúnen personas que tienen la misma mentalidad, que se agradan normal y naturalmente, llega a ser tóxica para la misión. La homogeneidad es un arreglo natural, fácil de caer en ella. Pero ¿qué ocurre cuando el Espíritu Santo aparece? Se traspasan los límites y las líneas divisorias entre los enemigos naturales. El Espíritu dice: «Bailo para reunir a los enemigos naturales que, en cualquier otra circunstancia, se odiarían unos a otros. En su medio, declaro mi gloria al permitirles trabajar juntos.

En Antioquía eso es exactamente lo que ocurrió. Los escépticos que observaron la forma peculiar en la que los seguidores de Jesús se relacionaban unos con otros inventaron un epíteto que permaneció, un grupo de personas que tratan de ser pequeños Cristos al amar a sus enemigos. Cuando los enemigos naturales se reúnen y comienzan a amarse verdaderamente unos a otros, tenemos algo único y especial. Se necesita de un milagro del Espíritu para lanzar ese tipo de compañerismo, e incluso un milagro aún mayor para mantenerlo unido, porque nada menos que un milagro puede mantener unido a un grupo de enemigos en una relación amorosa.

Completamos nuestro recorrido con Hechos 15, que es quiásticamente el clímax de Hechos. Después de Hechos 15, el Espíritu desplaza a la iglesia primitiva hasta Roma y más allá, y continúa traspasando límite tras límite. En Hechos 15 es donde la iglesia primitiva hace una pausa para «considerar y recibir consejo». Necesitaban un receso en la acción para reflexionar. Es lo que Bakke llama el primer concilio de «fe y cultura» de la Iglesia. Se reunieron para tratar la cuestión de su propio chauvinismo cultural y religioso, y preguntar si Dios era libre de desplazarse más allá de sus límites religiosos. Se trató de los de adentro (judíos) y de los de afuera (gentiles). ¿Cuál campamento era el favorito de Dios? Pedro, mejor que nadie, que había pasado por su propia conversión en cuanto a este asunto de Hechos 10, se puso de pie y habló en nombre de todos los gentiles. Pablo y Bernabé también contaron historia tras historia de cómo Dios se había estado moviendo entre los gentiles. Finalmente, fue el hermano de Jesús, Santiago, quien dijo palabras sabias que resolvieron la disputa. Todo junto es un ejemplo maravilloso de la noción de Kahler de que «la misión es la madre de la teología».

En su carta a los gálatas, el Apóstol Pablo escribe que en Cristo «ya no hay judío ni griego, hombre ni mujer, sino que todos ustedes son uno solo en Cristo Jesús» (Gá 3:28). Él incluso pudo haber compartido estas palabras en el concilio de fe y cultura (la epístola gálata es la primera de Pablo, y probablemente precede al concilio). Años después, cuando estaba sentado en una cárcel de Roma a la espera de su juicio y ejecución, reflexiona una vez más sobre la obra del Espíritu. Es la reflexión de un veterano experto para una comunidad joven e impetuosa, una comunidad que todavía estaba cautiva de una cosmovisión binaria, dualista, en la que toda la vida se ve como una batalla de negro versus blanco, no contaminado versus contaminado, los de adentro versus los de afuera, correcto versus incorrecto. Él escribe como un abuelo a sus nietos, recomendándoles otro camino. Escribe como un místico que ha visto y experimentado otra realidad. Les recuerda que se han reconciliado en Cristo, y en esa renovación «no hay griego ni judío, circunciso ni incircunciso, culto ni inculto, esclavo ni libre, sino que Cristo es todo y está en todos» (Col 3:11). ¡Eso sí que es inclusivo!

Todo esto es la obra del Espíritu libre en su baile juguetón, alegre y tentador, a lo largo de cada límite de 8 Millas en el libro de Hechos. Terminamos nuestro viaje por Hechos aquí, pero el baile del Espíritu continúa. Lo dejamos con las palabras de Mary Oliver, cuyo pequeño poema titulado «Instructions for living a life» (Instrucciones para vivir una vida) es el resumen apropiado del llamado del Espíritu en constante expansión. Después de que insta a que «pongan atención —aconseja—, asómbrense./Hablen de eso»[132].

11
Los Acertijos de la Gracia

Hablaré por medio de parábolas; revelaré cosas que han estado ocultas desde la creación del mundo.
~Mateo 13:35

La distancia más corta entre un humano y la Verdad es una historia.
~Padre Anthony de Mello[133]

E*n Mateo 13, Jesús cuenta una variedad* de parábolas para describir el reino del cielo. En una de las más impactantes, se nos dice que el reino del cielo es como una red (v. 47-48). La red para pescar ese día era una red barredera, que nos interesa a nosotros dos, Joel y Kris, porque somos aspirantes a pescadores. Cuando vamos de pesca como deporte, usamos carnadas específicas, del color y tamaño precisamente adecuados y del sedal apropiado para ciertas condiciones, todo para pescar un pez específico durante una temporada específica. (Por lo menos eso es lo que pensamos que el verdadero pescador deportivo hace). La cultura de la pesca en la época de Jesús era notablemente distinta. La red estaba atada a un peso que bajaba al fondo y recogía de todo, desde peces que se alimentan en el fondo hasta los peces de la superficie, y todo lo que hay en medio. Es una manera descabellada de pescar desde nuestra perspectiva.

Por su puesto que el verdadero tema de Jesús aquí es el esparcimiento de la buena noticia (*evangelion*) del reino de Dios, lo que los cristianos llaman evangelismo. Pero incluso en el evangelismo, la red barredera parece una forma ineficiente de hacer la misión. Para un evangelismo efectivo y económico hoy día, tratamos de ser muy específicos y orientados en cuanto a la clase de «pez premio» que queremos alcanzar para Cristo, y colocamos señuelos evangelísticos muy específicos. Una red barredera es una forma desagradable de pescar, y cuando se aplica para pescar almas, seguramente conduce a un evangelismo complicado.

¿Por qué nos involucramos en lo que pensamos que es una mejor forma de «pescar» que en lo que Jesús enseñó primero? Los aspirantes a evangelistas tratan de llegar a ser muy buenos en «ganar almas para Jesús», y usan un montón de carnadas recién pintadas, inmaculadas, específicamente diseñadas (programas, eventos, estrategias, medios de comunicación). Después de todo, en nuestro mundo moderno definitivamente tenemos mejores herramientas y técnicas que los discípulos de Jesús.

Pero, tal vez es hora de revisar otra vez este ministerio desordenado e indiscriminado de red barredera que Jesús recomienda. Es difícil pelear por ese ministerio hoy día, e incluso más difícil de financiar, pero si vamos a atravesar las líneas divisorias de 8 Millas, debemos seguirlo. El acercamiento de la red barredera podría parecer lo opuesto del «escándalo de la particularidad» del que hablamos anteriormente. Es más bien el otro lado de la misma moneda. Jesús fue inmediatamente particular en su acercamiento a las personas y, escandalosamente, no discriminó a las personas que amaba. La red del amor de Dios nos recuerda que debemos ser cuidadosos en cuanto a estar demasiado absortos en nuestras estrategias y técnicas que nos tientan a pescar un «pez premio». Con el acercamiento de la red barredera, pescaremos algo que no esperamos, o siquiera queremos. Seremos tentados a lanzarla otra vez, pero debemos aprender a vivir con la tensión de una red que saca de todo.

En otra parábola de Jesús, frecuentemente llamada la parábola del trigo y la cizaña (Mt 13:24-30), él dice que el reino de Dios es como «un hombre que sembró buena semilla en su campo». La gran pregunta es ¿quién es el sembrador en esta parábola? La respuesta determinará cómo aplicamos las implicaciones de la parábola para el evangelismo. Si usted es como nosotros, siempre ha interpretado al sembrador como la iglesia, o quizá los seguidores de Cristo. Un análisis detallado del texto revela las dificultades de esa interpretación. ¿Qué si el sembrador es Dios y no la iglesia? ¿Qué tan distinto se lee el texto entonces?

Según la parábola, en tanto que todos duermen, el enemigo se cuela en la noche para sembrar cizaña (una clase de mala hierba), y luego se va. La cizaña y el trigo se ven tan similares que incluso al agricultor experimentado le cuesta diferenciarlas. Tal vez la distinción entre el bien y el mal, o el trigo y la cizaña («los de adentro» y «los de afuera»), no es tan clara como pensamos que es. Tal vez una lección aquí es que no sabemos tanto como creemos que sabemos. En los versículos 27-30 los siervos le preguntan al dueño si deben «corregir el error» y arrancar la cizaña que se plantó en la noche, pero el sembrador advierte que, si lo hacen, muy bien podrían arrancar el trigo también. Por lo que

Geografía de la gracia

les dice que lo dejen estar, que dejen que el trigo y la cizaña crezcan juntos hasta el tiempo de la cosecha. ¿Es posible que parte de la razón por la que Dios nos niega el derecho de separar el trigo de la cizaña es que no siempre podemos reconocer la diferencia entre el bien y el mal, entre los de adentro y los de afuera, tanto como pensamos que podemos hacerlo?

Para tener un ministerio de red barredera, tenemos que cultivar discípulos de trigo y cizaña, un ministerio que reconozca humildemente nuestras limitaciones para discernir la diferencia entre el bien y el mal. Esto es crucial, porque cuando lanzamos una red barredera entre los más pequeños, los últimos y los perdidos, sacamos algunos especímenes extraños, en efecto, y la tentación es de proteger nuestro ministerio de los que «se alimentan con lo que hay en el fondo», al separarlos; «no puedo tener a ese pandillero en mi grupo. Lo echará a perder todo». O «esa chica con *jeans* apretados de una familia no cristiana va a ser una mala influencia en los chicos influenciables de la iglesia». Al ver lo que nuestra red sacó, nos vemos tentados a hacer la tarea de separar el trigo y la cizaña con nuestras propias manos. Sin embargo, el ministerio que traspasa límites demanda que humildemente admitamos que debemos dejar la separación para la época de la cosecha. ¿Qué podría significar dirigir un ministerio como ese? Para mencionar solo un desafío, ¿podemos dirigir un ministerio de red barredera con inclusión de trigo y cizaña y todavía encontrar el financiamiento que necesitamos?

Hablando prácticamente, muchos obstáculos se interponen en el camino de desarrollar un ministerio de esta clase. Por ejemplo, es casi imposible (y frecuentemente contraproducente) intentar desarrollar programas grandes. Muchos de los líderes con quienes trabajamos describen cómo algunos de los jóvenes o familias con las que trabajan absorben tanto oxígeno en la iglesia o programa que otros se quedan ahogándose. Estos líderes tienen que aprender a apañarse con las personas que demandan toda su atención, y no dejan nada para dar a los demás. Tienen que tomar una decisión muy difícil, la solución simple es priorizar el mantenimiento de los programas que transcurren eficientemente por encima de las «cizañas» que lo desordenan todo. Algunos líderes nos dicen: «No puedo dirigir un buen programa con esa clase de chicos en mi salón. Ellos impedirán que los otros chicos escuchen el evangelio». Sienten como que enfrentan una decisión entre servir exclusivamente a los chicos que están listos para oír o dejar que reine el caos.

Por eso es que muchos ministerios están diseñados solo para una clase particular de peces. Si no podemos acomodar a los que «se alimentan en el fondo», acabamos priorizando programas por encima de personas y ajustando nuestro mensaje para que encaje en nuestro programa. El ministerio de la red barredera en los lugares difíciles es caótico y desordenado. A veces funciona solamente como lo hizo con Jesús: una docena de personas a la vez.

En 2 Corintios 12, Pablo escribe de la «espina en el cuerpo» que tan desesperadamente quería que se le quitara. Él la llama «mensajero de Satanás», diseñado para evitar que se volviera presumido por las «sublimes revelaciones» que se le habían dado. Tres veces oró Pablo para que se le quitara la espina, y cada vez Dios dijo: «No». De esta manera, Pablo confronta la noción descabellada de que Dios a veces se rehúsa a deshacerse de algo que Pablo considera algo verdaderamente malo. En lugar de eso, Dios le dice a Pablo: «Te basta con mi gracia, pues mi poder se perfecciona en la debilidad» (1Co 12:9).

¿Qué clase de Dios usa el mal para ocasionar bien? ¿Por qué no saca Jesús a Judas de su círculo de discípulos, la cizaña de todas las cizañas? Parece que Dios hace lo impensable: decidir aquí literalmente rodear el mal y usarlo para un propósito divino, más allá de nuestra comprensión.

¿Qué tan lejos vamos con esto? No tenemos categorías teológicas meticulosas para esta clase de pensamiento. ¿Ha pensado alguna vez que la actividad de Satanás en su vida podría ser precisamente lo que abre sus ojos a la gracia danzadora de Dios? Largos segmentos de la iglesia hoy día constantemente le dicen a la gente que si llegan a Jesús todo les saldrá bien y que Dios, que es cautivo de su propia Palabra, seguramente los liberará de todas las espinas que están insertadas en sus costados. Pero, ¿es eso cierto siempre? Tal vez necesitamos un evangelio que nos da gracia para reconocer y vivir con los demonios de los que simplemente no nos podemos deshacer. ¿Tenemos un evangelio lo suficientemente grande para tratar con eso?

Todas las grandes guías espirituales enseñan que la madurez en Cristo no trata mucho de los demonios de los que nos deshacemos, sino de los demonios con los que podemos vivir. Si somos sinceros, algunos de nosotros tenemos «demonios» de los que parece que no podemos deshacernos nunca. ¿No le damos a la gente, a veces, una falsa esperanza cuando decimos que aceptar a Jesús automáticamente hace que todo esté bien para ellos, si simplemente pueden reunir la suficiente fe para hacer que ocurra?

¿Están dispuestos los predicadores o líderes eclesiásticos a decir: «Quiero que aprenda a vivir con ese demonio en su vida porque el poder de Dios en usted se perfecciona en la debilidad?» Dicho de esa manera, suena absolutamente descabellado, pero ¿no es eso lo que Dios le dice a Pablo en el pasaje de 2 Corintios? Hay ciertas cosas de las que oramos y suplicamos a Dios que nos libere, pero, en efecto, Dios nos dice: «No, deja esa espina donde está. No la retires. Porque allí es donde verás mi fortaleza». El poeta y compositor *beat*, Leonard Cohen, lo dice de esta manera en su canción «Anthem» (Himno): «Hay una grieta en todo, así es como entra la luz».

La tentación de separar el trigo de la cizaña es más que un tema del ministerio, también es un baile intensamente personal entre el poder y la debilidad. ¿Qué es lo que hemos tratado de arrancar de nuestras vidas? ¿De qué hemos estado avergonzados toda nuestra vida o quisiéramos que nunca existiera? ¿Qué parte de nuestras historias hemos suprimido y les hemos negado una audiencia, tratando de sacarla y llamarla cizaña? ¿Proclamamos un falso evangelio cuando declaramos que Dios siempre nos quitará nuestras debilidades y problemas?

Jesús dijo: «Pero yo, cuando sea levantado de la tierra, atraeré a todos a mí mismo» (Jn 12:32). En esta declaración sorprendente, Jesús anuncia que la impotencia y la derrota de su crucifixión derribará todos los límites que hay entre las personas. La pasión de la narrativa de Mateo describe esto en el símbolo poderoso de la cortina del templo. La arquitectura del templo creó límites llamados «patios». Los gentiles tenían su propio patio; las mujeres tenían el suyo; y el Lugar Santísimo, acordonado por la gran cortina, estaba reservado para Dios y una visita anual de un sacerdote. En el momento de la mayor humillación de Jesús, en el momento del triunfo más grande del mal, la cortina que separaba el Lugar Santísimo de todos los demás, se rasga de arriba abajo. El significado fue impresionante: en el momento más doloroso de aparente debilidad y derrota, nuestros límites más firmemente protegidos y sagrados son destruidos.

A veces, la iglesia recrea los «patios del templo» que bloquean el trono de Jesús. ¿Cuántos límites y barreras tienen que atravesar las personas antes de encontrar el camino hacia Jesús? ¿Tienen que conformarse a nuestras reglas? ¿Tienen que aprender nuestro «lenguaje» y averiguar cómo navegar de forma efectiva por nuestra cultura eclesiástica, antes de que puedan tener acceso al trono de Cristo? ¿Estamos pescando los peces que deseamos, o echando la red barredera que trae toda clase de peces? ¿Estamos tratando de clasificar nuestros cultivos antes de la cosecha, o confiamos en el sembrador para que haga la cosecha? Si nos atrevemos, el ministerio de red barredera, con la disciplina del trigo y la cizaña, radicalmente amplía el acceso a aquel cuya cruz recibe a todos.

TERCERA SECCIÓN

La Suspensión

Maldito todo el que es colgado de un madero.

~Gálatas 3:13

He llegado hasta el fondo.
Es sólido ahí abajo.

~Madeleine L'Engle[72]

12
La Misión Cruciforme

Entonces dijo Dios: Hagamos al hombre a nuestra imagen, conforme a nuestra semejanza . . . Y fue la tarde y la mañana del día sexto
~Génesis 1:26, 31 (RVR60)

Parece que Dios me está dotando de un corazón, un asunto aterrador, ya que los corazones solo crecen cuando se rompen.
~James Alison[135]

Dios creó a la humanidad el día sexto, que, según la semana hebrea, es un viernes. Dios dijo que su obra era «muy buena». En el centro de nuestra fe hay otro viernes. También fue bueno. Dos viernes unidos de la forma más inusual: la creación y la cruz. Los dos son buenos, ¡muy buenos! La cruz está escondida en la creación y la creación está escondida dentro de la cruz. La creación convoca a la cruz, y la cruz convoca a la creación. Es un misterio, y los misterios, por definición, no se pueden explicar: por lo menos no completamente.

Karl Rahner enseñó que lo que la mente más quiere no es explicación sino comunión. De hecho, la explicación muy frecuentemente aminora la experiencia de la comunión. Tal vez por eso es que Jesús habla tan constantemente con acertijos y parábolas, y hace una clase de teatro callejero que desorienta la mente y abre el corazón. El evangelio nos llama a encontrar a Jesús, así es la forma de la cruz.

Se requirieron muchos años para que la cruz llegara a ser la imagen dominante de la iglesia. La iglesia primitiva pudo haber acatado la exhortación de Pablo de predicar a Cristo crucificado, pero tardó un poco en adoptar la cruz como su símbolo principal. Tal vez era demasiado escandalosa, demasiado incómoda, demasiado bochornosa, especialmente para una comunidad ya avergonzada y marginada como la iglesia primitiva. No fue sino hasta el tercer siglo que la cruz llegó a ser el símbolo dominante del cristianismo, que irónicamente coincide con el ascenso al poder de la iglesia. No nos atrevemos a perder de vista la ironía. Cuando la cultura religiosa dominante se apropia del significado de la cruz, la cruz tiende a convertirse en una herramienta transaccional de control, que mantiene el poder en las manos de los poderosos, y a Dios al lado del *statu quo*. Debemos estar dispuestos a admitir que algunas de las formas teológicas más valoradas de ver la cruz se formaron en el contexto de poder. Esto no las hace erróneas, pero pensamos que es sabio ser cautelosos e incluso un poco desconfiados de esos acercamientos.

A pesar del hecho de que aproximadamente la mitad del contenido de los Evangelios está dedicado a discutir la última semana de la vida de Jesús, y a pesar del hecho de que el Apóstol Pablo decidió «no saber de cosa alguna, excepto de Jesucristo, y de este crucificado» (1Co 2:2), la imagen que más frecuentemente se usaba de la iglesia primitiva no era la cruz, sino la imagen de un pez, la señal de Jonás. Las multitudes le pidieron a Jesús una señal y Jesús dijo que no se les daría ninguna, excepto la señal de Jonás. ¿Qué quiere decir esto?

La cruz revela la señal de Jonás, de hecho, *es* la señal de Jonás, y mucho más. Jonás es la historia de un profeta reacio que huye de la realidad del amor de Dios por sus enemigos, solo para que una ballena se lo trague y tres días después lo escupa en la playa de esos mismos enemigos, con la buena noticia. Nosotros somos fugitivos de Dios que, cuando seguimos el camino de amor y reconciliación de Dios, nos lleva por la muerte del yo a una vida nueva. Ese es el evangelio en pocas palabras, tanto en términos personales como sociales.

La señal de Jonás es el misterio pascual: vida, muerte y resurrección; y su viaje es bautismal. En el bautismo somos enterrados con Cristo para que podamos vivir con Cristo. Nos sumergimos en el agua, fugitivos de Dios, pasamos por las aguas caóticas de la muerte, y luego se nos resucita a la realidad del amor de Dios. Allí, en las profundidades, morimos a todo lo que es falso, para que podamos vivir a todo lo que es verdadero. Ahí abajo, el vientre de la bestia es donde verdaderamente conocemos a Dios, el ser supremo. Es donde el verdadero yo conoce al verdadero Tú. Por eso es que la iglesia siempre ha insistido en que nuestra fe comienza en el bautismo, la tumba acuosa.

Jonás. Bautismo. Cruz. Todos hablan de la misma trayectoria. La cruz nos dice que para que la vida sea la bendición que Dios quiere, debe pasar por la muerte. Pablo nos enseña que la muerte no es el enemigo que imaginamos: «¿Dónde está, oh muerte, tu aguijón?» (1Co 15:55). La muerte, en su estado natural, es parte de la vida, así como la semilla *debe* morir, al morir vivimos. En la cruz, Jesús no solo nos enseña a exponer y a dejar sin poder a la muerte como un gobierno demoníaco que tiene a la humanidad como rehén, también nos enseña a morir para que podamos vivir genuinamente. Entonces llegamos al punto más bajo de nuestra trayectoria, donde las palabras titubean y se desgastan bajo el peso de semejante gloria.

Lo que sigue es una serie de meditaciones e historias que esperamos ilustren el camino de la cruz. Hemos decidido aquí no meternos a explicaciones de varias teorías históricas y contemporáneas de expiación. Nos resistiremos a la tentación de analizar minuciosamente los mecanismos de cómo funciona la salvación en la cruz, o seremos tan insensatos como para tratar de explicar el misterio del sufrimiento. En lugar de eso, nuestra esperanza es buscar y encontrar comunión con el crucificado.

Un compañero confiable para semejante encuentro es el centurión de la cruz. El texto nos dice que cuando el centurión «estaba frente a Jesús» en la cruz y al «ver cómo murió, dijo: "¡Verdaderamente este hombre era el Hijo de Dios!"» (Mc 15:39). Pedimos gracia para ver lo que el centurión vio, que fue más que simplemente un hombre que estaba siendo crucificado. Después de todo, había tres que fueron crucificados ese día, y muchos más que habían sido crucificados a lo largo de la historia. El texto indica claramente que el centurión vio algo diferente en Jesús, algo muy peculiar en cuanto a la forma en que Jesús experimentó su propia muerte. Si podemos ver esto, podemos unirnos al centurión, y a todos los fieles a lo largo de la historia, para proclamar con gran confianza: «¡Este es el Hijo de Dios!»

Soportar la vergüenza de la Cruz

Una de las primeras descripciones de Jesús es el Graffito Alexamenos, que data c. 200 d. C. o antes[136]. Es una parodia primitiva del cristianismo. Fue descubierta en 1857 en Roma y ahora está en el Museo

Palatino. Esta talla en la pared es muy similar al grafiti que podemos encontrar en un baño público hoy día. Muestra un hombre con cabeza de asno que es crucificado, y un joven que levanta su mano, como en oración. El texto griego del grafiti dice: *ALEXAMENOS SEBETE THEON*, o: «Alexamenos adora a su dios».

Antes del desarrollo del cristianismo, algunos habían acusado a los judíos dentro del imperio romano de adorar a un asno, una acusación vergonzosa. Es probable que la misma acusación se dirigiera a los cristianos en esta caricatura antigua. Si nos ofendemos muy fácilmente, pasaremos por alto el genio involuntario de perspicacia aquí. La ironía dentro de la ironía de esta caricatura es que hace una declaración profundamente cristiana.

Resulta que la imagen de un joven que adora a un asno crucificado resume el evangelio de una manera bella. La disposición de Dios de representar al asno es lo que hace al cristianismo, pues, cristiano. El intento del artista de desacreditar la fe, solamente sirve para resaltar su poder. Dios carga con la vergüenza de la humanidad y lo hace de una manera que es impensable. Él lleva nuestra vergüenza, y literalmente ocupa el espacio de vergüenza con nosotros, para que nosotros no tengamos vergüenza.

Dios «se desnuda», por así decirlo. Dios hace lo que Adán y Eva no pudieron hacer cuando trataron de cubrir su vergüenza en el huerto. Cuando Jesús fue clavado en la cruz, desnudo y expuesto al mundo, él nos mostró que es posible ocupar el espacio de vergüenza de una manera que acaba con ella y crea vida. Sin embargo, el costo es terrible. Una lectura cuidadosa de las narraciones de la pasión muestra el proceso implacable de avergonzar al crucificado, y hay muchas razones para creer que sus torturadores tuvieron éxito para ocasionarle tanto dolor psíquico como físico. En solidaridad con toda la humanidad, Dios fue expuesto, degradado y humillado.

El mundo siempre ha maldecido lo que le avergüenza. Incluso los antiguos hebreos creían: «Maldito todo el que es colgado de un madero» (Gá 3:13, Dt 21:23). Jesús cambia todo eso, o por lo menos lo reorganiza y le da un nuevo significado. Como dice James Alison:

> Desde que el mismo Dios ocupó ese espacio en Jesús, y mostró que podía ser ocupado y habitado, de manera dolorosa, pero con una actitud de perdón, Dios puso fin a nuestra manera de construir bondad sobre personas como él mismo. Y eso quiere decir que Dios introduce desconfianza en medio de nosotros, desconfianza de que nuestra bondad puede ser falsa, y que nuestros «malvados», después de todo, pueden ser inocentes, o, por lo menos, no más culpables que los demás[137].

Si seguimos esta percepción, tal vez podemos comenzar a ver lo que el centurión vio a los pies de la cruz. Él vio a Jesús con una luz nueva, que Jesús no fue a quien Dios maldijo, como muchos que

La Misión Cruciforme

presenciaron la crucifixión podrían haberlo esperado. Más bien, vio a Jesús como maldito por la humanidad, que llevó la peor parte de la vergüenza de la humanidad, y lo hizo con perdón en su corazón, tan profundo e intenso que provenía de Dios. Jesús refleja al centurión su propia vergüenza, pero con una excepción, la maldición había desaparecido. Es un misterio por qué o cómo el centurión vio eso y los demás no, pero el centurión ve su vergüenza a través de los lentes de amor y perdón. Jesús no devuelve maldición por maldición. Él la absorbe y le pone fin. Transforma al centurión y él declara que Jesús es el Hijo de Dios.

Asombrosamente, el patrón de que Jesús ocupe nuestra vergüenza «con actitud de perdón» no termina en la cruz. Jesús sigue ocupando nuestra vergüenza en la resurrección. Él descubre las heridas de nuestra vergüenza en su cuerpo resucitado como si dijera: «no estoy avergonzado de cargar tu vergüenza, no hay nada de qué avergonzarse». He aquí la clave teológica para la redención de nuestra vergüenza: la vergüenza de Jesús ha pasado por la muerte a la carencia total de vergüenza. Si esta opinión es correcta, entonces Dios apoya libremente a los avergonzados y se rehúsa a darle poder a lo que escandaliza al mundo. Dios saca la espina de nuestra vergüenza al ocuparla sin vergüenza. Dios saca la maldición de la maldición al demostrar que no hay maldición en absoluto, por lo menos por parte de Dios. Al hacerlo, Jesús expone la verdad que ha estado escondida por siglos, una verdad que está más allá de la imaginación de todos, excepto de los más inspirados profetas, enterrada bajo capas y capas de esperanzas y sueños fallidos. Es casi imposible que la humanidad llena de vergüenza la vea. Se requirió de la cruz para despertarnos a la verdad y la verdad es bastante simple:

Dios no está enojado con nosotros. Todo ya está perdonado.

Geografía de la gracia

Pablo escribe que este mensaje es una insensatez total para los que se pierden, pero es el mismo poder de Dios para aquellos que son salvos (1Co 1:18).

Quedamos asombrados con un Dios que es lo suficientemente seguro, no solo para montar un asno, sino, al final de cuentas, para ser uno. Como lo señalamos anteriormente, Jesús nunca permitió que el miedo por su reputación (en cualquier sentido convencional) guiara sus pasos. Sorprendentemente, todos los epítetos insultantes que lanzan en su contra le interesan muy poco. Casi no reconoce a sus acusadores, mucho menos se defiende ante ellos. Sus intereses están en otra parte. Se permite estar relacionado tan profundamente con los avergonzados como para ser uno de ellos. De hecho, los únicos títulos que parece que le molestan a Jesús son los que podríamos considerar buenos. Una cosa es *tolerar* a los avergonzados o *apoyar* a los avergonzados, y otra muy distinta es ser *uno de los avergonzados*, y hacerlo sin nada de vergüenza. Resulta que la caricatura es cierta. Dios es un *asno*. Y estamos desesperados por un evangelio que nos libere para llegar a ser lo mismo. Pasar por alto la broma aquí es pasar por alto el evangelio. «Salgamos a su encuentro fuera del campamento, llevando la deshonra que él llevó» (Heb 13:12-13).

En Sudáfrica, Stephan de Beer ayuda a organizar un «Festival de payasos» anual, donde 4,000 payasos marchan para crear diálogo acerca de algunas de las heridas y dolores más profundos de su ciudad. Cada año, más de 20,000 personas de todas las condiciones sociales se reúnen para celebrar la vida en medio del caos. Los payasos dan voz a los que no tienen voz, y defienden alegremente los derechos de la clase marginal que siguen soportando opresión, incluso después de la caída del *apartheid*. Le dicen la verdad al poder, pero lo hacen como payasos. Realizan una forma de teatro callejero radical que acepta el papel del bufón como para decirle al poder: «¡Mírennos! Véannos en lo que nos han negado en ustedes mismos. Nos hacemos los bufones y nos gusta hacerlo. Que su vergüenza caiga sobre nosotros. Carguemos la maldición que ustedes mismos no pueden (no quieren) cargar». Los organizadores del festival escriben:

> Una ciudad sin festivales es una ciudad sin alma. Una ciudad sin risa es una ciudad sin esperanza. Una ciudad sin payasos olvidará su fragilidad y disfrutará su orgullo.
>
> La festividad de los payasos seguirá llevando risa y sonrisa, para oír y transmitir los muchos gritos de nuestro pueblo, y para crear espacio para el diálogo y el encuentro que no nos dejará ser los mismos[138].

En la Ciudad de Guatemala, un payaso llamado «Chitín» (cuyo verdadero nombre era Italo Castro), amaba a los difíciles de amar de su ciudad con un abandono descuidado y una pasión desenfrenada. Mi esposa Marilyn y yo (Joel) conocimos a Italo Castro, después de que unos amigos nos hablaron de un payaso profesional que tenía un ministerio con niños de la calle. Una noche, ya avanzada, dejamos a nuestros hijos con una niñera en la comodidad de nuestra casa y salimos con Italo a conocer algunos jóvenes que decían que su hogar era la calle. Fue una experiencia que marcó nuestras vidas profundamente.

Zigzagueamos por la ciudad esa noche y paramos en distintos *puntos* en los que los jóvenes de la calle de nuestra ciudad se reunían para lamerse las heridas del día. Rellenaban sus pequeñas botellas de *wipe* que usaban como inhaladores para enmascarar su dolor y cubrir su hambre antes de quedarse dormidos juntos, finalmente, en «bultos» para compartir el calor corporal. Cuando finalmente volvimos a nuestro hogar, alrededor de las 2:30 a. m., estábamos en la cama viendo al techo, turbados por el olor a disolvente de pintura y los rostros de los jóvenes que habíamos dejado en la calle cuando comenzó a llover. Ninguno de los dos durmió esa noche.

Al recordar esa experiencia ahora, nunca olvidaré la forma en la que Italo se desplazaba amorosamente en su disfraz de payaso entre los jóvenes, que pasaban sus manos, llenas de trapos empapados de inhalantes mortíferos, por sus rostros. «Permíteme ver el rostro bello que Dios ha creado —decía él—. Dejame verte». Él también estallaba con un canto, y una y otra vez gritaba: «Me siento bien, me siento bien», a lo que los chicos respondían: «Me siento bien, me siento bien». Para todos los que tuvieron el privilegio de pasar tiempo con Italo, cuando se reunía con los chicos que tanto amaba, ese canto llegó a ser el sello inolvidable del pasaporte de su viaje por las calles.

Él personificaba la verdad captada en las palabras del poeta Galway Kinnell en su poema «San Francisco y la cosecha»: «A veces es necesario volver a enseñarle a una cosa su encanto»[139]. Italo vivió para enseñar el encanto y propósito a los niños y adolescentes que todos los demás veían como feos e inútiles. A través de él, muchos de esos chicos, por primera vez en sus vidas, experimentaron el amor de un padre, hermano mayor y amigo, y a través de Italo, Dios los aceptó.

Un día, Italo estaba nadando después de pasar un fin de semana con otros payasos en un evento especial. Una corriente fuerte lo atrapó y lo arrastró cada vez más lejos de la playa, mientras los amigos veían impotentemente después de darse cuenta demasiado tarde lo que ocurría. Italo murió ese día.

En el servicio funeral, cuando los chicos de la calle llegaron a la iglesia, inmediatamente rodearon el ataúd y lloraron. La gente en las filas de adelante reverentemente hicieron espacio para ellos, para que pudieran tener los mejores asientos en la casa. Varios pastores locales hablaron de su profundo respeto por Italo y cómo habían sido conmovidos por su alegría contagiosa, dentro y fuera de la pintura del rostro.

En el funeral al día siguiente, hubo un desfile de payasos coloridos que gritaban: «Me siento bien», y «¡Viva Chitín!» En el cementerio, incluso cuando los albañiles rodearon la cripta, un payaso tras otro habló de la inspiración increíble que Italo había sido en sus vidas. Después de que casi todos se habían ido, los chicos de la calle se amontonaron y se abrazaron unos a otros mientras se cubrían unos a otros con lágrimas. Cada uno se turnó para hablar del amor de Dios que conocieron en el hombre que les enseñó a sentirse bien en sus almas, y quien los veía por lo que en realidad eran.

La vida y el ministerio de Italo representan lo mejor de los líderes de base con quienes hemos tenido el privilegio de trabajar y aprender en todo el mundo. Con cientos de chicos de la calle en la Ciudad de Guatemala, él vivió plenamente en un sentido de «parentesco», que el Padre Gregory Boyle describe en su libro *Tatoos on the Heart* (Tatuajes en el corazón) (al citar a Pema Chodron, una monja budista ordenada): «La medida más genuina del parentesco no está en nuestro servicio a los marginados sino en nuestra disposición a vernos en «parentesco» con ellos»[140].

La historia de Italo proporciona más que simplemente un modelo de entablar amistad con los jóvenes de la calle. En su misma vida y muerte, Italo personificó el corazón del evangelio que tratamos de comunicar en estas páginas, nuestros intentos de explicar se quedan tristemente cortos. Al revelarnos la geografía de la gracia, Jesús ocupa la vergüenza de la humanidad, y lo hace sin el mínimo indicio de juicio.

Al contrario, él oró por perdón de los mismos que lo expusieron al ridículo en la cruz. En una ladera cubierta de basura fuera de la ciudad, Jesús absorbe nuestra vergüenza y nuestra violencia y luego se rehúsa categóricamente a devolverla en especie. En lugar de eso, Jesús le quita el poder a la muerte. Jesús expone el poder de la muerte que ha caído bajo la fuerza del pecado y tiene a la humanidad como rehén. Él saca la espina de esa muerte al exponerla, absorberla y, en última instancia, transformarla. Esa es la «victoria sobre la muerte» de Dios. La muerte ya no es la maldición que fue. Ya no es el poder que gobierna. Ya no es el enemigo que hay que temer. Pero este es el enredo. Al hacerlo, Jesús también reclama la muerte y entabla amistad con ella, no con la muerte en su forma perversa, sino con la muerte en su estado de gracia. Jesús reclama la muerte como una bendición natural para el ritmo de la vida y nos muestra que es posible entablar amistad con ella.

Eso suena desquiciado

Una cultura que no ha entablado amistad con la muerte es, irónicamente, una cultura peligrosa, mortífera. Es cierto que en Cristo tenemos «victoria sobre la muerte», pero la gran paradoja de nuestra fe es que Jesús nos muestra que la victoria sobre la muerte no se logra teniendo rivalidad con ella, combatiéndola ni tratando de expulsarla con violencia, sino finalmente aceptando completamente su lugar en el ritmo de la vida. Al someterse a ella, se nos libera de ella. Ese es el gran misterio.

Después de un amplio recorrido de los Estados Unidos, al pastor y teólogo alemán Helmut Thielicke le preguntaron qué había observado como la mayor deficiencia entre los cristianos estadounidenses. Su respuesta fue un láser incisivo: «Tienen una opinión inadecuada del sufrimiento»[141]. Se estima que los estadounidenses gastan más de cuatro millardos de dólares anualmente solo en analgésicos[142]. El dolor se ha convertido en un problema a resolver con una mercancía que hay que producir. Es algo que deseamos eliminar y reparar.

Por supuesto, no hay instinto humano más básico y natural que evitar el dolor. Pero ¿qué sucede cuando toda una sociedad llega a estar obsesionada con negar el dolor y lo hace un principio organizador? ¿Qué sucede cuando el dolor se niega, se pasa por alto, se sataniza y se oculta sistemáticamente? Desafortunadamente, crea una sociedad que no puede tolerar el diálogo sincero con Dios acerca de nuestro dolor. Esa sociedad sufre de una desesperación no reconocida que acecha justo por debajo de la superficie. Crea iglesias que rara vez asumen la exhortación de Jueces 19:30 («Consideradlo. Tomad consejo. Hablad»). Con esto en mente, el autor Douglas Hall puede decir: «La desesperación encubierta y la desesperanza reprimida caracterizan la condición espiritual de la cultura norteamericana». Y contrasta: «A diferencia de la desesperación del pobre y el afligido alrededor del mundo que conoce muy bien su verdadera condición, la desesperación de la cultura dominante de Norteamérica es una desesperación negada, no meramente escondida por la riqueza y el poder, sino forzadamente rechazada»[143].

Nuestro compromiso general de negar la realidad del sufrimiento y nuestro rechazo a enfrentarlo lleva no solo a la desesperación sino a la violencia. Hall sostiene que la sociedad que no puede tolerar el sufrimiento, irónicamente, sufre tres consecuencias: primero, perdemos la habilidad de entrar a nuestro propio dolor. Segundo, perdemos la habilidad de entrar al dolor de otros de forma creativa. Finalmente, buscamos un chivo expiatorio que cargue con el dolor que sentimos, pero que nosotros mismos no podemos expresar o enfrentar[144]. En otras palabras, la incapacidad de sufrir engendra una clase de desesperación que finalmente estalla en violencia. Una cultura que niega la muerte llega a ser letal. Considere los 105 millones de personas que murieron en las guerras del siglo XX[145]. Más gente murió en el siglo XX que en los diez mil años anteriores combinados[146]. No es accidente que la mayoría de estas muertes ocurrieron en manos de sociedades «civilizadas» y «prósperas», que han tratado de cerrarse herméticamente al sufrimiento y la muerte.

Si eso suena como un salto embriagador, considere las formas de violencia en miniatura que estallan en nuestra vida diaria como resultado de nuestra incapacidad para sufrir y contener el dolor. Por ejemplo, en nuestro camino a casa después de un día de arduo trabajo en el tráfico pesado, fácilmente podemos citar algunas palabras de primera para los chiflados que no saben conducir. Al llegar a casa, más agitados que cuando salimos del trabajo, resulta que discutimos con nuestro cónyuge, gritamos a los niños y pateamos al perro. En este caso, nuestra negación se externaliza y proyectamos nuestra frustración en los demás. En otras ocasiones, nos volvemos hacia adentro en nuestra negación, lo que también internaliza la violencia y las heridas auto-inflingidas. Una manera en la que nos hacemos violencia a nosotros mismos es la depresión, nos victimizamos, especialmente a esa parte de nosotros de la que nos sentimos más avergonzados. La negación siempre es peligrosa, especialmente para los vulnerables, quienes se convierten en los chivos expiatorios de nuestra negación, ya sean otras personas o las partes débiles de nosotros mismos.

Pero la cruz se encuentra en la parte inferior del arco de la encarnación, y santifica las heridas del mundo y también las declara santas. Si la encarnación expresa lo que William Stringfellow llama «el interés preferencial [de Dios] en la vida»[147], la cruz expresa el interés preferencial de Dios en la muerte, y santifica a ambas con la marca de su presencia. Si el evangelio declara algo, declara que, a través de las heridas de Cristo, nuestras heridas llegan a ser la cuna de la transformación.

No decimos que la cruz explica o justifica el sufrimiento, Jesús no recibe respuesta a su pregunta «¿Por qué?» cuando está en la cruz. Ni nosotros. La cruz no glorifica ni alaba el sufrimiento. Como dice Jürgen Moltman en la línea inicial de su libro *The Crucified God* (El Dios crucificado): «La cruz no es, ni puede ser, amada»[148]. Sería morboso amar la cruz. En tanto que la cruz no explica ni justifica el sufrimiento, sí entra en el sufrimiento y, al hacerlo, la redime. Moltmann continúa:

> Solo el Cristo crucificado puede traer la libertad que cambia el mundo, porque ya no le tiene miedo a la muerte. En su tiempo, el Cristo crucificado fue considerado un escándalo y una insensatez. Hoy día también se considera anticuado ponerlo en el centro de la fe y teología cristiana. Sin embargo, solo cuando los hombres lo recuerden, por inoportuno que sea, pueden ser liberados del poder de los hechos del tiempo presente, y de las leyes y compulsiones de la historia, y se les ofrece un futuro que nunca volverá a oscurecer. Hoy día, la iglesia y la teología deben volverse al Cristo crucificado para mostrarle al mundo la libertad que él ofrece[149].

La cruz extiende el significado de la encarnación a sus profundidades. En su gran himno de encarnación, Pablo declara que Cristo:

> Se rebajó voluntariamente, tomando la naturaleza de siervo y haciéndose semejante a los seres humanos. Y, al manifestarse

como hombre, se humilló a sí mismo y se hizo obediente hasta la muerte, ¡y muerte de cruz! (Fil 2:7-8).

La encarnación declara que Dios vive con nosotros, la cruz declara que Dios muere con nosotros, Dios está presente tanto en la vida como en la muerte. Y en esto está nuestra esperanza: que el poder de resurrección de Dios para siempre está obrando, no solo en la vida, sino también en la muerte. Por esta razón podemos declarar que la cruz es el SÍ supremo de Dios a la humanidad[150]. Esto cultiva disonancia dentro de nosotros, porque el supremo SÍ de Dios frecuentemente es nuestro NO más grande.

Ernest Bekker, en su libro *Denial of Death* (Negación de la muerte), ilustra esta negación en su forma más absurda. Él compara la cultura norteamericana con los hombres de la tribu Chagga de Tanzania, quienes usan tapones anales durante toda su vida, «y pretenden sellar el ano y no tener que defecar»[151]. Este acto de negación es, por supuesto, completamente absurdo, pero quizá es más absurdo que algunos de los tapones anales metafóricos que desvían a la cultura norteamericana de la realidad cada día. Por lo menos los hombres de Chagga se ven obligados a admitir su humanidad cada mañana cuando se quitan el tapón como obediencia a su carne. Nuestros «tapones» probablemente son mucho más difíciles de retirar. Han sido atascados en lugares más profundos y escondidos, como nuestros corazones, mentes y almas, y bloquean cualquier cosa que exponga la ilusión de un mundo sin dolor.

En semejante contexto cultural, el *Sí* grandioso de Dios llega a ser nuestro *¡No!* más grane. Por eso es que Hendrikus Berkof escribió: «Cualquier otra cosa que la cruz nos diga, definitivamente demuestra que no podemos soportar a Dios y que debe ser eliminado si se nos acerca demasiado»[152]. Dios revela demasiada realidad para nuestras almas tímidas. Nada está más cerca del centro sagrado de nuestro ser, o es una mayor amenaza a nuestras ilusiones, que el escándalo de la cruz misma. Bruggeman sugiere que cuando se debe alabar a Dios en todo momento, la oración se convierte en una mentira, un encubrimiento y una garantía del *statu quo*[153]. En otras palabras, el evangelio que no permite angustia, lamento o clamor a Dios desde un lugar de dolor, en realidad no es evangelio en absoluto.

La confesión de la Cruz: Llamar las cosas por lo que son

Martín Lutero dijo que la teología de la cruz (*theologia cruces*) «llama una cosa por nombre»[154]. Está arraigado en la realidad y obtiene su poder en la debilidad. Por otro lado, la «teología de gloria», como enseñaba Lutero, tiende a evitar la realidad y busca poder en la fortaleza. Vive en ilusión y negación y, en última instancia, estalla en violencia. Lutero sostuvo que la teología de gloria «llama bien al mal y mal al bien»[155]. En un mundo de gran temor y negación, la iglesia nunca ha necesitado más la teología de la cruz.

La teología de la cruz nos llama a ser una iglesia que confiesa: confesar la verdad de lo que es, en tanto que se acepta la esperanza de lo que debería ser. De igual manera, somos llamados a confesar genuinamente quiénes somos, aunque participemos en lo que estamos llegando a ser. Sin la gracia de la confesión, estamos distanciados de una vida real, y en nuestra ilusión tratamos de desarrollar utopías que solo lastiman a los lastimados. Utopía significa literalmente «ningún lugar»[156], que es precisamente a donde llegamos cuando construimos nuestras vidas sobre ideales y no en la realidad. Uno de los mejores ejemplos contemporáneos de lo que significa ser una iglesia que confiesa y vive en la realidad se encuentra en el personaje extraordinario llamado B-Rabbit, de la película *8 Mile* que presentamos en el capítulo 7.

Geografía de la gracia

B-Rabbit busca refugio en las calles, donde aprende a batallar con palabras para proteger su dignidad. «Batallar», o el rap de estilo libre es una forma de arte urbano del *hip-hop* que es muy similar al boxeo, solo que con palabras en lugar de guantes. Es un *jiu-jitsu* verbal.

B-Rabbit creció como un chico blanco y pobre en el lado «equivocado» de 8 Mile. Es un artista hábil, pero ha fracasado desdichadamente a lo largo de la historia. Se ha atragantado varias veces en el club, en frente de sus compañeros, y ha sufrido humillación en manos de su archienemigo Papa Doc. Su vida hogareña está destrozada y su vida amorosa es aun peor. Papa Doc y sus chicos no solo han asaltado a B-Rabbit y a sus amigos y lo han golpeado, sino que han «tenido» a la novia de B-Rabbit y todos lo saben. El giro irónico que pretendía destrozar los estereotipos es que Papa Doc, aunque era afroamericano, creció en el lado «correcto» de 8 Mile, en un buen hogar, con una mamá y un papá que le dieron su verdadero nombre, Clarence, una fuente de vergüenza que B-Rabbit con el tiempo expone.

El clímax de la película encuentra a B-Rabbit en su punto más bajo, sin nada que perder. Es aquí donde él encuentra su voz en el club. B-Rabbit se abre camino a la final, donde se enfrenta a Papa Doc en la batalla para el campeonato. La tensión es densa. ¿Qué le va a decir B-Rabbit al hombre que lo ha golpeado, que ha tenido a su novia y lo ha humillado ante todos sus compañeros?

B-Rabbit pierde al echar las suertes y le entregan el micrófono primero. ¿Qué va a decir? ¿Qué puede decir, dado que Papa Doc tiene todas las municiones? Después de vivir la cruz, B-Rabbit levanta la cruz. Llama las cosas por lo que son. Hace una confesión en frente de su mundo. Simplemente dice lo que es cierto. Pasa el siguiente minuto de su vida diciéndoles a todos lo que ya saben de él; sin vergüenza, proclama los detalles más degradantes de su propia existencia blanca y

La Misión Cruciforme

pobre, y la vergüenza en manos de los amigos de Papa Doc. Al mismo tiempo, es mordaz y humillante, pero brillante e incluso inspirador. Al desnudarse completamente, B-Rabbit no deja nada para que Papa Doc diga en su contra, y, de esa manera, lo expone por lo que realmente es. Clarence se queda sin palabras y B-Rabbit gana.

La teología de la cruz requiere el valor de B-Rabbit. Nos da la gracia para llamar las cosas por lo que son, especialmente a nosotros mismos. Reconocemos que no muchos de nosotros tenemos el valor de confesar con la sinceridad desnuda de B-Rabbit, ni deberíamos tenerlo. Hay esperanza en el consuelo atento de Frederick Buechner que dice: «No creo que siempre sea necesario hablar sobre la dimensión más profunda y más privada de lo que somos, pero creo que estamos llamados a hablar unos con otros desde ella, e igual de importante escucharnos unos a otros desde ella, para vivir desde de nuestras profundidades, así como de nuestras sombras»[157].

Lo que acecha en nuestras profundidades es la realidad de que somos personas heridas, que nos morimos del miedo a la muerte y que nos hacemos daño unos a otros en nuestro intento de protegernos de ella. La cruz expone esta verdad dolorosa, aunque, en última instancia, liberadora. La cruz nos revela que, si tenemos la oportunidad, mataremos incluso a Dios en nombre de la justicia. Las ilusiones que hemos llegado a aceptar como verdaderas son tan reales que gritaremos con el resto de la multitud: «¡Crucifícalo, crucifícalo!» En tanto que nos sentimos justificados porque le hacemos un favor al mundo. Incluso aquellos demasiado iluminados para unirse a la multitud, silenciosamente se harán a un lado y permitirán que ocurra.

Jesús mira todo esto y dice: «Padre . . . perdónalos porque no saben lo que hacen» (Lucas 23:34). La cruz expone no solo nuestro pecado deliberado, sino nuestra ignorancia pasiva. Frecuentemente, no sabemos lo que hacemos, cuando lo hacemos, por lo que somos impulsados a clamar: «Dios, ten compasión».

El envoltorio de la cruz: Perdonar lo que se expone

La cruz de Jesús ofrece perdón con una libertad extravagante. De hecho, cualquier otra cosa que la cruz sea, es el regalo del amor de Dios, antes de que siquiera reconociéramos ese amor como regalo de Dios. Mientras Jesús está desnudo y expuesto al mundo, él llama las cosas por lo que son, en tanto que simultáneamente viste de perdón lo que expone. B-Rabbit nos da una demostración poderosa de confesión y de la libertad que viene con ella, pero solamente demuestra la mitad del mensaje del evangelio. B-Rabbit no logra vestir al enemigo que expone. Nosotros hacemos lo mismo cuando retenemos el perdón por lo que se ha expuesto en nosotros mismos, así como en otros.

Hemos encontrado gran esperanza al recordar el acto de compasión de Dios con Adán y Eva después de que han comido del fruto del árbol. Dios los «vistió». Dios no los sacó del huerto del Edén hasta que estuvieran vestidos. Vemos esto como una metáfora para el perdón. La cruz hace posible el perdón, pero no es como si esa posibilidad no existiera antes, porque eso convertiría a la cruz en una herramienta de transacción entre la humanidad y Dios. Más bien, la cruz fundamentalmente revela el corazón perdonador de Dios. Somos vestidos en y a través de la gracia de Dios desde el principio.

El deseo de la Cruz

Esperamos que a estas alturas ya esté claro que la teología de la cruz no es masoquismo, ni pesimismo. Es poder y sabiduría de Dios. Es completamente gratuita y libre, pero qué clase de gracia y libertad tan extraña tiene:

La Misión Cruciforme

La fe que emana de la cruz es una fe que les permite a sus discípulos seguir al Dios crucificado al corazón de la oscuridad, hacia el mismo reino de la muerte, y buscar la luz que brilla en la oscuridad, la vida que se da más allá del roce bautismal con la muerte[158].

Nadie debe entrar a una teología de la cruz sin haber probado la gracia de la encarnación, porque la gracia de la encarnación es la que nos guía a la cruz. La pasión de Dios por la vida necesariamente lleva a Dios a la muerte. Esto es una paradoja, porque aquí, en la muerte, la encarnación revela su deseo más profundo, que es entrar a la misma muerte y establecer vida incluso allí, para que nada pueda separarnos de Dios, nada, ni siquiera la muerte.

La noche antes de que Jesús fuera crucificado, Jesús inició la comida de la Pascua con un comentario peculiar. Dijo: «He tenido muchísimos deseos de comer esta Pascua con ustedes» (Lc 22:15). La frase «he tenido muchísimos deseos» es un intensivo doble, que es un lenguaje exagerado, extremo e incluso un poco atrevido. La palabra griega es *epithumia*, que puede significar «lujuria»[159]. Una traducción más literal sería: «Con deseo es que deseo». Es un lenguaje fuerte, por decir poco. El punto aquí es que el deseo más profundo de la encarnación se revela no solo en la comida antes de la cruz, sino en la cruz a la que la comida señala. Todo el ser de Jesús está constituido tan minuciosamente en y a través del deseo por la vida, que está dispuesto a entrar a la muerte. Y allí, en medio de la muerte, él declara vida.

El secreto de la Cruz

Jürgen Moltman dijo: «Dios llora con nosotros, para que un día podamos reír con él»[160]. Lo que está detrás de la cruz, y en su mismo corazón, es la risa de Dios. Es una risa silenciosa, sin duda, pero está allí. Las lágrimas de alegría y tristeza no se disciernen fácilmente dentro del ámbito del deseo de Dios. Se mezclan con facilidad y no se separarán, pero ambas están allí. Dios se ríe en la muerte para los que puedan oírlo, es la misma risa con la que fuimos creados. Proverbios nos dice que, en el principio, cuando Dios creó a la humanidad, la Palabra jugaba al lado del Padre como un niño: «siempre disfrutaba de estar en su presencia; me regocijaba (*sachak* o «riendo») en el mundo que él creó; ¡en el género humano me deleitaba!» (Pr 8:30-31)[161]. Tal vez es una exageración, pero ¿podemos imaginar que Dios creó la humanidad con risa y, con esa misma risa, recreó a la humanidad y al resto del mundo en las entrañas de la misma muerte? Podría argumentarse que aquí está el secreto del universo.

La cruz no tiene sentido, excepto con este secreto, y nosotros tampoco. Si no fuera por el escritor del libro de Hebreos, quizá nunca habríamos tenido el valor de nombrarlo. El secreto del universo es el mismo secreto que está detrás de la cruz y le dio a Jesús, y a nosotros, el valor de soportarla. «Por el gozo que le esperaba, soportó la cruz» (Heb 12:2). El secreto de la cruz es el gozo. Es lo que G. K. Chesterton llamó el «secreto gigantesco» de la fe[162]. El gozo es lo que impide que la teología de la cruz sea una preocupación malsana por la muerte. Chesterton escribe:

> Los estoicos, antiguos y modernos, estaban orgullosos de ocultar sus lágrimas. [Jesús] nunca ocultó sus lágrimas; él las mostró claramente en su rostro despejado en cualquier escena diaria, como la vista lejana de su ciudad natal. Aun así, él ocultó algo. Los superhombres solemnes y diplomáticos imperiales se enorgullecen de restringir su enojo. Él nunca reprimió su

La Misión Cruciforme

enojo. Lanzó muebles por las gradas de enfrente del templo y les preguntó a los hombres cómo esperaban escapar de la condena del infierno. Aun así, reprimió algo. Lo digo con reverencia; hubo en esa personalidad abrumadora un hilo que debe llamarse timidez. Hubo algo que él escondió de todos los hombres cuando subió a una montaña a orar. Hubo algo que cubrió constantemente con silencio abrupto o aislamiento impetuoso. Hubo una sola cosa que fue demasiado grande para que Dios nos la mostrara cuando anduvo en la tierra; y a veces he imaginado que fue su alegría[163].

Con esta alegría en mente es que Jesús se somete a la muerte, creyendo que incluso en la muerte, Dios dará aliento de vida. Tres días después, oímos la risa de Dios que estaba escondida en Jesús.

¿De qué otra manera explicamos la gracia inimaginable con la que Jesús respira por última vez? En el relato de la cruz de Lucas, él dice que «toda la tierra quedó sumida en la oscuridad», y «el sol se ocultó». Sugerimos que Lucas nos lleva de regreso a un lugar donde hemos estado antes, de regreso a Génesis, cuando «las tinieblas cubrían el abismo». En medio de esa oscuridad, Jesús dice: «¡Padre, en tus manos encomiendo mi espíritu!» (Lc 23:46). La palabra espíritu aquí es la palabra griega *pneuma*, que significa «aliento»[164]. En otras palabras: «En tus manos respiro». Y luego Lucas dice: «Y al decir esto, expiró». Muy literalmente, Jesús exhaló.

¿Podemos verlo? Jesús libera en la oscuridad el aliento de vida. Libera el mismo espíritu que se movía en Génesis. Libera el mismo Espíritu que rodea las aguas caóticas e hizo cobrar vida en el principio, el espíritu que respiró el aliento de vida en el polvo de la humanidad. Liberó el mismo Espíritu que sustenta toda la Creación y que llenó sus pulmones por 33 años. Liberó ese Espíritu para que rondara en la oscuridad, para que incubara como una madre y recreara el mundo. Tres días después, vemos creación nueva.

Cuando Jesús respira por última vez, confiesa el nombre de su Padre. Es su último acto de bendición sobre el mundo: *Yah-weh*. No cae en la tentación de la escasez, sino que declara el amor abundante de Dios hasta el final. Cristo es resucitado en ese amor, y nosotros también. El último respiro de Jesús es el primero de nosotros.

Algunas historias solamente tienen sentido al final, y esta es una de ellas. Solamente a través de la resurrección podemos comenzar a discernir los contornos tenues del «gozo» que estaban antes de Jesús, que lo llamaron, y a nosotros, a la cruz. Solamente en y a través del gozo abundante es que podemos entender la vida y la muerte de Jesús, su pasión y *pathos*. Sin gozo, todo el asunto se desmorona, y nosotros también. Sin gozo, la trayectoria de Jesús a la cruz llega a ser una marcha absurda a la muerte para aplacar la ira de un Dios enojado, pero nuestra historia es distinta. Al final, la risa triunfa en la amargura de la ira. El gozo vence a la tristeza con un giro sorpresivamente subversivo, y ese es nuestro tema de la Cuarta Sección.

13
La Poesía De Decir La Verdad

Fíjense.
~Lamentaciones 1:12

Decir una palabra verdadera es transformar el mundo.
~Paolo Freire[165]

En *nuestra introducción describimos* la «nota de *blues*» como la nota agridulce del jazz y los *blues* que le da voz al dolor. Dijimos que en realidad hay tres notas de *blues*: la 3ª menor, la 5ª disminuida y la 7ª menor. La más triste de las notas de *blues* es la 5ª disminuida, porque crea la mayor tensión y disonancia. Se resiste a la determinación y nos despierta a nuestras esperanzas y sueños destrozados. Irónicamente, eso es parte de su atractivo. Cuando se mezcla con la partitura más grande, le da voz al anhelo de sanar que surge del dolor.

En un sentido, una gran parte de nuestro trabajo es funcionar como la nota triste, darle voz al dolor, pero al hacerlo se corre el riesgo de quedarse atascados allí. Fácilmente podemos definirnos por nuestras heridas, o incluso *convertirnos* en realidad en nuestras heridas, en cuyo caso acabamos pasándoles las heridas a otros, y de regreso a nosotros. De la misma manera, negar el dolor es tan peligroso como revolcarnos en él. Ambas cosas llevan a la violencia. El evangelio provee el camino a seguir, pero siempre es por medio de la herida. Cualquier otra cosa que sean las Escrituras, son una trayectoria verídica por las notas tristes de la humanidad y de Dios. Todas las grandes historias se desarrollan como un ostinato extendido del jazz de Miles Davis en una cálida noche de verano, y, finalmente, se rinden a la resolución, aunque no fácilmente o como era de esperar. Más de un tercio de los Salmos son lamentos. El libro de Job en sí es un salmo largo de lamento. Todo un libro de la Biblia tiene el nombre de Lamentaciones. Jesús dijo: «Dichosos los que lloran». Y, por supuesto, la cruz es la nota triste suprema.

Frecuentemente pasa desapercibido que la nota triste continúa, incluso después de la resurrección. Jesús sigue llevando las heridas de su sufrimiento, y las nuestras, en su cuerpo resucitado. La resurrección no marca el fin de las heridas, sino su transformación. Hay una diferencia. Solo pregúntele a Tomás, a quien Jesús invitó a poner literalmente su dedo en el evangelio. El evangelio declara que la resurrección no solo sana nuestras heridas, sino que se atreve a honrarlas y a darles voz, por la eternidad. Hay algo profundamente gentil e íntimo en cuanto a un Dios cuya redención incluye nuestro sufrimiento. Aparentemente, en la economía de Dios hay un lugar en el cielo para nuestra alabanza más elevada y nuestro dolor más profundo. Nada se pierde en Cristo. El reclamo extravagante de la cruz es que, de alguna manera, somos sanados de y a través de la herida, eternamente.

Este es un tema particularmente importante en nuestro trabajo en la red de los Salmos de la Calle, ya que nos encontramos con hermanas y hermanos queridos que han sufrido mucho. Al buscar cómo darle voz a su dolor, y al nuestro, de una manera efectiva, exploramos con ellos el ministerio del lamento y el escándalo de la cruz. No es que siempre caminemos confiadamente y hablemos con seguridad en medio del sufrimiento, porque frecuentemente nos sentimos paralizados por nuestros dolores e inseguridades a niveles profundamente angustiantes. No escribimos desde un lugar de triunfo personal, sino de una aceptación creciente del evangelio que nos asegura la bondad de Dios en un mar de caos, incluso el nuestro. Si el dolor es el agua en la que el evangelio nada, entonces se nos invita a sumergirnos. Hay bondad en la oscuridad. Por eso es que podemos ir allí.

Cada año, desde el año 2000, uno de nuestros colegas de la Comunidad de los Salmos de la Calle, Scott Dewey, ha ayudado a llevar a un equipo de dos docenas de personas a Europa Oriental, para proporcionar un campamento de verano a niños abandonados que viven en una institución dirigida por el gobierno. Este orfanatorio está lleno de niños heridos, quebrantados, abusados y marginados. El sufrimiento y el dolor que han experimentado va más allá de la comprensión, y los líderes que trabajan con ellos cada año se sienten abrumados cada vez que el campamento termina. Las «despedidas» siempre están llenas de agradecimiento y dolor, con mucho llanto de los miembros del equipo y los chicos por igual. Los jóvenes desechados de esta sociedad (la mayoría son romaníes o «gitanos») han llegado a ser como queridos miembros de la familia para la «comunidad de discipulado misional», de la que Dewey es parte. Las relaciones que han desarrollado con los huérfanos han enriquecido profundamente sus vidas y han nutrido su fe. Nada más podría explicar, después de todo, por qué los miembros del equipo han orientado tanto de sus vidas hacia el enriquecimiento de las relaciones con estos chicos y a abogar por su bienestar a largo plazo. Sus experiencias con estos huérfanos a veces los han llevado a los bordes lejanos de su fe en Dios, a medida que sobrellevan el horror de lo que los chicos experimentan, pero su historia también ilustra profundamente el poder de la nota triste: darle voz al dolor. En 2005, Scott estaba sumergido en un estudio sobre el lamento, justo antes de dirigirse a su viaje anual al orfanatorio. Ese año, el equipo profundizó en la oscuridad de las experiencias de los chicos más que nunca antes.

Durante el curso de los campamentos de verano, un miembro del equipo invitó a los camperos a crear un proyecto de un video de sus historias. El proyecto se llevó a cabo en un lugar secreto en el bosque, porque algunos del personal del orfanatorio habían amenazado con golpear a los chicos si revelaban detalles de la vida del orfanato. La idea de compartir sus historias hizo eco en los huérfanos, más allá de las expectativas, y realizarlo los hizo entrar a su propio dolor, más allá que nunca antes.

En la tercera noche del campamento, durante un tiempo de adoración en la noche, algo ocurrió que sorprendió a todos. Mientras lloraban, y las lágrimas siempre comenzaban la noche antes de que terminara el campamento (en el orfanato no se toleran los llantos), esta vez las lágrimas comenzaron antes. Comenzó con la voz entrecortada durante un tiempo de cantos, con la música suave de guitarras, pero rápidamente se propagó en el salón hasta que todos los chicos estaban llorando. Los cantos dieron lugar a sollozos y llantos de angustia. En poco tiempo, algunos de los camperos habían caído al suelo, llorando. Cuando fue posible hablar dentro de sus gritos, surgieron frases como «*De ce?* (¿por qué?)», «*De ce, Tata, de ce, Mama?* (¿Por qué, Papá? ¿Por qué, Mamá?)» y «*Un Plecat!* (¡No te vayas!)» Los gritos continuaron por horas en la noche, y hacían eco desde las paredes y se dejaban llevar al valle. En las primeras horas de la mañana, lo chicos solo podían estar jadeando en los brazos de los líderes del campamento, donde finalmente se quedaron dormidos. Lo mismo ocurrió la noche siguiente durante la adoración, y otra vez la noche después de eso.

El equipo estaba confundido, y hubo mucho debate en cuanto a cómo reaccionar. Se dieron cuenta de que nadaban en aguas profundas, lejos de la costa de sus zonas de comodidad ministerial y personal. Decidieron dejar que el proceso siguiera su curso, a dondequiera que pudiera ir, porque creían que cosas espirituales profundas estaban ocurriendo con los chicos, mucho más allá de su habilidad de comprender como líderes.

Regresaron a casa en los Estados Unidos y quedaron consternados por semanas sin parar, por los recuerdos de los gritos de los chicos. Se preguntaban si había sido quizá la primera vez que el dolor en el alma de estos chicos había tenido la oportunidad de encontrar una voz colectiva. Vieron paralelos entre los gritos de los chicos y el de Jesús en la cruz: «¿Por qué me has desamparado?» que, a su vez, hace eco del lamento del salmista (y de esa manera lo afirma): «Dios mío, Dios mío, ¿por qué?» Llegaron a creer que los gritos de los chicos constituyeron la adoración más elevada y santa posible y que no podían hacer nada más que unirse a ellos.

Después de meses de reflexión del equipo, el tema de «Emanuel, Dios con Nosotros» surgió para su próxima experiencia de campamento. Scott animó al equipo a pensar en cómo podrían explorar este mensaje con los chicos. En algún momento él derramó sus pensamientos con el equipo en un mensaje de correo electrónico, y les advertía que no estaba interesado en una «versión de bajo voltaje de ese tema, con el efecto de "ánimo, todo está bien porque Dios está en el orfanatorio, te doy mi palabra"». En lugar de eso, él quería que el equipo tuviera el valor de ir con los huérfanos en un viaje «directo por la agonía de la crucifixión antes de llegar a la Pascua, sin atajos ni desvíos».

Él sabía que la tarea no sería fácil, aunque sospechaba que los huérfanos podrían entender el viaje más fácilmente que ellos mismos. Escribió: «Ellos ya viven mucho de sus vidas en Viernes Santo y Sábado de Gloria. Podría ser más importante que aprendamos a ver con sus ojos, que ellos con los nuestros». Con esa actitud, bosquejó las cuatro áreas principales de enfoque para el siguiente campamento:

1. La Biblia «niega la negación». Basándose en el libro de Kathleen O'Connor, *Lamentations and the Tears of the World* (Lamentaciones y las lágrimas del mundo), Scott observó que «los espíritus destrozados no pueden adorar, a menos que la adoración hable del dolor». Argumenta que Dios le da una alta prioridad a aquellos que están abatidos, porque «una gran cantidad de la Biblia se dedica a escuchar los llantos de las personas que tienen dolor, e incluso le da voz al dolor para los que han perdido su voz». Su experiencia con los huérfanos y posterior reevaluación de las Escrituras lo llevó a concluir que llorar es una forma de decir la verdad y un proceso que Dios usa para sanar. Señaló como evidencia las palabras de Jesús: «Dichosos los que lloran». Esperaba darles a los niños (y a sí mismos) permiso para hacer precisamente eso.

2. Jesús, Emanuel, compartió nuestro sufrimiento. En sus reflexiones, Scott también expresó cuán fácilmente pasamos por alto el hecho de que Jesús sufrió, no solo por, sino en lugar de nosotros. En otras palabras, él entra a nuestro sufrimiento, se viste con él y, al hacerlo, se identifica con nosotros de la manera más profunda. Desafió a su equipo a ver que Jesús compartió la «experiencia de abandono, impotencia y vergüenza» de los huérfanos (y nuestra).

3. Somos llamados a compasión. Al enfocarse en el significado literal de compasión («sufrir con»), Scott desafió a su equipo a entender la compasión como mucho más que «simplemente sentir pena por los chicos . . . o incluso ayudarlos». Se enfocó en Filipenses 2, que presenta a Cristo vaciándose y ofreciéndose desde una posición de debilidad. Animó a su equipo a ser genuinos con los chicos, a compartir sus propios temores, vergüenza y dudas, en lugar de llegar como «súper cristianos» que lo tienen todo solucionado: «Jesús es la única súper persona, y él mismo llegó a ser débil y humillado por nosotros. ¿Podemos tener esa actitud unos con otros?

4. Tenemos que decirnos la verdad unos a otros. Aquí, desafió a su equipo a la sinceridad y vulnerabilidad unos con otros y con los chicos. Si ellos podían hacer eso, creía que la gracia suficiente de Dios entraría en acción: «Esto será nuestro testigo, y el de ellos cuando regresen al orfanatorio. Sabemos que ellos regresan cada año, no logran vivir de acuerdo a los ideales de nuestro campamento y vuelven a ciclo de la culpa y vergüenza una vez más. Espero que los chicos puedan escuchar un mensaje lleno de gracia, lleno de verdad, de Dios con nosotros *especialmente* en el caos, y no cuando todo nos sale bien».

El equipo regresó el año siguiente con su currículo centrado en el tema «Emanuel: Dios con nosotros —débiles, abandonados y humillados—». Hubo desafíos en cada giro que pudiera haber desviado a un grupo menos determinado. Los funcionarios locales cortaron la electricidad del edificio. El orfanatorio decidió que la mitad del orfanatorio no podía asistir debido a «razones disciplinarias» (una decisión que más adelante se anuló). Los cocineros contratados se robaron una gran cantidad de comida. La bomba de agua falló. Los vecinos tiraron basura en la piscina. Las emociones estallaron, los miembros del equipo se bloquearon emocionalmente o se exasperaron unos a otros. La mayoría del equipo se enfermó. Sin embargo, todas estas dificultades desvanecieron en comparación a la obra extraordinaria de Dios entre los chicos y los adultos durante el campamento.

En una lección objetiva con los chicos, pelaron cebollas para explorar cómo cada capa representaba capas de dolor y vergüenza. Así como salían lágrimas al pelar una cebolla, mientras más profundo llega uno en las capas, más doloroso es. Uno por uno, los camperos y los miembros del equipo contaron sus propias historias, mientras pelaban una cebolla.

«¿Es de Dios la vergüenza?», preguntaron a modo de reflexión más adelante. En el orfanato, a menudo se avergonzaba a los niños con charlas religiosas sobre ellos, por lo que las respuestas variaron. «La vergüenza nunca viene de Dios. Él nunca es la voz acusadora. La vergüenza es algo que viene de otros, o de nosotros mismos. Dios decide aceptar, acoger y levantar». Juntos, leyeron Salmos 22:1, 2, 6 y 7, donde el salmista sinceramente le habla a Dios de su angustia, sufrimiento y confusión. Exploraron lo que significaba darle a Dios su vergüenza y su dolor, permitiendo que las capas se retiraran.

En un proyecto de arte, animaron a los niños a dibujar dos cosas: un dibujo que mostrara lo que fue bueno en el año anterior y uno que mostrara lo que fue doloroso. Exploraron con los niños la pregunta de si Dios estaba presente en ambos. Una miembro del equipo rompió el hielo, y habló del arresto y encarcelamiento de su esposo, y de su propia vergüenza por un desorden alimenticio. Su apertura dio mucho fruto en la apertura del grupo en toda la semana. Los chicos también comenzaron a tomar riesgos con revelaciones personales. Una chica se puso a llorar y explicó su dibujo de una traición de su mejor amiga. Otra estaba tan conmovida que no podía hablar, pero, en lugar de eso, dobló el dibujo y pidió una conversación en privado más adelante.

La Poesía De Decir La Verdad

En otra ocasión, después de leer un pasaje de Salmos 6 («Angustiada está mi alma; ¿hasta cuándo, Señor, hasta cuándo?»), el grupo participó en una «liturgia de lamento». Al grupo de 70 miembros del equipo y huérfanos se le animó a decir en voz alta, uno por uno, cualquier angustia de su corazón. A cada grito, el grupo respondía al unísono: *"Până când, Doamne, până când?* (¿Hasta cuándo, Señor, hasta cuándo?»).

El primer huérfano habló: «Queremos que cesen los golpes en el orfanato».

Până când, Doamne, până când fue el grito de todos.

«Queremos conocer el amor de una madre y un padre».

Până când, Doamne, până când.

«Queremos sentirnos seguros».

Până când, Doamne, până când.

«Queremos tener suficiente comida en el orfanatorio, para que no tengamos hambre.

Până când, Doamne, până când.

Y así siguieron sin parar. Hubo muchas lágrimas, (aunque no el llanto histérico del año anterior). Terminaron con un himno y muchos abrazos. Después de eso, salieron y durante horas hubo pláticas, juegos y caminatas bajo las estrellas.

Durante otro tiempo de adoración, el equipo presentó un material audiovisual que yuxtaponía imágenes de arte del Cristo crucificado y películas con fotografías desgarradoras del sufrimiento humano moderno. Las fotos provocaron un silencio conmocionado y lágrimas de muchos en el grupo, tanto de los miembros del equipo como de los camperos. Después, en grupos pequeños, hicieron dos preguntas: ¿Qué fotos destacaron para ti y por qué? ¿Hay imágenes de tu propia memoria que podrías haber agregado a las imágenes del sufrimiento que vimos?

Geografía de la gracia

Un chico comenzó relatando el recuerdo de ver a su padre golpear a su madre, y que finalmente la colgó a la vista de los demás hijos. «Pienso en ella colgando allí en la cocina, y pienso en Jesús colgado allí en la cruz».

El siguiente chico habló de los golpes que había sufrido y de un apuñalamiento. «Sí, yo también pienso en Jesús y lo que él soportó».

Otra niña no podía hablar, pero las lágrimas lentamente gotearon de su nariz cuando inclinó su cabeza. Finalmente, solo dijo: «Me siento avergonzada».

Leyeron Mateo 27:27-44, donde se burlan de Jesús y les preguntaron a los chicos cómo la experiencia de él podría ser similar a la de ellos. Juntos discutieron la posibilidad de que, en los tiempos de nuestra mayor debilidad, vulnerabilidad y vergüenza, de hecho, podemos estar compartiendo la propia experiencia de Dios.

Fue especialmente conmovedora la experiencia de lavar los pies. Los camperos (e incluso los intérpretes) expresaron ansiedad por lo que se les pidió que hicieran, pero la sesión duró muy bien más de una hora, y cada persona se ofreció tanto para lavar, como para que la lavaran. Fue sucio. Fue tierno. Fue un tiempo intensamente íntimo.

Después de terminar el campamento y al regresar a los Estados Unidos, Scott reflexionó por escrito en todo lo que había ocurrido durante su tiempo con los chicos:

> Las vidas de nuestros amigos huérfanos se viven en Cuaresma y Viernes Santo. Juntos, por una semana, degustamos un poco del Sábado de Gloria y de la Pascua. ¡Qué degustación! Las dos últimas noches en el campamento, los huérfanos y nuestro equipo bailaron por mucho tiempo en la noche, bajo la luz de las estrellas y un cordón de luces de Navidad que

alguien encontró en el ático. La mirada en los rostros de los chicos fue de casi incredulidad, de que se les podía permitir semejante felicidad. Ahora es su larga época cuaresmal otra vez, 51 semanas del año. Nuestras oraciones están con ellos.

14
Las Voces De Abajo

Hijo de hombre, ¿podrán revivir estos huesos?
~Ezequiel 37:3

Somos profetas de un futuro que no es nuestro.
~Arzobispo Oscar Romero[166]

Los muertos todavía hablan, por lo menos en Guatemala. Una de las lecciones tácitas de la encarnación que exploramos en la Segunda Sección fue que antes de que Jesús predicara su primer sermón, él pasó treinta años escuchando al mundo que amaba tanto. Que Dios prestara oído a la humanidad y escuchara durante treinta años antes de hablar es en sí una parábola de lo que Dios valora, y honra la reacción de las personas a la petición del levita de Jueces 19:30. Para cada año de predicación pública, Jesús pasa diez años escuchando silenciosamente. Son diez partes escuchando y una parte hablando. Si la Palabra honra al mundo al escuchar atentamente su dolor, esperanza y temores, tal vez haríamos bien en pasar la mayor parte de nuestro tiempo escuchando a las personas que servimos.

Otra palabra para escuchar es discernimiento. El discernimiento es aprender a ver al Espíritu obrar en el mundo. Es la disciplina y el arte de trazar el movimiento de Dios. Como lo desciframos en el capítulo dos, el proceso de mapeo que usamos en nuestra red incluye tres ejercicios, *mapear el sufrimiento, la esperanza* y *el corazón*. A través de una conciencia mayor de nuestro sufrimiento y esperanzas, llegamos a entender nuestro corazón y los corazones de aquellos a quienes servimos. Para nosotros, una de las experiencias más poderosas de mapear el sufrimiento, la esperanza y el corazón de un lugar ha sido la Fundación Antropológica Forense de Guatemala (FAFG). La FAFG usa la ciencia forense para investigar las violaciones de los derechos humanos que ocurrieron durante el conflicto interno armado de Guatemala que duró 30 años. Los antropólogos forenses exhuman fosas comunes, identifican los cuerpos a través de entrevistas de testigos y muestras de ADN, y luego determinan la causa de muerte, para crear la posibilidad de procesos criminales. La FAFG ha exhumado más de 5,000 de los más de 200,000 restos óseos de víctimas de la guerra, 20% de los cuales son niños.

El conflicto que duró décadas dejó como consecuencia un profundo nivel de desolación y dolor entre el pueblo guatemalteco, y marcó una herida en la historia guatemalteca que todavía sangra profusamente. Como consecuencia hay angustia, resentimiento, miseria, pobreza, subdesarrollo y semillas de violencia, que, a cambio, han llevado a más injusticia.

El trabajo de la FAFG nos enseña que, en tanto que los vencedores generalmente escriben la historia, en la Guatemala de hoy día hay capítulos que solo se pueden escribir con la sangre de estas víctimas inocentes. A través de sus lágrimas silenciosas, la verdad se descubre lentamente, y la esperanza se recupera para un pueblo devastado. El acuerdo de paz que se firmó en 1996 fue un paso hacia la reconciliación, y poco después se estableció la FAFG por antropólogos guatemaltecos, dedicados a la búsqueda específica de la verdad, a través (y debajo) del terreno de Guatemala.

Volver a armar meticulosamente las partes del cuerpo e identificar la causa de muerte de cada víctima implica un tedio increíble. En visitas a los laboratorios de la FAFG, vemos los restos óseos de hombres, mujeres y niños exhumados de fosas comunes en el altiplano. Vemos cráneos y esqueletos reensamblados, colocados respetuosamente en mesas, para que los científicos puedan determinar edad, identidad y causa de muerte. Vemos agujeros de balas en muchos de los cráneos, incluso en los de adolescentes y niños. Entramos a los salones de almacenamiento, llenos de cajas de cartón con los restos ya inspeccionados de cientos de personas que no han sido reclamadas, etiquetadas con un sistema de código especial. Este sistema apunta a archivos donde uno puede ubicar información de la víctima, como aldea, región y fosa específica donde los restos fueron ubicados y exhumados.

A pesar de este espanto, también hay un aspecto bellamente redentor que brilla. A medida que los científicos forenses exhuman, hacen inventario, radiografían, lavan y ensamblan los huesos, los antropólogos sociales se ponen a trabajar en perfiles biológicos de cada persona. Se hacen entrevistas con testigos vivos y miembros de las familias. El propósito es recabar toda la información pertinente para ayudar a identificar de manera singular a la víctima. Los perfiles biológicos y la información forense se combinan para proporcionar una imagen aún más completa de la persona.

Geografía de la gracia

A medida que los huesos de cada «caso» se colocan cuidadosamente en mesas, y los esqueletos se reensamblan, lentamente toman la forma de la persona. Los huesos comienzan a hablar y a contar la historia de lo que ocurrió hasta que finalmente se les reconecta con sus nombres, rostros e historias. Se honran sus historias y luego, por último, son devueltos a sus familias para que los entierren.

El día que fuimos juntos por primera vez a la FAFG, nos mostraron un caso particularmente complicado que involucraba los restos de una familia de cuatro. Nos mostraron el esqueleto de una madre que estaba colocado cuidadosamente en una mesa. A su lado estaba su hijo. Comenzando con la madre, una de las científicas forenses señaló el trauma en el cráneo (reensamblado meticulosamente con pegamento). Ella señaló la herida de entrada en la frente de la cabeza y la herida de salida en la parte de atrás. Lentamente examinó el cuerpo donde incluso nuestros ojos inexpertos pudieron descifrar las fracturas masivas en las costillas, brazos y piernas. Nos mostró fragmentos de metal. Con base a lo que vimos, nos preguntó qué pensábamos que podría haber pasado. Adivinamos correctamente que hubo una granada implicada, así como una pistola en la cabeza. Vimos lo mismo en su hijo que estaba al lado de ella. Todavía era demasiado pronto para decirlo, pero una teoría había comenzado a surgir a grandes rasgos. A cada miembro de la familia le dispararon en la cabeza, y después explotaron una granada, o la granada explotó y luego a cada miembro le dispararon en la cabeza para liquidarlos. Dada la forma en que los huesos estaban traumatizados, había evidencia de que la madre estaba tratando de cubrirse de la granada para proteger a sus hijos, y, finalmente, a todos les dispararon en la cabeza. Una historia olvidada ahora se vuelve a contar. Una nota triste resuena, a medida que le da voz a un dolor indescriptible.

Una vez los huesos han dicho todo lo que pueden decir, Rob, el fotógrafo de la FAFG llega a documentar los hallazgos con fotografías, que son archivadas para evidencia, en caso de un juicio futuro. Cuando entramos a la oficina sencilla de Rob, vimos fotos de esqueletos que daban vueltas continuamente en el monitor de su computadora. Tenía una pequeña mesa de fotos a un lado, donde documentaba la evidencia. La oficina era extrañamente pacífica, con un bello aria clásico que se oía en el fondo. Rob es meticuloso con su trabajo. Tiene que serlo. Compartió que una de sus alegrías más grandes de su trabajo es cuando la Fundación termina todo su trabajo forense y finalmente regresa los huesos a los miembros de las familias, la mayoría de los cuales son campesinos mayas que viven en el altiplano. Cuando devuelven los restos óseos a las familias, el personal de la FAFG se involucra en un proceso llamado «vestir los huesos». La imagen es tan intensa como íntima. La familia insiste en volver a vestir el esqueleto con ropa, un proceso meticuloso, como puede imaginarlo. Lo que solía ser solo un montón de huesos no identificados en una fosa común, que se le negó la dignidad de nombre e historia, mucho menos su propia vida, ahora no solo está reensamblado y tiene nombre, sino que se le ha vestido cuidadosamente. Es un proceso que explota de significado teológico.

Para nosotros es difícil pasar por alto la conexión profunda entre una visita a la FAFG y la historia de la concubina sin nombre (esclava sexual) de Jueces 19, una historia que ha llegado a ser el punto de referencia de nuestra trayectoria hacia la geografía de la gracia. Su historia termina con una reacción conmocionada al cuerpo desmembrado: «Nada como esto jamás ha sucedido ni se ha visto desde el día en que los hijos de Israel subieron de la tierra de Egipto hasta el día de hoy» (Jue 19:30a, lbla). En la narración de Jueces 19, se nos invita:

«Consideradlo, tomad consejo y hablad» (Jue 19:30b, lbla). Aquí, en tanto que mapeamos el dolor del conflicto armado interno de 36 años en Guatemala, un rayo de luz de esperanza comienza a brillar en la oscuridad de la profunda herida de este país.

A través del trabajo de la FAFG, podemos presenciar un revés literal de Jueces 19, sin pasar por alto ni evitar la realidad, sino aceptándola, un «sumergimiento» literal en medio de la herida. Podemos ver la tarea atenta y meticulosa de nombrar, reclamar, restaurar y, literalmente, «reensamblar» a las víctimas desmembradas y desechadas de Jueces 19 del día de hoy.

El significado de este trabajo adquiere más importancia cuando se considera a la luz de los elementos de la cultura maya que el personal de FAFG describe de manera tan conmovedora. Los pueblos mayas, según nos dijeron, creen que los ancianos, niños y mujeres víctimas todavía lloran porque no fueron enterrados con dignidad. Los mayas creen que siempre y cuando sus parientes muertos no estén en paz, los vivos tampoco pueden tener paz. En la cultura maya, llevan a los muertos a la iglesia ante Dios, no para orar por ellos como en otras culturas, sino para enfrentar a Dios en persona, para decirle a Dios su enojo, lágrimas e indignación y para hacer su clamor por justicia, con la esperanza de que Dios adopte su causa. Mientras están desmembrados en las fosas comunes, como cadáveres de animales, este proceso de sanidad no fue posible para las víctimas o sus familias.

Además, cuando se saca un cuerpo de la iglesia después de ese «encuentro con Dios», el ataúd abierto se lleva a la luz del día para honrar públicamente al fallecido. Para las familias mayas, el reentierro de los restos es más importante que la exhumación. El reentierro es una proclamación pública del calvario del fallecido, y señala a la necesidad de hacer enmiendas.

Las Voces De Abajo

La FAFG cree que es importante que el mundo sepa que gente inocente fue asesinada en Guatemala y que sus parientes ahora han podido recuperar sus historias. Es imposible recuperarse completamente de la pérdida deplorable de tantas vidas inocentes, pero dicen que algo que se puede recuperar es la memoria y la dignidad de un pueblo herido. El trabajo la FAFG es para ellos, mientras continúan encontrando hijos e hijas de Guatemala para que se les pueda nombrar, se cuenten sus historias, sean enterrados apropiadamente y se les haga justicia, pasos necesarios para el perdón y la sanidad de una nación herida.

Para muchos de los líderes, estudiantes de seminario y participantes de «viajes de visión» que han ido a la FAFG con nosotros, generalmente es la primera vez que han entrado a una herida profunda por medio de un «proceso de mapeo». Según muchas de sus reflexiones escritas, su teología no les había permitido semejante experiencia. Se les había enseñado que el evangelio les permite escapar del dolor y el sufrimiento, en lugar de darles licencia para entrar a él y aceptarlo. En el trabajo «secular» de la FAFG, se nos confronta con la realidad del Espíritu Santo que se desplaza en medio de una herida nacional profunda que sangra, y nos invita a llegar y bailar con él en medio de dolor y sufrimiento inimaginable.

En la conclusión de uno de nuestros viajes a la FAFG, nos llevaron a un pequeño espacio apartado para ceremonias religiosas relacionadas con las víctimas. Estuvimos de pie allí como clase, con una mesa tras otra de restos óseos individuales de hombres, mujeres y niños a plena vista. Tuvimos un Momento de Bendición, una liturgia pública por las víctimas de homicidio violento, por las 250,000 víctimas del conflicto armado guatemalteco. Varios miembros del personal de FAFG nos acompañaron, y para la bendición de despedida, yo (Joel) le pedí a alguien de nuestro personal que leyera la oración final. Pero cuando dije su nombre (Liz), uno de los científicos de FAFG llamado Luis pensó que lo había llamado a él. Entonces, él comenzó a leer la bendición final, que declaraba estas palabras: «Amados de Dios, salgan de este lugar en amor. Salgan de este lugar en paz. No busquen devolver mal por mal. Den fortaleza al quebrantado de corazón y apoyen al débil. Ámense unos a otros como Dios los ha amado. Ya que este es el hogar de muchos de nosotros, también es el hogar de Dios. Que Dios bendiga este lugar y también a cada uno de nosotros. Vayamos en paz. Amén».

Aquí, el científico de un laboratorio forense hizo una oración que parecía que la iglesia de esta nación es reacia a hacer. Al entrar al dolor y la esperanza que provee un «puesto de espionaje» como la FAFG, es nuestra oración que la iglesia de los lugares difíciles siga el ejemplo de nuestros queridos y valientes amigos de la FAFG, de ir profundamente a las heridas sangrantes de sus naciones a orar, reflexionar y aceptar las historias, para que las lágrimas ya no permanezcan calladas.

Richard Rohr afirma que el mal no se recibe con ataque, ni siquiera con evasión, sino con fusión[167]. Estamos aprendiendo del baile digno de nuestros amigos de FAFG que su trabajo es, en efecto, una «fusión» del dolor con el sufrimiento, unión a un nivel más alto. Es una tarea lenta y tediosa, y requiere de una perseverancia increíble. Hemos llegado a valorar este ritmo deliberado, al recordar que los que buscan la paz vigorosamente a menudo pagan un precio alto.

Si leemos el evangelio correctamente, la pacificación genuina descubre los mecanismos de violencia que están en función en nuestros corazones, y, como lo señala Gil Bailie en su libro *Violence Unveiled* (La violencia revelada), hacerlo incluso puede adelantar e intensificar la violencia que expone[168]. Cuando se expone la violencia y es desenmascarada, muy frecuentemente engendra más violencia antes de que disminuya. Al final, el evangelio de paz nos ofrece otro camino al absorber la violencia y transformarla. La pacificación no es para el débil de corazón. Jesús se refirió al sendero de paz lento, pero seguro, cuando dijo: «hasta ahora, el reino de los cielos sufre violencia, y los violentos lo conquistan por la fuerza» (Mt 11:12, lbla). Algunos cristianos han usado este pasaje para justificar la violencia, pero si hacemos énfasis en la frase «hasta ahora», las palabras de Jesús adquieren un significado nuevo. En otras palabras, hasta ahora, la humanidad ha estado tratando de dar lugar al reino de Dios (i. e. la paz), y lo ha hecho por medio de violencia y por la fuerza. Hasta ahora, el reino de Dios ha sufrido por este acercamiento. De hecho, toda la creación ha sufrido, *hasta ahora,* por eso. La implicación es muy clara. En Jesús, hay un *nuevo ahora* y otro camino.

Los líderes a quienes servimos viven y trabajan en lugares de violencia desenfrenada. Estos lugares difíciles típicamente funcionan con la fórmula del mundo para la transformación, que es paz por medio de la fuerza. Jesús revela esto como el método del Malvado (véase Mr 3:23). Pero a diferencia del Malvado, Jesús se rehúsa a sacar la violencia con violencia. Jesús dice: «mi paz les doy. Yo no se la doy a ustedes como la da el mundo» (Jn 14:27). La paz de Dios no es como nuestra paz, en el hecho de que no se logra con violencia. La paz no es solo el fin del evangelio, sino su medio. En una palabra, ¡el evangelio es Paz!

En nuestras visitas a la FAFG, nos hemos trasladado profundamente a presenciar el proceso del «ahora nuevo», creado al exhumar los restos de personas olvidadas y unir los huesos antes de devolverlos a sus familias para un entierro apropiado. En un viaje, después de visitar el laboratorio, nos llevaron a una pequeña iglesia, en un hogar de las montañas afuera de la Ciudad de Guatemala, donde nos pidieron que bendijéramos a una mujer y a su hija. El esposo de la mujer había sido asesinado recientemente, pero no antes de que él hubiera matado a otras 200 personas, era el asesino principal de una pandilla local. ¿Qué clase de bendición le da a una niñita cuyo padre había sido asesinado después de haber matado a 200 personas? ¿Cómo es la paz para ella?

¿Y qué del resto de nosotros cuya violencia puede ser menos obvia, pero no menos destructiva?

Todavía estamos explorando. Y mientras exploramos, seguimos considerando las palabras de nuestro Señor resucitado. Él pronuncia palabras de consuelo y promesa. Pronuncia palabras que son radicalmente subversivas. Habla de la realidad del reino de Dios que obra en el mundo hoy día. Tres veces repite estas palabras, como si fueran la suma total de su vida y mensaje. Son las palabras del «ahora nuevo» en Cristo: «¡La paz sea con ustedes...! ¡La paz sea con ustedes...! ¡La paz sea con ustedes...!» (Jn 20:19-26). Que así sea.

15
El Ministerio de la Memoria

Hagan esto en memoria de mí.
~Lucas 22:19

Recuerde en la oscuridad lo que sabía en la luz.
~Richard Rohr[169]

A *través de nuestras interacciones con los líderes* de los lugares difíciles, estamos aprendiendo de sus ciudades respectivas que, si vamos a trasladarnos al futuro de manera transformadora, necesitamos una memoria de largo plazo. En el último capítulo excavamos esta verdad en el trabajo de la Fundación Antropológica Forense de Guatemala. Para desarrollar una buena memoria, otro método es invitar a los ancianos de una ciudad en particular a que ayuden a la generación más joven a reclamar la memoria de un lugar en particular. Al hacerlo, se abren nuevas posibilidades para el futuro. En otras palabras, tenemos sueños nuevos para el futuro, a través del proceso de recordar.

Geografía de la gracia

Es inspirador ver a un grupo de líderes jóvenes captar una nueva visión cuando a los ancianos se les permite reclamar con sus voces los mejores sueños de una ciudad, comunidad, o incluso de una iglesia en particular u organización. Ese es un proceso vitalmente importante para los líderes emergentes. Nos alegra apoyarnos en aquellos que nos han precedido, ver todo lo que ellos han visto y luego ir más allá. Eso es lo que esperamos hacer con el proceso de «ver a través de la memoria».

Hacemos este proceso con grupos de líderes locales de comunidades misionales de todos los países en los que trabajamos, pero adquiere una forma única cuando se practica con estudiantes universitarios de Estados Unidos o equipos de visión de corto plazo. En una aventura reciente de tres semanas con un grupo de estudiantes universitarios que estaban participando en un curso intermedio sobre Historia de América Latina, nos lanzamos a ver a través de la memoria. Durante una sección del curso enfocado en el conflicto armado de Guatemala, viajamos a la región del lago de Atitlán para entrar a la memoria dolorosa del asesinato, violación y golpes de enormes cantidades de personas mayas que quedaron atrapadas en el fuego cruzado de la guerrilla y las tropas contrainsurgentes del gobierno. Atravesamos el Lago de Atitlán en una barca y visitamos la iglesia católica de Santiago, Atitlán. Allí, entramos silenciosamente a un pequeño salón donde, hacía treinta años, tres hombres enmascarados asesinaron al padre Stanley Rother en plena noche.

Nos sentamos en el salón y «entramos» al recuerdo de lo que pasó ese trágico día del 28 de julio de 1981. La conversación nos llevó más allá de la historia de su muerte, por la forma profunda que vivió durante sus trece años que sirvió al pueblo Tzutuhil de Santiago, Atitlán. Es profundamente significativo considerar la vida de un mártir quien dio a su vida una alegría casi sobrenatural y fe sobrecogedora, pero las historias de esa clase de fe simplemente no son la realidad en la que la mayoría de nosotros vivimos. Sin embargo, en la historia del padre Stanley, vemos a un hombre real, apoderado de un miedo sofocante. Aun así, se quedó voluntariamente en el mismo lugar donde sabía que probablemente perdería la vida. (Henri Nouwen presenta vívidamente la historia del padre Rother en su libro *Love in a Fearful Land: A Guatemala Story* [Amor en una tierra espantosa: Una historia de Guatemala])[170].

Más adelante esa misma mañana, saltamos a la parte de atrás de un *pick-up* y visitamos el Parque de la Paz. En ese lugar, el 2 de diciembre de 1990 miles de personas indígenas desarmadas se acercaron pacíficamente a la base militar para exigir el cese de la violencia interminable que los rodeaba. El ejército abrió fuego sobre la multitud que se había reunido, y tomó una acción agresiva para callar lo que erróneamente pensaron se convertiría en una protesta violenta. Trece personas perdieron la vida. El parque es un recordatorio de sus vidas perdidas, con lápidas esparcidas donde cayeron los cuerpos. Al segundo día de cada mes, la iglesia católica del lugar lleva a cabo una misa especial en el parque para conservar la memoria de lo que ocurrió.

Los relatos de la vida y muerte del padre Stanley y de la masacre del Parque de la Paz llegaron a ser especialmente pertinentes cuando observamos la forma intensa en que el conductor del *pick-up* que habíamos contratado se interesó en nuestras conversaciones. Nuestro conductor nos dijo que él había estado en la multitud que marchó hacia la base ese día. Tenía 18 años de edad en ese entonces, y su tío fue uno de los trece asesinados. Su relato apasionado de ese día nos permitió involucrarnos en la «historia viva». A través de los lentes de su memoria vívida, vimos con ojos nuevos la realidad actual del pueblo de Santiago, Atitlán, y su gente bella.

Al día siguiente, viajamos a un pueblo al lado opuesto del lago, llamado San Lucas Tolimán, donde conocimos a una mujer maya conocida como Chona. Su historia llegó a ser para muchos de los estudiantes el toque final de toda su experiencia de tres semanas en Guatemala. Chona habló de su vida durante el conflicto. Recordó el día que su esposo desapareció, su cuerpo no se encontró nunca. Ella describió con detalles vívidos los riegos potencialmente fatales que asumió para proteger a niños que habían presenciado el asesinato de sus propios padres en manos de las tropas del ejército.

Chona sabía todo lo del asesinato del padre Rother, porque había estado en su iglesia el día del asesinato. Con una emoción profunda, nos contó cómo había recogido suavemente la sangre del piso después del asesinato del Padre Rother y la había puesto en un contenedor donde permanece hasta este día, detrás de una placa, metida en la pared de la iglesia. Cuando nuestro tiempo con Chona llegó a su fin, nos enteramos que su nombre completo es Encarnación, un nombre adecuado para la forma en la cual vive su vida.

Henri Nouwen escribe: «Olvidar el pasado es como poner a nuestro maestro más íntimo en nuestra contra»[171]. El proceso de ver a través de la memoria es el acto de saludar a un maestro íntimo con un beso santo. Al reclamar la memoria de un lugar, se abren nuevas posibilidades para el futuro y se encuentra inspiración para el trayecto. Con los líderes-siervos de las comunidades misionales estamos aprendiendo a usar un proceso para recordar, que coloca el dolor y el sufrimiento en un foco vívido para que, a cambio, podamos tener nuevos sueños para el futuro y experimentar los primeros pasos hacia la sanidad.

Otra «visita para recordar» nos llevó a San Salvador, donde nos reunimos con el fallecido padre Dean Brackley, un sacerdote jesuita y capellán de La UCA (La Universidad Centroamericana José Simeón

El Ministerio de la Memoria

Cañas). Yo (Joel) iba acompañado en este viaje de mi amigo y colega Nate Bacon, que es el Director Centroamericano de InnerChange («una orden cristiana entre los pobres») y diácono católico ordenado. Además, Nate y yo tuvimos la bendición de tener a Eliberto Juárez con nosotros, quien es el coordinador de la comunidad misional a la que servimos en El Salvador, y un miembro en el pasado del liderazgo de "Semillas de Nueva Creación".

El padre Brackley fue uno de los sacerdotes que llegó a El Salvador después del asesinato de seis sacerdotes jesuitas y dos mujeres que los ayudaban con la preparación de las comidas. El asesinato ocurrió en el campus de La UCA el 16 de noviembre de 1989, y fue un momento crucial para la misión jesuita de El Salvador. El padre Brackley era autor y una autoridad notable en el arte del discernimiento en la formación espiritual, especialmente arraigado en la obra de San Ignacio. Después de un almuerzo y una reunión instructiva, el padre Brackley oró una bendición especial por Nate y por mí, cuando estábamos parados en frente de un jardín de rosas, que estaba plantado en el terreno donde las ocho personas fueron asesinadas.

Entramos a un pequeño museo en el campus, dedicado a la memoria de estos hombres y otros mártires del conflicto salvadoreño. Eliberto se detuvo en una esquina del salón, en frente de una placa que conmemoraba «la masacre del Mozote», que ocurrió el 12 de diciembre de 1981, por el batallón militar «Atlacatl». Su semblante cambió considerablemente y una nube sombría parecía que lo rodeaba. Observé que de sus ojos salían lágrimas, por lo que me acerqué a ponerle mi brazo sobre sus hombros en solidaridad por el dolor de un hermano querido, un dolor que yo no podía entender. Estuvimos de pie en silencio por unos cuantos minutos, y luego él comenzó a llorar más profundamente y dijo: «Se quedaron en confianza que El

Señor les iba a proteger». Yo no sabía a qué se refería, mientras estaba de pie en frente de una placa con el nombre de un lugar del que nunca había oído, que mucho menos podía pronunciar.

Cuando le pedí que me contara más, claramente relató la historia de ese día. Un grupo de cristianos pentecostales decidió no huir después de muchas amenazas de que matarían a todos los que se encontraban allí. Ellos creían que Dios les había dicho que fueran firmes y que pusieran su confianza en él, porque él los protegería de todo peligro. Todos fueron asesinados, hombres, mujeres y niños. Las lágrimas de Eliberto siguieron fluyendo y, con mucha dificultad y dolor que parecía que salían de un alma salvadoreña colectiva, dijo abruptamente: «¿Dónde estaba Dios? ¿Por qué no les protegió? ¿Dónde estaba?»

Nate y yo estábamos allí con Eliberto, y percibimos que estábamos en un suelo muy santo. A través del recuerdo vívido y doloroso de este precioso hermano salvadoreño, se nos introdujo a la pregunta que surgía del suelo salvadoreño manchado de sangre. ¿Dónde estaba Dios? ¿Por qué no los protegió? ¿Dónde estaba? Todos nos sentamos en silencio por lo que parecieron horas ante el abismo santo de esa pregunta, como si esperáramos que Dios respondiera. Como Job, nos sentamos ante un Dios acusado de jugar sucio en un desastre que no tenía sentido, esperando casi arrogantemente que Dios respondiera a nuestra aparentemente válida demanda. No escuchamos nada más que los sollozos silenciosos de Eliberto. El silencio era sepulcral.

Finalmente, nos consolamos mutuamente con abrazos de presencia reconfortante, e hicimos una caminata reverente hacia la capilla de la universidad. Fuimos a tres direcciones distintas al entrar a la capilla, todavía tratando de procesar lo que acabábamos de ver a través del dolor del recuerdo de Eliberto. Como predicador, me sentí atraído al púlpito, para ver cómo se sentiría predicar un sermón el domingo en la mañana en ese espacio. Cuando llegué al frente y vi hacia las bancas, me quedé sin aliento con lo que vi. En la pared de atrás de la capilla había siete u ocho dibujos enormes de víctimas de asesinato, desnudas.

Los dibujos estaban lejos de las imágenes pulidas de los santos, que normalmente se representan en los espacios de adoración católica. Un artista había tomado un lápiz y lo usó para darle vida al dolor y la agonía de la masacre y la ejecución. Un dibujo representaba a tres hombres desnudos boca abajo en el suelo, con sus manos atadas en sus espaldas. Otro representaba a una mujer completamente desnuda, y con la cara hacía una mueca de dolor agonizante. Otra mostraba una pareja desnuda boca abajo sobre sus estómagos, sus espaldas estaban perforadas con agujeros de balas. Sin embargo, el dibujo que captó mi atención fuertemente fue el de dos mujeres que yacían boca arriba a cada lado de un hombre que estaba totalmente desnudo, con sus piernas extendidas y abiertas. Sus dos brazos sobresalían en cada dirección, y hacían la forma inconfundible de una cruz. Traté de imaginar cómo sería predicar un sermón desde ese púlpito con esas imágenes esparcidas en la pared de atrás, detrás de las personas a las que les hablaría. Traté de imaginar el impacto de mis hijos, si alguna vez entraran a ese espacio y vieran esas imágenes de muerte y tortura exhibidas tan gráficamente.

Me sentí desorientado y afectado. Me senté con mi conmoción por un rato, antes de acercarme a Nate, quien se había acercado a los dibujos. Susurré para preguntarle si él, como católico, podría ayudarme a comprender qué hacían esas imágenes gráficas en un lugar sagrado de adoración. Nate explicó que la obra de arte describía a los «crucificados» de El Salvador. Como parte del Cuerpo de Cristo, ellos, al igual que los mártires antes que ellos, habían derramado su sangre por Cristo y el pueblo salvadoreño. Su sangre se mezcló con la sangre de Cristo en El Salvador y más allá. Después de todo, sugirió, ¿no pueden las palabras de Jesús en la celebración de la comunión, «hagan esto en memoria de mí», también significar, «ofrezcan su propio cuerpo y sangre por Cristo y su reino»? El arte de las paredes, según aprendí, era encarnacional, y representaba a Jesús presente en los mártires de *esta* tierra. Era un llamado para que siguiéramos a Jesús de la misma manera.

En las semanas después del viaje, Nate y yo comenzamos a escribirnos y aprendí más de su trayectoria de fe extraordinaria. Aunque él había crecido en una tradición litúrgica, terminó en una iglesia evangélica carismática, atraído por el estilo libre de adoración. Con el tiempo llegó a estar más involucrado en el sufrimiento de los migrantes y refugiados, y la adoración exuberante de su iglesia se sentía desconectada del dolor de ellos.

«Una adoración y teología que giran solamente alrededor de la victoria de Cristo y la resurrección suena vacía», escribió.

Aun así, al mismo tiempo, en medio de escuchar historias dolorosas de pobreza, sufrimiento, tortura, en incluso escuadrones de la muerte, sentía la presencia de Cristo de una manera que no lo había experimentado anteriormente. Eso no encajaba con la adoración del domingo en la mañana. Poco a poco, mi paradigma comenzó a cambiar, y los pasajes bíblicos que yo había ignorado esencialmente comenzaron a brillar más, versículos acerca de compartir el sufrimiento de Cristo, y de morir con él para resucitar con él.

Nate se sintió cada vez más atraído a la mesa de la comunión, la *Eucaristía* (literalmente «acción de gracias»), como se le llama en la

El Ministerio de la Memoria

iglesia católica. Por primera vez, él vio la centralidad de la Eucaristía para una vida de fe. Escribió:

> En la Eucaristía, la Palabra se hizo carne. Aquí también, no fue solamente un teatro simbólico, sino algo totalmente real. El único sacrificio de Cristo fue misteriosamente representado aquí y ahora, y se nos invitó a esa mesa antigua y eterna... Todo lo peor del dolor, del sufrimiento y de la muerte de este mundo fue sometido en la muerte de Cristo... Aquí también, todas las alegrías y grandes esperanzas de toda la humanidad fueron captadas en la verdadera victoria de la Resurrección: ¡el Viernes Santo y el Domingo de Resurrección inextricablemente vinculados! ¡Esto fue un optimismo radical que estalló de la fuente de dolor y sufrimiento, por la virtud de la redención de Cristo! La adoración finalmente se reconectó y le dio significado a mis amistades y experiencias en mi vecindario de migrantes. Fui alimentado por la Palabra en la mesa.

La santa cena es donde recordamos a nuestro Señor, y al hacerlo «recordamos» al mundo que ha estado tan quebrantado. Observe los verbos que se repiten frecuentemente en esta comida de recordatorio: *tomó, bendijo, partió, dio* y *dijo*. Estos verbos nos ayudan a ver que, en la santa cena, Jesús nos invita a recordar que somos el Cuerpo de Cristo y que lo que le ocurre a Jesús también nos ocurre a nosotros. Así como Jesús tomó, bendijo, partió, dio y dijo, a nosotros también nos «toman» las manos de un Dios amoroso. Por lo que también somos «bendecidos» con ese mismo amor abundante. Entonces también se nos «parte» en ese amor y distribuye al mundo como una señal. Y también se nos llama a «decir» palabras que ayudarán al mundo a recordar ese amor.

Geografía de la gracia

El proceso de ver por medio de nuestros recuerdos y los recuerdos de otros, incluso los que podemos considerar extranjeros, es crucial en el proceso de explorar la geografía de la gracia. Si vamos a entrar al futuro de nuestros vecinos, ciudades y países, y a participar en la obra de transformación, tenemos que aprender a cultivar una buena memoria.

16
La Comunidad Cruciforme

Pero yo, cuando sea levantado de la tierra,
Atraeré a todos a mí mimo.
~Juan 12:32

Confía en tu corazón si el mar se incendia, y vive por
amor, aunque las estrellas caminen hacia atrás.
~E. E. Cummings[172]

A *lo largo de su ministerio hacia la cruz,* Jesús imaginó una comunidad nueva. En tanto que sus discípulos imaginaban una comunidad de gloria y triunfo, él los llamó a una comunidad centrada en la cruz. «Si alguien quiere ser mi discípulo, tiene que negarse a sí mismo, tomar su cruz y seguirme» (Mt 16:24). Cuando el Cristo resucitado apareció a sus discípulos, lo primero que hizo fue mostrarles las heridas de su sufrimiento. Luego, los constituyó inmediatamente como una comunidad y dijo: «Como el Padre me envió a mí, así yo los envío a ustedes» (Jn 20:21). Es una comunidad que descentra, altera, subvierte y vuelve a centrar a toda la humanidad. Para ser precisos, esta comunidad «nueva» no era nueva en absoluto, o era nueva solo en el sentido de que apenas acababa de echar raíces en la historia de Israel. Uno podría decir de Israel lo que G. K. Chesterton dijo de la fe cristiana: «El cristianismo no ha sido probado y hallado deficiente»[173]. Jesús no estaba inventando una nueva comunidad tanto como estaba invitando y empoderando a sus discípulos a convertirse en la clase de comunidad que Dios había estado convocando desde el principio. ¿Cómo es esa comunidad «cruciforme», formada profundamente por la cruz de Cristo? ¿Funciona? ¿Cuál es su misión? ¿Qué la sostiene? En un intento de explorar estas preguntas, queremos resaltar tres aspectos de una comunidad cruciforme, revelados en y a través de Jesús.

Una comunidad resplandeciente

La confesión de Westminster enseña que Dios creó a la humanidad del resplandor de su gloria. El resplandor del mundo proviene de la palabra latina *ex*, «fuera de, de» + *fulgere*, «brillar»[174]. Significa literalmente «resplandecer». El resplandor sugiere la imagen de la luz que no se puede contener. Así es la naturaleza del Hijo que es el «resplandor» de Dios: «El Hijo que es el resplandor del esplendor de Dios y el sello del mismo ser de Dios»[175]. El Evangelio de Juan dice que «Esta luz resplandece en las tinieblas, y las tinieblas no han podido extinguirla» (1:5).

La comunidad de la cruz es como la luna que refleja la luz del sol, es la luz incontenible e incontrolable de la gloria del Padre, que brilla en y a través del Hijo. Una comunidad cruciforme en la misión no se abruma con la oscuridad de este mundo. Pero sin una conciencia profunda del *resplandor*, o «la luz que resplandece en las tinieblas», que no se puede extinguir, la misión llega a estar necesitada y la cruz llega a ser imposible y pesada. Y peor aún, la misión llega a ser una herramienta de opresión y un acto de violencia.

La misión necesitada se alimenta de las necesidades de otros, en un esfuerzo retorcido de suplir lo que falta, con respecto a nuestras propias aflicciones, en lugar de las aflicciones de Cristo[176]. La misión que se mueve y motiva por las necesidades se ata a las necesidades de otros, de maneras que solo se pueden describir como una forma complicada de autodesprecio.

Hoy día se ha escrito mucho acerca de la misión «con base a los activos», que celebra los activos de las comunidades vulnerables y edifica sobre ellos. Una misión con base a los activos se rehúsa a atarse a las necesidades de la comunidad, y esto es un gran paso de avance para la misión. Nos protege de construir ministerios alrededor de la necesidad. Nos recuerda de la abundancia del Padre quien nos libera del demonio de la necesidad. El resplandor, disfrutar esa luz que no se puede apagar, no solo nos impide obsesionarnos por las necesidades de otros, también nos impide obsesionarnos por nuestras propias necesidades. Para decirlo más exactamente, nos permite entrar a nuestras necesidades sin que ellas nos definan.

Para que el ministerio con base a los activos tenga significado y esté cimentados en el resplandor de la gloria de Dios, debe liberarse de las pasiones secretas que alimentan nuestros apetitos y nos mantienen alimentándonos unos de otros, particularmente alimentándonos de la miseria de otros. Enfrentémoslo, el ministerio en los márgenes es un espacio fértil para los que necesitamos una dieta firme de miseria, para los que necesitamos ser necesarios. En la mayoría de nuestras carreras ministeriales, ambos hemos albergado este triste secreto, y nosotros (Joel y Kris) estamos trabajando con esta vergüenza. A veces, nos hemos encontrado alimentándonos del dolor de otros como parásitos. Kris ha usado repetidamente la cultura afroamericana en particular, y Joel la cultura hispana y la gente necesitada en general, para expresar el dolor que nosotros no podíamos, o no queríamos, expresar por nosotros mismos. En secreto hemos esperado poder recibir su valor a través de alguna clase de ósmosis espiritual. Nos hemos sentido seguros en los brazos de la necesidad de otros, siempre y cuando no tuviéramos que expresar o confesar la nuestra. Hemos ido en busca de personas necesitadas y nos hemos atado a su necesidad, nos hemos alimentado de ella y vamos en busca de personas necesitadas, solo para crear relaciones mutuamente frustrantes. Si nuestro huésped alguna vez superara su necesidad (o la nuestra), nos despediríamos mutuamente, o peor aún, sutilmente socavaríamos los intentos de salud para mantener la relación, funcionando fuera de la necesidad. Este ciclo es la razón por la que el ministerio que se basa en la necesidad es una forma complicada de autodesprecio. Nos atamos a lo que detestamos de nosotros mismos y nos felicitamos por hacerlo. Dios no creó a la humanidad por necesidad, ni Dios ató su amor por nosotros a nuestra necesidad de Dios. La luz de Dios que da vida, el resplandor de Dios nos libera de un amor parasítico y necesitado.

Tal vez, el ejemplo más dramático de las Escrituras del abundante y resplandeciente amor de Dios se encuentra en la parábola del hijo pródigo. En su historia conocida encontramos lo que Kenneth Bailey llama el «Evangelio dentro del Evangelio»[177]. Bailey pasó años viviendo y trabajando entre campesinos del Medio Oriente, tratando de entender esta parábola en su contexto cultural del Medio Oriente. Él vuelve a contar la historia de una manera brillante y perspicaz, y cuando ajustamos nuestros lentes teológicos y culturales a través de la guía de Bailey, vemos que esta parábola no es, en absoluto, la historia de un hijo pródigo. Es la historia del padre pródigo.

Como mencionamos previamente, la palabra «pródigo» significa descuidado, extravagante y gastar excesivamente[178]. Cuando se cuenta en su contexto cultural, el padre aparece como el descuidado extravagante y desperdiciador, es la historia de una exhibición de gracia vergonzosamente escandalosa[179]. El hijo rebelde y su hermano mayor simplemente son accesorios para exponer este argumento. Si repetimos la historia en cámara lenta, vemos cómo el padre se avergüenza a sí mismo repetidas veces a lo largo de la historia, y cómo su exhibición de gracia irresponsable y escandalosa deja a los oyentes de la historia profundamente ofendidos.

Primero, el padre se avergüenza a sí mismo cuando accede a la petición de su hijo menor de su herencia. En el contexto cultural norteamericano, que hace énfasis en la libertad y los derechos, pasamos por alto la importancia de la petición del hijo. En la cultura del Medio Oriente, pedir una herencia al padre, cuando todavía está vivo, es equivalente a desear que el padre esté muerto[180]. El hecho de que la petición venga del hijo menor, solo hace el escándalo más grande. Lo único peor es la disposición del padre a conceder la petición del hijo. La acción del padre, sostiene Bailey, es lo que impactó y ofendió a la audiencia de Jesús. Bailey descubrió que todavía impacta y ofende al campesino del Medio Oriente hoy día. El padre se ocasiona vergüenza a sí mismo por no hacerle frente a la petición insultante del hijo, pero también avergüenza a toda la aldea. Ellos asumen su vergüenza, porque uno de sus ciudadanos principales no ha guardado las apariencias y, con eso, ha perdido su autoridad como hombre de buena reputación[181]. La vergüenza individual se convierte en vergüenza comunitaria, en una cultura cuya fortaleza se deriva de la dignidad de sus ancianos.

Geografía de la gracia

El padre se avergüenza a sí mismo una segunda vez en frente de su aldea, cuando corre a recibir a su hijo que, después de haberse consumido con su juerga descontrolada, regresa a buscar refugio a la casa de su padre. Bailey nos recuerda que la llegada del hijo a casa habría agitado a la aldea, y ellos supuestamente le habrían dicho al padre que su hijo se dirigía a su casa[182]. Los que escucharon a Jesús contar esta historia se habrían formado una imagen mental en la que toda la aldea llegó a presenciar el encuentro del padre con el hijo, para ver si el padre recuperaría su autoridad. Sin embargo, la comunidad sacudiría la cabeza con vergüenza cuando el padre se vuelve a poner en ridículo una vez más.

Ningún jefe de familia digno de su hombría saldría a recibir a su hijo, mucho menos *correría* a recibirlo. Peor aún, se lanza a su hijo con tal afecto efusivo que, una vez más, su autoridad y la de la comunidad se socava completamente. Ningún hombre digno se arrodillaría ante las transgresiones de su hijo. Ningún hombre interrumpiría las explicaciones de su hijo para darle su propia túnica, anillo y sandalias a semejante sinvergüenza. Esta escena es más vergonzosa que la primera. Bailey sugiere que este es muy probable el regreso de un hijo contumaz, que llega a casa a aprovecharse más, trama un plan y prepara un discurso que fingirá arrepentimiento ante un padre tonto. Nada del texto, sostiene Bailey, sugiere a un hijo arrepentido[184]. De nuevo, la comunidad sacude la cabeza con vergüenza.

El padre se avergüenza a sí mismo una tercera vez al llevar a cabo una fiesta para su hijo. El padre pide un ternero engordado, que habría alimentado a unas cien personas. En la cultura de las aldeas del Medio Oriente, toda la comunidad habría esperado asistir a ese banquete. Rehusarse habría sido una ofensa. Por lo que toda la aldea se ve envuelta en las ilusiones de un padre que se niega a guardar las apariencias y a tratar con su hijo incorregible en la privacidad de su propia casa. Esta fiesta no solo es una fiesta vergonzosa, es una fiesta para la *vergüenza misma*. Para entonces, incluso los hijos más encallecidos y derrochadores se habrían avergonzado, no por él mismo, sino por el comportamiento excéntrico de su padre. Había música y baile en esa fiesta, pero es probable que el padre sea el único que la está disfrutando. El corazón de la comunidad se volvió hacia adentro cuando el corazón del padre se derramó.

El último acto vergonzoso fue cuando el padre «salió» por segunda vez en esta historia, pero esta vez a recibir a su hijo mayor[185]. Lo hace a plena vista de los aldeanos que probablemente se esforzaban para ver como si se estuvieran divirtiendo. En tanto que la música suena, el hijo mayor llega del campo y descubre, para sorpresa suya, una gran fiesta. Un sirviente joven le cuenta que su hermano ha vuelto a casa. Como siempre, el hijo mayor se llena de ira por la insensatez de su padre. Arde de celos al escuchar los cuentos inventados de su hermano. Se rehúsa a entrar a la fiesta, pero se queda afuera y espera.

Como señala Bailey, semejante acción en sí misma fue una ofensa grave en la cultura del Medio Oriente, donde se habría esperado que el hijo mayor participara y ayudara como anfitrión de esa fiesta[186]. La resistencia pública del hijo mayor se esparce en toda la fiesta hasta que finalmente el padre se entera, quien todavía está desvergonzadamente absorto con el retorno de su hijo menor.

La fiesta se detiene. Todas las miradas giran hacia el padre. Podemos imaginar a los invitados susurrando entre sí: «¿Qué va a hacer ahora? ¿Demandará finalmente algo de dignidad y le dirá a su hijo mayor que tenga un poco de respeto?» Pero el hijo mayor permanece firme y nosotros con él. La fiesta, así como la historia, ahora da el giro más extraño. Toda la comunidad está pendiente. Incluso el hijo menor, para entonces, difícilmente puede ver a este anciano despojarse de toda dignidad. Las cabezas se inclinan cuando el padre corre a recibir a su hijo mayor, avergonzándose una vez más en frente de todo el mundo.

La estructura poética de esta historia es lo que los eruditos llaman balada parabólica (Tipo D)[187]. Bailey argumenta que la audiencia de Jesús habría estado familiarizada con esta forma y, por lo tanto, habría observado que algo faltaba en la historia[188]: Jesús no les cuenta a sus oyentes la última parte de la historia. Falta el fin de la historia. Es lo que Jesús no dice en la historia, la conclusión que falta, que completa y finalmente se queda en las mentes de sus oidores. Al igual que la audiencia original, se nos deja que nos preguntemos si el hijo mayor entra a la fiesta. La técnica es genial. De repente, somos el hijo mayor, de pie, cara a cara con la gracia pródiga de Dios. Nos escandaliza semejante extravagancia y no estamos seguros, en absoluto, de querer asistir a semejante fiesta extraña. Se requiere de valor celebrar esa gracia extravagante y desarrollar comunidades que la reflejen.

Una comunidad kenótica

Kenosis se origina de la palabra griega *kénōsis* que significa «despojamiento»[189]. Cuando se aplica a Jesús, expresa la naturaleza de Dios que se despoja a sí mismo, inherente en la encarnación. El texto clásico para esto es Filipenses 2:5-8 (lbla):

> Haya, pues, en vosotros esta actitud que hubo también en Cristo Jesús, el cual, aunque existía en forma de Dios, no consideró el ser igual a Dios como algo a qué aferrarse, sino que se *despojó* a sí mismo, tomando forma de siervo, haciéndose semejante a los hombres. Y hallándose en forma de hombre,

se humilló a sí mismo, haciéndose obediente hasta la muerte, y muerte de cruz (*cursiva para énfasis*).

Este texto fue uno de los primeros himnos de la iglesia, se usaba para instruir y guiar a la comunidad de fe en «el camino» de Jesús. Si el método del Padre es el resplandor, el método del Hijo es *kenosis*. Solo por el amor resplandeciente del Padre es que Jesús no necesita entender ni explotar su igualdad con el Padre. Debido a este amor, cuando él adquiere piel y huesos, Jesús se despojó o «derramó» sus atributos omnipotentes, omnipresentes e incluso omniscientes que disfruta en forma de Dios.

Una palabra crítica y controversial de este pasaje es la palabra «aunque». La Biblia de Las Américas que citamos anteriormente dice: «aunque existía en forma de Dios...». La palabra «aunque» crea una tensión artificial entre Jesús y su naturaleza divina, como si dijera *a pesar del hecho* de que Jesús es Dios, él decidió despojarse a sí mismo. Nos preocupa esta traducción con base teológica, y observamos que los eruditos lingüísticos (nosotros no somos) permiten otras interpretaciones. Preferimos otras versiones como la Nueva Versión Internacional y La Reina Valera 1960, en este caso. Ellas ofrecen una interpretación muy distinta. En esencia, todas implican que *debido a* que Jesús estaba en forma de Dios, se despojó a sí mismo. De «aunque» a «quien siendo», lo cambia todo. El despojamiento de Jesús no fue a pesar de su naturaleza divina. Más bien, fue *debido a* su naturaleza divina que él se despojó a sí mismo. Despojarse a sí mismo es la naturaleza propia de Dios. Y se nos empodera para hacer lo mismo.

Debido al amor abundante de Dios, una comunidad cruciforme es llamada a derramarse como Jesús, para que pueda expresar el amor abundante, abandonar y renunciar a cualquier compulsión de apoderarse de, o aferrarse a, lo que el Padre da tan abundante y libremente, y sin dejar de hacerlo. Aferrarse mata la vida *kenótica*. El poeta William Blake lo dice de esta manera:

Quien a sí encadenare una alegría
malogrará la vida alada.
Pero quien la alegría besare en su aleteo
vive el alba de la eternidad[190].

Cada intento de apoderarse de, aferrarse a, o de controlar echa a perder precisamente lo que nos da vida. Kris ha tratado de enseñar a sus propios hijos lo que él llama «la oración más difícil de la vida». Para ilustrarlo, ellos comienzan con sus manos reverentemente unidas y hacia arriba, sobre sus pechos, al estilo apropiado de escuela dominical. Luego, lentamente las liberan a una posición abierta con las palmas hacia arriba. Esa es la oración. Sus niños pequeños generalmente responden diciéndole lo fácil que es hacer esta oración. «Para ustedes es fácil ahora —dice Kris—, pero se pondrá más difícil a medida que crezcan». Cualquiera que alguna vez haya intentado vivir con las manos abiertas y las palmas hacia arriba, sabe lo difícil que esto puede ser.

Jacob conocía la dificultad de esta oración. Su mismo nombre significa «el que agarra por el talón». Siempre sujetaba para obtener lo que temía que nunca le darían. Se agarró del talón de su hermano en el vientre, esperando ser el mayor y disfrutar los beneficios y bendiciones del mayor. Incluso en el vientre de su madre, temió que obtendría el extremo más corto de la vara si no tomaba el asunto con sus propias manos. Más adelante, tomó la primogenitura de su hermano, y, aun después, la bendición de su padre, y una vez más, cuando batalló con Dios en el desierto, de quien no se soltaba sin obtener su bendición primero. La obtuvo, pero le costó mucho y caminó cojeando el resto de su vida. Irónicamente, fue Jacob, el engañador, que se agarró del talón, a quien Dios le cambió de nombre a *Israel*.

El movimiento de Jacob a Israel es el movimiento contradictorio de soltar, y depende totalmente de la plenitud del amor de Dios. Podemos soltar el amor de Dios y nuestras ideas de ese amor, con la confianza de que el amor de Dios no nos soltará a nosotros. *Kenosis* conserva nuestra relación con Dios. Él sigue siendo el creador y nosotros los creados. Dios nos sostiene en la palma de su mano para que nuestras manos puedan ser lo suficientemente libres para servir a otros.

Lo que está en juego aquí es el poder. *Kenosis* nos despoja de todas las ilusiones de poder. La naturaleza de Jesús, de despojarse a sí mismo en la cruz, nos invita a dejar de tratar de manipular, coercer o controlar la bondad y confianza de Dios, y nos recuerda que estará disponible para nosotros para siempre y en abundancia. La vida que se despoja de sí misma nos permite estar al lado de las personas vulnerables con nuestra propia vulnerabilidad. Dejamos de ser una amenaza para el impotente, porque hemos dejado cualquier necesidad de sujetar el poder.

J. R. R. Tolkien explora el tema del poder en su trilogía *The Lord of the Rings* (*El Señor de los anillos*) donde el mismo anillo es el símbolo de poder[191]. Aparte de la abrumadoramente compleja y dramática estratificación de esta épica, la trama básica es simple: el anillo tiene que ser devuelto al reino malvado de Mordor, donde lo habían hecho, y destruido allí, si se quiere salvar la Tierra Media. Resulta que solo el humilde e insignificante *hobbit* llamado Frodo puede entregar el anillo, pero no sin la ayuda de sus amigos *hobbits*, y una cantidad de otros, y entre ellos uno no menos importante, la patética criatura llamada Gollum. El único propósito de Frodo es entregar el anillo, devolverlo al lugar donde Mordor lo consumirá, y se consumirá a sí mismo en el proceso.

Tolkien ofrece una perspectiva profunda de la naturaleza del poder, que, para que sea administrado apropiadamente, hay que entregarlo. Cada intento de tomar el poder se transforma en un demonio que más bien nos toma a nosotros. Cuando lo tomamos, él nos toma. Al final, ni Frodo puede renunciar a él. Gollum, esa bestia pícara, muy literalmente muerde la mano que lo alimenta y devora el anillo. Con el anillo en su boca, Gollum cae en el fuego fundido del monte del Destino, donde no solo Gollum y el anillo son devorados, sino que Mordor mismo explota en un caso serio de indigestión cósmica. Aquí hay varias cosas que vale la pena considerar.

Primero, el poder auténtico tiene en él una calidad *kenótica* o de «soltar». El poder llega a ser letal cuando lo acaparamos. Da vida solamente cuando lo damos, especialmente a los indefensos. Semejante regalo es la razón por la que Jesús se despojó a sí mismo de su poder, y, al hacerlo, nos enseñó a vivir con nuestras manos abiertas al amor de Dios. Él sirvió a la humanidad al generar poder por medio de las relaciones y luego dando ese poder. Recuerde que él siempre les preguntaba a las personas qué querían de él, y solamente después de que ellas expresaban sus propias necesidades, él hacía lo que pedían. Esto, por definición, es lo que significa dar poder.

Finalmente, Jesús estableció su autoridad en la tierra como Dios, al llegar a ser completamente indefenso en la cruz. Nuestro amigo Lowell Bakke enseña que solo como resultado de haber llegado a ser indefenso en la cruz es que Jesús puede decir: «Se me ha dado toda autoridad en el cielo y en la tierra» (Mt 28:18). Este poder y autoridad después se le concede a la iglesia, con el propósito exclusivo de darlo a aquellos que son rechazados.

En segundo lugar, a Gollum, el enemigo, se le recluta en el servicio de redención, y la redención no podría haber ocurrido sin su parte en la historia. De igual manera, parecía que Jesús entendía el papel importante que Satanás jugaría en el plan de la redención. Él le dice a Satanás que se ponga detrás de él, pero no lo echa ni lo destruye completamente. ¿De qué otra manera explicamos a Judas o la espina en el cuerpo de Pablo, que en sí es un «mensajero de Satanás» que Dios decide usar para bien? De alguna manera, el poder de Dios incluye, e incluso se perfecciona, en y a través del mal. Este misterio es demasiado profundo para que lo comprendamos, y por eso es que solo podemos reconocerlo con reverencia.

En tercer lugar, el poder se consume a sí mismo consigo mismo al final. Apocalipsis 17 lo dice cuando un día, la gran Bestia de Satanás expresará odio por su propio siervo: «la prostituta de Babilonia». En el último baile de la muerte, la Bestia se devorará y se consumirá a sí misma. La muerte se consume a sí misma cuando la cruz de Jesucristo la revela completa y finalmente.

Kenosis, despojarse, soltar, es una forma de vida para la comunidad cruciforme de Jesús. Eso no tiene nada de macabro o lúgubre. Simplemente es despojarnos de cualquier cosa que no sea nosotros mismos. E incluso entonces, es despojarnos de la necesidad de tomar, controlar y presionar la vida. La vida *kenótica* vive libremente en el amor gratuito de Dios.

Una comunidad pericorética

Pericóresis es un término teológico que se usa para describir la naturaleza de Dios que «reside mutuamente». Cada persona de la Trinidad habita mutuamente en la otra. Esta interpenetración conserva «la individualidad de cada persona . . . en tanto que insiste en que cada persona comparte en la vida de las otras dos»[192]. Como podría decirlo Agustín, el flujo resplandeciente del *amor* y el despojamiento *kenótico* del amado crea espacio para la mutualidad *amorosa*. Amor, amado, amoroso, cada miembro de la Trinidad está presente para el otro de maneras que afirman mutuamente y siempre dan vida. Lo que surge aquí es la imagen de Dios como una comunidad, pero si Dios existe como una comunidad, es una clase particular de comunidad. Es la clase de comunidad que disfruta la unidad, en tanto que conserva la diversidad. En nuestro mundo cada vez más globalizado, donde cada tribu y nación afín es vecina una de otra, semejante comunidad se necesita desesperadamente.

Nuestro interés en la *pericóresis* se enfoca en la forma en que el amor que se afirma mutuamente se expresa en la misión. En este sentido, nuestro interés está principalmente en cómo experimentamos la Trinidad en lugar de cómo Dios experimenta el ser de Dios en la Trinidad.

Se dice mucho en estos días sobre la naturaleza explosiva del fundamentalismo religioso radical, ya sea cristiano, musulmán o judío, y sobre la habilidad de estas facciones religiosas de coexistir pacíficamente. Desde cierta distancia, difícilmente se puede ver la diferencia entre estas comunidades que viven atacándose entre ellas. También se dice mucho sobre el nacionalismo y su apuro hacia la violencia para protegerse o expandirse. En muchos casos, el nacionalismo, o la línea que separa a un grupo de personas de otro, está alimentado por la identidad étnica. Si se toma como un todo, no tenemos que buscar muchos ejemplos de desunión en el mundo.

En su libro *War is the Force That Gives Us Meaning* (La guerra es la fuerza que nos da significado), Chris Hedges cita al historiador Will Durant, quien afirma que solamente ha habido 29 años, en toda

La Comunidad Cruciforme

la historia humana, en los que las guerras no arrasaron alguna parte del mundo[193]. Solo en el último siglo, más gente ha muerto en guerras (más de 100 millones) que en toda la historia combinada[194]. ¿Cómo es posible que esperemos algo distinto para el futuro? ¿Qué influencia posible puede tener el cristianismo en este barril de pólvora, especialmente cuando se ha usado el cristianismo para justificar tanto de la violencia hasta la fecha? Si Phillip Jenkis tiene razón en sus predicciones, el cristianismo disfrutará un nuevo auge en el siglo XXI, e incrementará los dos millardos de cristianos alrededor del mundo que ya tenemos (eso es un tercio de la «participación en el mercado» del mundo)[195]. Si Jenkins tiene razón que la próxima cristiandad es el nuevo «cristianismo global», es decir, más sureño que norteño, más oriental que occidental, y más negro y café que blanco, ¿qué significa eso para el mundo?[196] Si el nuevo «cristianismo global» es la venida de lo que Buhlman llama la Tercera Iglesia (refiriéndose al tercer mundo), y esta Tercera Iglesia estará marcada cada vez más por su tendencia fundamentalista conservadora para definirse por encima y en contra de todos los demás grupos, ¿qué clase de evangelio le desataremos al mundo?[197] Con la comunidad cristiana dividida entre ortodoxos, católicos y miles de miles de denominaciones protestantes, ¿qué clase de unidad podemos esperar? Si, como dice Denise Levertov, estamos «viviendo en el borde de la caldera intensa» ¿qué posibilidad hay para la paz?[198] ¿Qué clase de evangelio nos va a alcanzar?

Mientras más cerca estuvo Jesús de la cruz, más reveló lo que había en su corazón. Tal vez, ese es uno de los regalos de la mortalidad. La muerte tiene una manera de refinar y revelar nuestros corazones. En el capítulo 17 de Juan, Jesús le pide a su Padre que unifique a sus discípulos. Hace esta oración por sus discípulos y por todos aquellos que llegarían a la fe por medio de los discípulos. Él pide «que todos sean uno. Padre, así como tú estás en mí y yo en ti, permite que ellos también estén en nosotros, para que el mundo crea que tú me enviaste» (17:21). Como si buscara precisamente las palabras correctas, Jesús continúa en los versículos 23-24, vuelve a repetir, y da otras variantes del mismo tema.

> Yo les he dado la gloria que me diste, para que sean uno, así como nosotros somos uno: yo en ellos y tú en mí. Permite que alcancen la perfección en la unidad, y así el mundo reconozca que tú me enviaste y que los has amado a ellos tal como me has amado a mí. Padre, quiero que los que me has dado estén conmigo donde yo estoy. Que vean mi gloria, la gloria que me has dado porque me amaste desde antes de la creación del mundo.

La oración de Jesús por unidad es una oración *pericorética*, una oración que busca unidad, pero no a expensas de honrar la singularidad del otro. Es obviamente una oración que todavía está en proceso de ser respondida, en el mejor de los casos.

Debemos confesar que no está claro si nos acercamos o alejamos a cumplir la oración de Jesús. El entusiasmo efusivo de Jenkins acerca del movimiento cristiano global nos genera cierta preocupación en este sentido, está espolvoreado de la clase de creencia triunfal en todas las cosas grandes, como si solo el crecimiento del cristianismo fuera bueno. Ese triunfalismo nos parece desconcertante y quizá incluso parte del problema. No todo el crecimiento es buen crecimiento y no todo el crecimiento lleva a la unidad. Es evocador de lo que llamamos síndrome de la semilla de mostaza que aflige a mucho de la iglesia, la creencia no evaluada de que Dios se deleita en la grandeza y que, de alguna manera, el crecimiento de la iglesia automáticamente equivale a bendición para el mundo. Como resultado, frecuentemente proyectamos nuestros deseos en el evangelio y le introducimos forzadamente al texto una interpretación que satisfaga esos deseos, *eisegesis* en lugar de *exegesis* (*insertar interpretaciones* vs. *extraer el significado* del texto). Considere la parábola de la semilla de mostaza.

En una cultura de caja grande y de gran tamaño, donde el tamaño importa, la parábola de la semilla de mostaza frecuentemente se interpreta con la suposición de que esta parábola trata de la iglesia, la conclusión es que Dios quiere que la iglesia sea grande. La historia es conocida. Lo que comienza como una semilla pequeña se convierte en el árbol más grande de todos. Si el crecimiento es el punto principal de Jesús, él escogió una mala metáfora para eso, y esto es quizá la prueba de que Jesús definitivamente era más carpintero que agricultor. Los agricultores de la multitud habrían quedado conmocionados con esta historia. Simplemente no tiene sentido. Robert Capon señala el hecho de que el árbol de mostaza es una hierba que ningún agricultor quiere en su huerto[199]. Podría comenzar como una pequeña semilla, pero incluso a su altura plena, solamente llega a un metro y 80 centímetros. Difícilmente podría competir en esplendor con los cedros del Líbano que llenaron el templo de Salomón. Si Jesús está en busca de tamaño, escogió el arbusto equivocado. Y ese es el punto que está tratando de aclarar. Probablemente él sí sabía, después de todo, que el árbol de mostaza es un «matorral», una maleza que los agricultores pasan sus días tratando de eliminar, porque esas semillas llegaban a ser hogares para aves que, a su vez, se comían las buenas semillas del huerto que el agricultor se pasa la vida cultivando. Si el reino de los cielos es como una semilla de mostaza, entonces ¿quién lo querría?

Jesús continúa con otra parábola. «El reino de los cielos es como la levadura que una mujer tomó y mezcló en una gran cantidad de harina, hasta que fermentó toda la masa» (Mt 13:33). Esta piedra angular de una sola oración de la enseñanza de Jesús es la piedra que Israel rechazó, y nosotros también, por una buena razón. La levadura es un moho que era considerado contaminado en la cultura hebrea. Si Jesús usaba una maleza y el moho para ilustrar el reino, ¿qué estaba sugiriendo? ¿Podría ser que el reino de Dios es eso mismo que nuestra cultura, nuestras ideologías y nuestras teologías nos han condicionado a rechazar? ¿Podría ser que las malezas y el moho de los que sistemáticamente hemos tratado de deshacernos son precisamente las cosas que revelan la presencia de Dios y son las claves para la comunidad genuina y la unidad? Estos textos nos invitan a movernos hacia una clase de unidad que hace espacio para los «otros», particularmente los «otros» que estamos más condicionados a rechazar, incluso las personas de tradiciones de fe que no son la nuestra.

La unidad y diversidad de Dios que se expresa a través de *pericoresis*, o esta naturaleza que reside recíprocamente, tiene un lado extravagante o juguetón. Independientemente de lo que *pericoresis* signifique teológicamente, su traducción literal podría tener el regalo más grande. *Pericoresis* se origina del griego *peri* que significa «alrededor» y *coresis* que significa «bailar». El significado literal de *pericoresis* es «bailar alrededor», y esa es precisamente la naturaleza del Espíritu. Si la persona del Espíritu es algo, es el miembro de la Trinidad que baila. Como lo dijo T. S. Eliot, en el centro del universo, o en el sagrado centro de la vida, está «el punto inmóvil de un mundo que gira»[200]. En el punto inmóvil del mundo que gira «allí está el baile»[201]. Allí, en el punto inmóvil alrededor del cual el mundo gira, «la oscuridad será luz y la inmovilidad el baile»[202]. El baile del Espíritu es lo que sostiene, lo que marca el movimiento de la comunidad cruciforme. Es el baile eterno al que estamos llamados.

La Comunidad Cruciforme

La película, *Pequeña Miss Sunshine* es una de las mejores películas de gracia de los años recientes[203]. Es la historia peculiar de una familia increíblemente rara pero simpática, que está comprometida con ver a su miembro más joven, Olive, competir en el concurso de belleza juvenil Pequeña Miss Sunshine.

Olive, una niña de siete años con un leve problema de peso, viene de una familia patéticamente disfuncional, pero simpática. El padre de Olive, Richard, es un orador motivacional cuya carrera estaba en una condición deprimente, igual que su matrimonio. A la esposa de Richard, Sheryl, se le está acabando la paciencia con el sueño absurdo de su esposo de ser un orador motivacional. Están sin dinero cuando Richard pierde el negocio de un libro que pensaba que tenía seguro. Su hijo mayor, Dwayne, es un adolescente seguidor de la filosofía de Nietzche de falta de significado, que refleja su opinión de su familia. El abuelo de Olive es un drogadicto malhablado, pero agradable, a quien le gustan las películas atrevidas. Él es quien ha estado preparando a Olive para el concurso, y es el único que parece entender el deseo secreto de Olive de ser coronada como Miss Estados Unidos algún día, de ser notable y bella, de ser la niña de los ojos de alguien, de ser reina. Finalmente, está el tío Frank. Él es uno de los eruditos principales de Proust del país, quien recientemente perdió a su amante homosexual, así como una prestigiosa beca literaria. El tío Frank está hospedado con la familia de Olive después de salir del hospital por un intento de suicidio.

Estos seis desadaptados se apretujan en una camioneta Volkswagen, que se ve y funciona como la vida que ellos llevan. Su misión es llevar a Olive cientos de kilómetros a un concurso donde ella puede competir por la corona. En el camino al concurso, se revela a los personajes y también sus disfunciones. El padre pierde el negocio de un libro, el tío Frank ve a su amante con otro hombre, el Abuelo muere por mucha heroína y Dwayne tiene una crisis nerviosa. Las disfunciones, que parecen tan remotas al principio del viaje, llegan a ser nuestras propias disfunciones para cuando llegamos al concurso. Y cuando llegamos, ya no solo es el concurso de Olive.

El problema, por supuesto, es que Olive no tiene por qué estar en ese concurso. No tiene el talento, la preparación, la belleza ni el carisma para competir. Los miembros de su familia han estado tan ocupados y obsesionados por sus propias vidas, como para observar este hecho hasta que ya es demasiado tarde. Finalmente, comprenden el peso de esta realidad, cuando Olive se prepara para el último talento de la competencia. En todo el concurso ha sido superada completamente por las demás niñas, y, claramente, está fuera de su alcance. Finalmente, el padre, y luego el resto de la familia, se dan cuenta de que Olive se va a poner en ridículo en frente de toda la competencia. Al prepararse para explicar su preocupación a Olive y rescatarla del fracaso catastrófico, la madre toma una postura poco característica. Ella apoya a su hija y defiende el derecho de su hija de vivir su sueño. Adoptando el valor de su madre, Olive se prepara para exhibir al mundo el baile que su abuelo le enseñó antes de morir. Lo que ocurre después no tiene precio.

Olive se para en el escenario. La familia, nerviosamente, espera el desastre y no tienen que esperar mucho. Olive se lanza de lleno a lo que solamente se puede describir como un casi *striptease,* con la canción de Rick James *Super Freak* (raro) y ocurre un desastre. La familia observa con impotencia cómo Olive se pone en ridículo y a ellos también. Pero Olive estaba como si nada. Y baila. Baila sin fingir y sin preocupación por lo que ocurría a su alrededor. Baila sin miedo o juicio. Solo baila. Y su baile es tan malo como es real. El director del concurso trata de finalizar la rutina subida de tono, pero Olive sigue bailando. El maestro de ceremonias interviene para sacarla del escenario, pero Olive no se detiene y varias personas de la audiencia se van del salón, avergonzadas y completamente ofendidas. Finalmente, el padre actúa. Salta al escenario para rescatar a su hija de su propia humillación, así como de la propia. Se prepara para bajarla del escenario, cuando tiene una revelación que lo impacta como una tonelada de ladrillos. Hace una pausa al reconocer lo que está ocurriendo. Ve la libertad de este baile raro, y finalmente se da por vencido. Hace a un lado su propia vergüenza y se une al baile de su hija, y el resto de la familia también hace lo mismo. Bailan moviendo sus cabezas al ritmo de *Super Freak*. Aceptan lo que son y bailan en la tumba de su propia vergüenza y miedo. Bailan.

En el control demoníaco del miedo y la vergüenza, el Espíritu llama. Despojado de toda pretensión y brillo en el escenario de la vida, el Espíritu viene. Entre el llamado y la venida del Espíritu hay baile. Por lo que no bailamos solos. Ese es el evangelio. Somos una comunidad de bailarines, porque Dios es el Dios del baile. El Espíritu, que nos defiende de la voz de nuestro acusador que causa divisiones, nos libera para que seamos uno con Dios, también nos invita a la pista del baile de la vida. Ahí bailamos con el amor de Dios *resplandeciente* (que da luz), *kenótico* (que se rinde), y *pericorético* (entrelazado), que invita al mundo a que haga lo mismo. Así es la naturaleza *rara* de la comunidad cruciforme.

en el centro de todo

En el centro de todo está la alegría. La alegría es lo que sostiene a la comunidad cruciforme de Jesús, que es la «alegría de los hombres». No es pesimismo. No tiene una preocupación mórbida por la muerte. Es increíblemente optimista y ligero. El siguiente poema de Jack Gilbert titulado «A Brief for the Defense» (Instrucciones para la defensa), aclara el punto bellamente, especialmente para aquellos de nosotros que nos encontramos trabajando en lugares difíciles:

Dolor en todas partes. Matanza en todas partes.
Si los bebés no mueren de hambre en algún lugar, mueren de hambre en otra parte.
Con moscas en sus fosas nasales.
Pero nosotros disfrutamos nuestras vidas porque eso es lo que Dios quiere.
De otra manera, las mañanas antes de la llegada del verano no serían tan buenas.
El tigre de Bengala no estaría elaborado tan milagrosamente bien.
Las mujeres pobres en la fuente se ríen juntas entre el sufrimiento que han conocido y lo terrible de su futuro,
Sonríen y ríen mientras alguien de la aldea está muy enfermo.
Hay risa cada día en las terribles calles de Calcuta,
Y las mujeres ríen en las jaulas de Bombay.
Si negamos nuestra felicidad, nos resistimos a nuestra satisfacción,
Disminuimos la importancia de su privación.
Debemos arriesgar el deleite. No el gozo.
Debemos tener la obstinación de aceptar nuestra alegría en el cruel horno de este mundo.
Hacer de la injusticia la única medida de nuestra atención es alabar al Diablo.
Si la locomotora del Señor nos atropella,
Debemos dar gracias porque el final tuvo magnitud.
Debemos admitir que habrá música a pesar de todo[204].

La Comunidad Cruciforme

Es fácil caer al borde de la desesperación mortal, o, por lo menos, del cinismo. La ira justa que alguna vez alimentó nuestra pasión por la justicia llega a ser la clase de ira que envenena el alma. Las ideas inspiradas se desencarnan de las personas y los lugares reales. A los que amamos se les hace violencia sin querer. Lo que comienza como una oración sincera a Dios se convierte en una alabanza solapada al Diablo. Así como la rana proverbial se baña en la olla, no sabemos si hemos llegado a punto de hervir hasta que ya estemos cocinados. El poema de Gilbert es un tónico para esto.

La poesía de Gilbert nos convoca a una confesión muy necesaria. Admitimos cuán frecuentemente hemos «alabado al Diablo» al hacer de la injusticia la única medida de nuestra atención. Admitimos lo frecuentemente que hemos fracasado en «arriesgar el deleite». Estamos profundamente entristecidos de lo frecuentemente que le restamos importancia a aquellos que tienen privaciones, al negar nuestra propia felicidad.

La realidad es que nos avergüenza admitir cuánta alegría hemos encubierto en los últimos años. Verdaderamente, hemos pasado por algunas aguas oscuras. Pero, en resumidas cuentas, hemos probado la alegría más de la que tenemos derecho, y mucho más frecuentemente de lo que hemos admitido. No hemos querido alardear de eso, especialmente con nuestros amigos que sirven en las líneas frontales y que han conocido el dolor personal a niveles que nosotros simplemente no podemos imaginar. Hemos tenido mucho miedo de que nuestra alegría sea interpretada como un éxito de taquilla para aquellos cuyas vidas están marcadas por el fracaso catastrófico.

Estamos aprendiendo a ver que no todo el mundo es una herida abierta. Somos testigos de esto con nuestras propias vidas. No es solamente por nosotros mismos, sino por aquellos con quienes trabajamos que el evangelio nos invita a «arriesgar el deleite» ante lo absurdo. Oramos para que Dios levante líderes que se puedan reír sin negar los males horrendos que los asalten a ellos y a sus comunidades. Oramos por líderes que conozcan la clase de alegría que dignifica a aquellos que viven sin ella. Oramos por líderes que tengan la obstinación de aceptar su alegría en el horno cruel del mundo. Porque esa alegría, ese gozo, está al centro de todo.

CUARTA SECCIÓN

El Ascenso

*Y las calles de la ciudad estarán llenas de muchachos
y muchachas que jugarán en ellas.*

~Zacarías 8:5 (RVR60)

*Dios es un comediante que actúa para una audiencia
que tiene demasiado miedo de reír.*

~Voltaire[205]

17
Cómo Ver Lo Nuevo

¡Voy a hacer algo nuevo! Ya está sucediendo,
¿no se dan cuenta?
~Isaías 43:19

Se requiere de gracia para ver la gracia.
~Karl Barth[206]

La *historia que sigue podría parecer inverosímil* para algunos lectores. Dado que ocurrió hace muchos años, tal vez se nos puede perdonar si hemos colocado mal algunos detalles, pero cualquiera que ha trabajado con chicos urbanos, que no están acostumbrados a pasar tiempo relacionándose con la naturaleza, sabrá que nuestra historia está lejos de ser ficción. Es más probable que estemos subestimando los hechos para mantener algún grado de autenticidad.

Hace algunos años, cuando yo (Kris) trabajaba con chicos urbanos en Portland, Oregon, con mi amigo Ron llevamos a un grupo de chicos de escuela secundaria al monte Hood por un día. El monte Hood tiene 3,429 metros de altura y está apenas a 80 kilómetros al suroeste de Portland. La montaña es una característica icónica de la región y provee un fondo majestuoso de paisaje urbano en un día claro. Las nubes frecuentemente camuflan la montaña, pero cuando el sol sale, la montaña es espectacular y es difícil de pasarla por alto. La poca frecuencia de un cielo despejado hace que sea más más demandante visualmente cuando se puede ver.

Fue un recorrido corto al monte Hood desde Portland, y en tanto que los caminos sinuosos y las montañas de tierras bajas son densas con árboles que dificultan ver la montaña algunas veces, hay muchos tramos donde la montaña es claramente visible. No hay nada como rodear una curva en el camino, y, de pronto, allí está, 3,429 metros de montaña mirándolo a la cara. Es imponente, intimidante e impresionante. En el estilo típico de programa juvenil, llenamos una furgoneta de quince pasajeros con veinte chicos de la Portland urbana, que nunca habían estado en el monte Hood y (como lo descubrimos) nunca lo habían visto. Para ser más exactos, no podían verlo.

Era un bello y claro día de primavera, y la montaña estaba en toda su gloria. Después de haber conducido más o menos 45 minutos, habíamos entrado al parque nacional y nos acercábamos a la cabaña Timberline, en la base de la montaña, donde pasaríamos el día. Giramos en una curva y la montaña apareció como una foto en tercera dimensión, en todo su relieve.

—¡Espectacular! —gritó Ron a los chicos instintivamente, que estaban metidos uno junto a otro en la parte de atrás de la camioneta— ¡Allí está! —No hubo respuesta. Lo atribuimos al hecho de que los chicos estaban totalmente concentrados en una conversación animada como las que son usuales para los chicos de secundaria del

Cómo Ver Lo Nuevo

área urbana. Giramos en otra curva en el camino y, una vez más, nos recibió una vista asombrosa de la montaña. —¡Vean eso! —gritó Ron otra vez a los chicos. Uno de los chicos escuchó a Ron y preguntó:

—¿Que veamos qué? —Ron señaló a la montaña directamente.

—¡Eso! —dijo Ron. Su voz animada captó la atención de los otros jóvenes.

—¿Que veamos qué? —repitieron casi al unísono. Como frecuentemente les ocurrirá a los líderes que se ponen exasperados con las payasadas de los chicos con quienes trabajan, Ron se puso un poco irritado.

—Vean la montaña, ¡cabezas de chorlito! —Dijo, con algo de convicción en su voz.

—¿Qué montaña? —Respondió uno de los chicos.

—¿Dónde? —Respondió otro.

—¡Allí mismo! —Dijo Ron, que ya estaba visiblemente frustrado y había decidido desviar la camioneta apresuradamente en el camino. Detuvo la camioneta y dijo—: Miren por la ventana, ¡la montaña está justo allí!

—¿Dónde? ¡Quiero verla! ¡Quiero verla! —Gritaron los chicos de nuevo y Ron nos ordenó a todos que saliéramos de la camioneta y que nos paráramos frente a la montaña, que solo él y yo podíamos ver. Les dijo a los chicos que vieran la primera fila de árboles al otro lado del camino y preguntó si podían ver los árboles.

—Sí —respondieron al unísono—. Vemos los árboles.

—Ahora bien, levanten sus ojos un poco más alto —dijo luego—, ¿pueden ver una pequeña colina más allá del primer grupo de árboles?

—Sí —respondieron al unísono—, vemos la colina.

—Grandioso —dijo Ron—. Ahora, levanten sus ojos otra vez y vean más allá de esa colina... vean un poco más alto... pueden ver... —antes de que terminara la oración, todo el grupo comenzó a señalar y a gritar con total asombro, conmocionados por lo que vieron.

—¡Ahí está, ahí está!... vean la montaña... ¡Puedo verla! —Ron y yo nos vimos el uno al otro con igual asombro, encogimos los hombros, sacudimos la cabeza y después nos reímos.

Dios habla a través del profeta Isaías y dice: «¡Voy a hacer algo nuevo! Ya está sucediendo, ¿no se dan cuenta?» (43:19). Resulta que ver «algo nuevo» no es fácil, independientemente que sea ver una montaña de 3,429 metros por primera vez, o ver al Cristo resucitado por primera vez. Eso siempre es una obra de gracia, y tenemos límites en cuanto a lo que podemos enfrentar a la vez. Generalmente se requiere de tiempo para ver las cosas como son. ¿De qué otra manera podemos explicar el hecho de que nadie, ¡nadie! reconoció al Jesús resucitado a primera vista? Ver la resurrección requiere una segunda mirada, otro vistazo. Se requiere de un poco de tiempo para que nuestros ojos se ajusten a la luz de la resurrección, y luego toda la vida se ve radicalmente distinta. En este sentido, ver «algo nuevo» no es tanto ver algo que no existía antes, sino ver una cosa antigua de otra manera, a través de lentes nuevos. Así es el milagro de la vista del evangelio: ver lo que siempre ha estado allí, de una manera tan radicalmente nueva, que se convierte en una cosa nueva.

Nos encanta la interpretación de Robert Barron de todo este asunto de la vista en *And Now I See: A Theology of Transformation* (Y ahora veo: La teología de transformación). Barron escribe:

> El cristianismo es, por encima de todo, una nueva forma de ver. Todo lo demás de la vida cristiana fluye y gira alrededor de la transformación de la visión. Los cristianos ven de manera distinta, y por eso es que su oración, su adoración, su

acción, toda su forma de ser en el mundo, tiene un acento y sabor distintivos[207].

Desafortunadamente, el ideal de Barron no siempre ha sido la realidad para muchos de nosotros que nos llamamos cristianos. Ver como cristianos no necesariamente es lo mismo que ver cristianamente. Aprender a ver cristianamente (especialmente para los cristianos), muy frecuentemente requiere de tiempo y práctica dedicada. La mayoría de nosotros son como el ciego del Evangelio de Marcos, a quien Jesús «tomó de la mano y lo sacó fuera del pueblo», y a quien luego le toca sus ojos con saliva. Al principio el hombre ve solamente árboles, pero después de un segundo toque de Jesús, «comenzó a ver todo con claridad» (8:23-25).

Es interesante que el segundo toque que nos permite ver la vida a través de la realidad de la resurrección de Cristo es distinto para cada persona. Piense en María Magdalena en la tumba. Al principio, el Jesús resucitado se dirigió a ella de una manera general y la llamó «mujer». Al oír esto, ella no lo reconoce. Piensa que Jesús es un jardinero (Jn 20:15). Pero cuando Jesús la llama por su nombre, «María», ella reconoce a Jesús y corre a abrazarlo. Tomás necesita tocar las heridas de Jesús antes de ver. Al tocar las heridas, los ojos de Tomás se abren y él declara que Jesús es «¡Señor mío y Dios mío!» (Jn 20:28).

Para Pedro es precisamente lo opuesto. En lugar de que Pedro toque las heridas de Jesús, Jesús toca la herida de Pedro. Jesús pone su dedo en la herida a través de una serie de preguntas que reflejan que Pedro lo negó. Después de que Jesús repite su pregunta una tercera vez, el texto dice que a Pedro «le dolió» (Jn 21:17). Estamos presenciando una clase de herida de gracia. Al tocar la herida de Pedro, Jesús no solamente restaura a Pedro, sino que cambia para siempre la forma en que Pedro ve el día más trágico de su historia.

En cuanto a Cleofas y su amigo en el camino a Emaús, solo después de que Jesús preside la comida reconocen al extranjero que ha estado con ellos a lo largo del día. Al recrear la última cena, Jesús los ayuda a recordar, y «se les abrieron los ojos y lo reconocieron» (Lc 24:31). Y Saulo (Pablo), el perseguidor asesino de la iglesia primitiva, se encuentra en otro camino a la vista. Jesús enceguece a Saulo para que pueda ver. Después oír la voz de Jesús: «pero cuando abrió los ojos no podía ver» (Hch 9:8). Se requiere que un Ananías temeroso ponga sus manos sobre Pablo, y «cayó de los ojos de Saulo algo como escamas» (Hch 9:18). El camino a la vista de cada persona es un proceso único.

La gracia le da vista a aquel que está ciego y ciega a aquel que ve. Funciona de ambas maneras. En Juan 9, después de sanar al ciego y de tratar con la controversia que generó entre los fariseos, Jesús resumió su ministerio de esta manera: «Yo he venido a este mundo para juzgarlo, para que los ciegos vean, y los que ven se queden ciegos» (9:39). Este es un versículo confuso a primera vista, porque suena inusualmente severo y crítico, pero una mirada más de cerca revela que más bien Jesús no está haciendo un juicio. Él le da vuelta a la tortilla del pensamiento de ellos, de ojo por ojo y *quid pro quo*, y lo convierte en una lección de la naturaleza radical de la gracia. Toda la historia del ciego de Juan 9 se desarrolla en el trasfondo de pecado y juicio. La suposición no analizada de todos los personajes de la historia es que el hombre es ciego porque está bajo el juicio de Dios, alguien ha pecado y la única pregunta en sus mentes era quién. ¿El ciego? ¿Sus padres? ¿Quién lo echó a perder? Jesús se rehúsa a ser atraído a las rivalidades que rodean el juego de la culpa. Y, aun así, ellos insisten en saber el juicio de Dios. Al final, Jesús les da el «juicio» de Dios, que es la gracia, una gracia que funciona en dos direcciones. *Si eres ciego (y lo sabes), te daré vista para que puedas ver. Si crees que ves (pero eres ciego), te dejaré ciego para que puedas aprender a ver otra vez.* La gracia de Dios cae en ambos. De cualquier manera, se requiere de gracia para ver la gracia.

18
La Nueva Normalidad

Mientras bajaban de la montaña, Jesús les ordenó que no contaran a nadie lo que habían visto hasta que el Hijo del hombre se levantara de entre los muertos.
~Marcos 9:9

A medida que perdonamos y somos perdonados es que llegamos a ver lo que realmente es.
~James Alison[208]

El *evangelio no solo nos empodera para ver*, sino para ver desde un punto de vista particular. Nos invita a ver desde la realidad de la resurrección. Desde el interior de esta realidad es que toda la vida se enfoca. Es un lugar que vuelve a describir al mundo, como podría decirlo Walter Brueggemann. Cuando hablamos de ver desde de la realidad de la resurrección, no hablamos de la clase de visión que llega al estudiar algo como si estuviéramos afuera viendo hacia adentro. Buscamos algo distinto. Hablamos de encontrarnos *dentro* de una realidad que es distinta a cualquier otra. Es una realidad que no excluye a nadie, ni se define por encima y en contra de cualquier otra realidad. Es un lugar tan radicalmente diferente a cualquiera que hayamos conocido, que es como si necesitáramos un idioma completamente nuevo para describirlo. Nos encontramos dentro de algo que nos describe, y al mundo que nos rodea, de una manera que hace que todo sea más real. Nos llama, y llama a todas las cosas al verdadero ser. No es un lugar desde el cual miramos todo lo demás, como si otras cosas estuvieran afuera y separadas. De hecho, no es realmente un lugar distinto en absoluto. Es más como un no lugar. Simplemente *es*.

Ver esta realidad desde dentro y esforzarse para transmitir cómo vuelve a describir todo, incluso nuestra percepción de Dios, es la tarea sumamente difícil del evangelismo. Estudiar esto desde afuera viendo hacia adentro es como tratar de imaginar respirar bajo agua, o ver a toda una escuela de personas que parecen humanas pero que respiran fácil y libremente bajo el agua. Nos quedamos perplejos. Respirar bajo el agua no solo parece ser posible sino bastante *normal* para aquellos que se encuentra dentro de esa realidad. La normalidad es la clave. Hablamos de una forma de ver a Dios y al mundo que nos mueve de la imposibilidad a la posibilidad a la normalidad.

Por supuesto que la normalidad de la que hablamos dentro de la resurrección tiene poco o nada que ver con los trucos sobrenaturales increíbles, como respirar bajo el agua (¡solo una metáfora aquí!), o la capacidad sobrehumana del logro o la perfección moral. Diremos algo más acerca de la normalidad de la resurrección en un momento, pero primero debemos hacer una pausa para mencionar algo más. No hay nada tan peligroso como tratar de ocupar este lugar prematura o falsamente.

La Nueva Normalidad

Para ilustrar este peligro, vamos al Evangelio de Marcos. A lo largo de este Evangelio, Jesús les dice a sus discípulos repetidas veces que no mencionen su identidad demasiado pronto. Los teólogos frecuentemente se refieren a esto como el «secreto mesiánico». Después de que Pedro confiesa que Jesús es el Mesías en Marcos 8, Jesús le dice a Pedro y a los discípulos que no digan nada a nadie. Y después de la transfiguración de Jesús en la montaña en Marcos 9, Jesús estrictamente le advierte a Pedro, Jacobo y Juan que no digan nada *hasta que el Hijo del hombre se levantara de entre los muertos* (Mr 9:9). ¡Qué observación tan extraña! ¿Por qué está bien hablar de Jesús después de la resurrección y no antes? ¿Qué van a ver ellos después de la resurrección que no pueden ver antes?

Una cosa que sabemos con seguridad es que cuando Pedro, Jacobo y Juan vieron a Jesús transfigurado en la montaña, Jesús todavía no había sido crucificado. Si los discípulos se hubieran convertido en evangelistas con base a su limitada visión de la cima de la montaña, habrían corrido el riesgo de proclamar un evangelio falso en el valle. Por lo que Jesús les dice a sus discípulos que no hablen hasta después de que hayan presenciado la resurrección. Jesús les pide que esperen hasta que hayan visto por sí mismos, como Job (Job 42:5), lo que significa pasar por la muerte y salir a salvo al otro lado. Les dice que no hablen hasta después de haber visto en el cuerpo resucitado de Jesús las mismas marcas de la muerte a la que él vence. Entonces, y solo entonces, ellos tendrán la autoridad de hablar, pero no antes. Entonces y solo entonces, ellos verán las cosas como realmente son, y más especialmente, la misma muerte.

Tenemos la corazonada de que una de las razones principales por las que hay tan poca autoridad transformadora en la iglesia hoy día es porque hay tan poca visión transformadora. Gran parte de lo que pasa por el discurso autoritativo no está mal, sino que se forma prematuramente en una especie de ceguera desprovista del misterio pascual. Entonces, Jesús les suplica a sus discípulos que esperen.

¿Dónde está, oh muerte, tu aguijón?

Finalmente, los discípulos sí presencian la resurrección. Se les abren sus ojos, y a nosotros también. Tal vez, el cambio más grande y radical que observamos al ver la vida desde la realidad de la resurrección es que la muerte en realidad no es el enemigo que creíamos que era. La muerte no es el fin del camino. Para gran sorpresa nuestra (¡y es una sorpresa agradable!), la muerte es el camino a la vida en sí. Abre más puertas de las que cierra. La muerte no es más que uno más de los sirvientes bellos de Dios.

Esta es la sorpresa gigantesca del evangelio que solo se puede ver desde la resurrección. Es la gran imposibilidad que se normaliza con la muerte y resurrección de Jesús. Nuestras mentes no captan fácilmente esta realidad, porque tenemos un interés personal de relacionarnos con la muerte como el enemigo supremo. Es la única manera que hemos conocido. Necesitamos la ayuda de los profetas poetas que subvierten la mente calculadora y que hablan al corazón, donde la verdad se puede digerir más fácilmente. Oiga las palabras del poeta alemán Rainer Maria Rilke en «Letter to Countess Margot Sizzo-Noris-Crouy» (Carta a la condesa Margot Sizzo-Noris-Crouy):

> Siempre y cuando estemos opuestos a la Muerte, la desfiguraremos... La Muerte es nuestra Amiga, quizá la única amiga que nunca se puede confundir con nuestras estrategias y vacilaciones. Y no me refiero a eso en el sentido sentimental y romántico de no confiar en, o renunciar a, la vida. La muerte

es nuestra amiga precisamente porque nos lleva a la presencia absoluta y apasionada de todo lo que está allí, que es natural, que es amor[209]».

Cuando vivimos dentro de la resurrección, incluso la muerte se reclama como amiga. Una vez más, que quede claro, no hablamos de la muerte en su condición caída que nos tiene como rehenes y nos devasta y deshumaniza a todos. Aquí hablamos de la muerte en su estado de gracia, como una parte natural de la vida. Debido a que Jesús nos ha liberado de la muerte como un poder, no solo se nos empodera para liberar a otros de su control, y para defender a los indefensos en contra de ella, sino que también somos libres para aceptar la muerte en su estado más natural y entablar amistad con ella.

Una vez más, lo que era imposible antes de la cruz, no solo llega a ser posible, sino normal en la resurrección. Desde la resurrección es bastante normal, incluso rutinario, entablar amistad con la muerte. Es exactamente lo que se supone que los cristianos debemos hacer. Entablamos amistad con nuestros enemigos, y al hacernos amigos de nuestros enemigos, llegamos a verlos de manera muy distinta.

El regalo del enemigo

El Holocausto del Antiguo Testamento fue la invasión de Jerusalén y del reino del sur de Israel en 587 a. C. por Babilonia. De todas las campañas militares y derrotas que Israel sufrió en su historia, esta fue indiscutiblemente la peor y la más humillante. Los judíos estaban convencidos de que el mal mismo había destruido la ciudad santa de Jerusalén, violado a sus mujeres, asesinado a sus hijos y había dejado que sus pobres se defendieran por sí mismos. Los conquistadores llevaron a los líderes de Jerusalén, que no estaban acostumbrados al trabajo arduo, por una caminata de más o menos mil kilómetros hacia la rivera del río Quebar en Babilonia, donde, totalmente derrotados, lloraron. Allí, los atormentadores babilonios se burlaron de sus cautivos y los abuchearon. Provocaron a los judíos a cantar las canciones de Sion. El salmista respondió amargamente en 137:4: «¿Cómo cantar las canciones del Señor en una tierra extraña?»

Lo que hace que esta canción sea tan evocadora es que los judíos no estaban simplemente en una tierra extraña, estaban en la tierra de su enemigo. Como resultado de una brutal derrota militar, los judíos no tenían tierra natal, sacerdote, templo ni rey. Tal vez lo peor de todo es que no tenían una ciudad que pudieran decir que era propia. Jerusalén, la ciudad de su Dios, la ciudad de paz, estaba en ruinas. Todas las maneras en las que Israel había aprendido a adorar a Dios ya no estaban disponibles para ellos. Eran un pueblo humillado y destruido. Tal vez, en este contexto comenzamos a entender las líneas finales de Salmos 137:9, en las que el salmista clama: «¡Dichoso el que agarre a tus pequeños y los estrelle contra las rocas!» Difícilmente una respuesta pastoral mesurada y compasiva.

Poco después de que los judíos habían entrado a Babilonia a punta de lanza, Jeremías profetizó (25:9-12) que pasarían setenta largos años antes de que los israelitas volvieran a ver su ciudad amada. Descenderían a las entrañas de Babilonia, la ciudad de orgullo y el centro de todo lo que es malo. Pasarían setenta años antes de que los israelitas volvieran cojeando a Jerusalén. No sabemos con seguridad, pero uno de los que cojearon de regreso a Jerusalén, después del largo cautiverio, pudo haber sido el profeta Zacarías. Confrontado por la devastación de su ciudad, Zacarías fue inspirado por el Espíritu. Él «vio» una nueva Jerusalén, una Jerusalén que personificaría todas las esperanzas y sueños de Dios para su pueblo, donde un día «los niños y las niñas volverán a jugar en las calles de la ciudad» (Zac 8:5). Es una visión bella y poética que ha inspirado más de un puñado de sermones de los púlpitos de las zonas marginales, y ha dado esperanza a muchas generaciones de moradores urbanos, comenzando con la de Zacarías. Él estaba comenzando a ver a través de los ojos de la Pascua.

Para nuestro propósito, lo importante a observar acerca de la visión de Zacarías es dónde se originó. La visión de Zacarías para la Nueva Jerusalén fue alimentada en *Babilonia*. Babilonia y Jerusalén sobresalen como prototipos a lo largo de las Escrituras. Babilonia representa al enemigo de Dios, ella es todo lo que está en contra de Jerusalén. Por lo que la ironía aquí es tan amarga como sorprendente: la visión de Zacarías de la Nueva Jerusalén, la Jerusalén que algún día sería la expresión completa del *shalom* de Dios para la humanidad, se origina de la misma Babilonia. ¿Cómo puede ser eso? ¿Cómo puede el hogar de muerte y destrucción ser el suelo desde el que surge la visión de Dios para su pueblo? ¿Cómo ayuda el enemigo de Dios al pueblo de Dios a ver?

Una vez más, acudimos a John Howard Yoder quien escribe: «Dios está obrando en el mundo, y es tarea de la iglesia saber cómo está obrando». Es decir: «Miren, aquí está Cristo. ¡Aquí es donde Dios está obrando![210]» Una cosa es discernir la obra de Dios en Jerusalén, donde estamos preparados para ver a Dios. Completamente otra es discernir la obra de Dios en Babilonia, ante nuestro enemigo. Tanto Jeremías como Zacarías nos enseñan una verdad difícil pero liberadora, hablando bíblicamente, la visión para la vida se origina en el contexto de la muerte. Nada podría ser más ilógico.

El filósofo judío que se convirtió en un místico católico, Simone Weil, observó que hay dos cosas que nos despiertan a Dios: la belleza y la aflicción[211]. Cuando nos detenemos a considerar la relación recíproca entre las dos, nos damos cuenta de que una es la fuente de la otra. Las bellezas más grandes de la vida son, a veces (¿siempre?), la fuente de nuestras aflicciones más profundas. No tenemos que buscar más allá que en el matrimonio o los hijos para saber la verdad de esto. Lo contrario también es cierto. Nuestras aflicciones más profundas son, a veces (¿siempre?), la fuente de nuestras bellezas más grandes. Es esencialmente una cuestión de visión, ¿tenemos ojos para ver la belleza en la aflicción y viceversa?

Aquí tenemos que andar con cuidado, pero si somos sinceros, incluso nuestras peores pesadillas han sido el crisol de la gracia de Dios en nuestras vidas. Hablamos del regalo de nuestros enemigos y el misterio que envuelve. Conociendo el escándalo de esta enseñanza, Jesús bromea con nosotros con un acertijo y usa una metáfora, «La piedra que desecharon los constructores ha llegado a ser la piedra angular»[212]. Esta declaración, por supuesto, es autorreferencial, pero no podemos evitar preguntarnos si Jesús también se refiere a un principio más amplio de la vida. Nuestras aflicciones más profundas, de las que huimos y sistemáticamente rechazamos, son, si las dejamos ser, las piedras angulares que les dan significado a nuestras vidas, que mantienen nuestras vidas unidas, y finalmente nos completan. La piedra que rechazamos es la piedra que nos completa y perfecciona, si se lo permitimos.

Babilonia fue, sin duda alguna, la aflicción más profunda de Israel y la fuente más grande de vergüenza. Fue la piedra angular que Israel rechazó. Por eso es que Dios habló por el profeta Jeremías, «busquen el bienestar de la ciudad adonde los he deportado, y pidan al Señor por ella, porque el bienestar de ustedes depende del bienestar de la ciudad» (29:7). James Alison lo dice de esta manera: «Amamos a nuestros enemigos porque cuando no los amamos, a ellos se les da un espacio sin renta en nuestra alma y nos convertimos en nuestros enemigos»[213]. Los casi mil kilómetros a Babilonia fueron más que un ejercicio muy necesario para la aristocracia de Israel, que había engordado y se había puesto perezosa en su abuso de los pobres. Su trasplante de los jardines de los techos de Jerusalén a los jardines colgantes de Babilonia, no fue solo una lección de horticultura. De alguna manera, Babilonia tenía la llave para abrir la plenitud del amor de Dios para el pueblo de Dios. ¿Podemos verlo? Aquí está el regalo de Babilonia, el regalo de nuestro enemigo.

Tal vez no es sorpresa descubrir que el nombre mismo de «Babilonia» personifica un secreto profundo. Babilonia, no solo significa como se oye, balbucear o confusión, también significa «puerta de Dios»[214]. Nuestro enemigo es quien puede revelar e incluso desplegar la naturaleza del amor de Dios dentro de nosotros.

Confesamos que nos atrae la poesía de esta enseñanza, pero también debemos confesar que la realidad práctica es una taza de café fuerte. Una cosa es sugerir que el enemigo tiene el secreto de nuestra redención, que, de alguna manera, Dios se viste así mismo como mi enemigo, o como lo que la Madre Teresa llamó «el disfraz inquietante» de otro[215]. Otra cosa bastante distinta es sugerir que nuestro pecado y el pecado de nuestros enemigos son siervos del amor de Dios y que esto, de alguna manera, completa y perfecciona el amor de Dios. Pero esto es precisamente lo que estamos diciendo.

Así que, volvamos ahora a la pregunta de si la muerte es amiga o enemiga, y acudimos a Jesús para que nos muestre el camino. Pablo utiliza un lenguaje extraño al describir la relación de Jesús con la muerte. Al citar un himno primitivo doctrinal, él dice que Jesús llegó a ser «obediente hasta la muerte, ¡y muerte de cruz!» (Fil 2:8). El triunfo de Jesús sobre la muerte tiene menos que ver con su eliminación y más que ver con su transformación, o, para ser más precisos, nuestra transformación. Para decirlo de manera muy práctica, todos vamos a morir físicamente, todos. Sin excepciones. Las muertes de nuestros cuerpos y almas son una parte natural de la vida. La única pregunta que queda es cómo vamos a experimentar la muerte. ¿Vamos a hacer las paces con nuestra finitud, o seguiremos el camino de Dylan Thomas, que escribió: «No entres suavemente a ese dulce sueño . . . Protesta, protesta en contra de la muerte de la luz»[216]?

Una psiquiatra originaria de Suiza, Elizabeth Kubler-Ross, reveló en su libro emblemático *On Death and Dying* (*Sobre la muerte y los moribundos*) que hay algo de arte en morir bien, al pasar por los ciclos de negación, ira, regateo, vacío y, finalmente, aceptación[217]. La belleza de la muerte es que, al final, es la única prueba de la vida que todos aprobamos, algunos con gran éxito, otros raspados; pero todos aprobamos. Si la resurrección significa algo, significa que Jesús no solo resucita de la tumba para enseñarnos a vivir, sino que resucita de la tumba para enseñarnos a morir. Esta segunda parte es la que nos toma a todos por sorpresa, y resulta que es la lección más liberadora (aunque mucho más difícil).

Si todo esto suena como que estamos abogando por una aceptación pasiva de la violencia, brutalidad y formas deshumanizantes de muerte que plagan a la humanidad, no hemos sido claros. Trabajamos con, y servimos a, líderes en contextos de violencia brutal. No sugerimos que aceptemos tranquilamente semejante mal. No estamos sugiriendo que nos quedemos dentro del ciclo de violencia, o que nos quedemos ociosamente al lado del camino mientras las víctimas inocentes están siendo destruidas. No estamos idealizando la muerte en ninguna de sus muchas formas desnaturalizadas y caídas. Sin embargo, sugerimos que hasta que lleguemos a ver la muerte desde la realidad de la resurrección, no seremos liberados de ella. De hecho, la ironía es que, si no llegamos a ver la muerte de una manera cristiana, ella nos gobernará, y seremos sus esclavos. No seremos capaces de distinguir esa parte de la muerte que es amiga de la parte de la muerte que es enemiga. Es crucial entender esto, porque está en el centro de la resurrección y también es el punto de la enseñanza críptica de Jesús: «Porque el que quiera salvar su vida la perderá; pero el que pierda su vida por mi causa y por el evangelio la salvará» (Mr 8:35). Esta enseñanza aparece en los cuatro Evangelios. En el Evangelio de Juan, está atada a la pregunta de la vista. Los griegos deseaban «ver a Jesús», y Jesús responde diciendo: «si el grano de trigo no cae en tierra y muere, se queda solo. Pero, si muere, produce mucho fruto» (Jn 12:24). La muerte no es el enemigo que pensábamos que era.

Si no vemos desde la resurrección, no seremos capaces de distinguir esa parte de la muerte que es natural para el ritmo de la vida, de esa parte de la muerte que no lo es. No sabremos qué aceptar y qué resistir. Más importante aún, no sabremos cómo involucrar la muerte de alguna manera, sin que ella nos consuma. Lo hemos dicho antes, pero un evangelio que niega la muerte es un evangelio que trata de la muerte. Ver todo lo que tiene que ver con la vida, particularmente la muerte desde la realidad de la resurrección, es ver cómo hemos sido constituidos meticulosamente por la muerte, y cuán frecuentemente nuestros mismos intentos de erradicarla solamente nos atrincheran más en ella, como una trampa de dedos china.

Así que, ¿cómo podemos escapar del control de la muerte? He aquí el secreto: no podemos. Esa es la primera lección de la resurrección, y quizá la más liberadora. Considere una vez más a Tomás, quien metió sus dedos en las heridas del Jesús resucitado. El cuerpo resucitado de Cristo es un cuerpo herido, lleva las heridas de la muerte, así como el Cordero que aparece en Apocalipsis como «un Cordero como inmolado» (Ap 5:6 rvr60). No podemos tener lo uno sin lo otro. Cristo conserva las heridas de nuestra salvación. ¿Por qué? Las implicaciones teológicas y pastorales de esto son enormes: el Cristo resucitado tiene el poder de tener dentro de su cuerpo las heridas de este mundo. De la misma manera, el Cristo resucitado tiene el poder de retener la muerte en sí sin ser consumido por ella. Ese es el poder de la resurrección y la nueva normalidad que estableció. Vence a la muerte, particularmente en sus formas más malignas, no eliminándola, sino aceptándola, entablando amistad con ella, y, finalmente, transformándola. Por eso es que podemos declarar: «¿Dónde está, oh muerte, tu victoria? ¿Dónde está, oh muerte, tu aguijón?» (1Co 15:55).

Para decirlo más sacramentalmente, describimos la trayectoria bautismal que, como ya lo hemos discutido, es el proceso de morir y resucitar. Pasamos por las aguas caóticas de la muerte para que podamos ser resucitados a una vida nueva. En un sentido, el bautismo es la cruz antes de la cruz. La trayectoria bautismal es la trayectoria de Noé, que flota por el caos del juicio en un arca frágil, grietas rellenas de brea. Es la trayectoria de Moisés, que atraviesa el mar en tierra seca y ver el ejército muerto de Faraón en la playa a la luz de la mañana. Es la trayectoria de Josué, que guía al pueblo a través un río inundado sin la presencia consoladora de su amado mentor, ni el beneficio de un milagro visible que abra las aguas antes de que ellos se metan. Es la trayectoria de Jonás, que es lanzado al agua y sepultado en el vientre del pez por tres días. Es la trayectoria de Jesús y también la nuestra. Es una trayectoria que transforma nuestra forma de ver.

En el bautismo algo muere, pero debemos tener claro qué es lo que muere. Lo que muere en el bautismo es *todo lo que no es*, para que *todo lo que es* pueda resucitar. Lo que Thomas Merton llama el esencial «verdadero yo» no muere, porque eso haría que Dios fuera como todos los otros dioses que demandan sacrificios humanos. Lo que muere en el bautismo y se entierra con Cristo es el «falso yo» con todas sus ilusiones. Se entierra con Cristo para que el verdadero yo, que siempre ha existido en Cristo desde la fundación del mundo, pueda salir. En el bautismo, Dios simplemente nos pide que muramos a las cosas que *no son*, para que podamos vivir a las cosas *que son*.

Para ilustrar nuestro punto, considere la historia familiar de Moisés, quien pidió ver a Dios cara a cara. Dios le responde a Moisés: «no podrás ver mi rostro, porque nadie pude verme y seguir con vida» (Éx 33:20). Eso tuvo que haber sido confuso para Moisés, quien probablemente recordaba que Jacob vio el rostro de Dios y vivió. De hecho, más adelante en Deuteronomio se dice de Moisés: «Desde entonces no volvió a surgir en Israel otro profeta como Moisés, con quien el Señor tenía trato directo» (Dt 34:10). ¿Podemos ver el rostro de Dios y vivir, o no? Tal vez ayuda recordar que cuando Jacob vio a Dios cara a cara, de hecho, algo sí murió. En un sentido, Jacob murió y resucitó con un nombre nuevo que Dios le dio. Dios lo llamó Israel. ¿Y qué de Moisés? Pues, en su caso vemos una exhibición exquisita del sentido de humor teológico de Dios. Él pone a Moisés en la grieta de la roca y le muestra su espalda (*achor*), que figuradamente significa su «parte posterior» o «parte trasera». Para hablar en un lenguaje contemporáneo, Dios «ilumina» a Moisés y la iluminación cósmica de Dios hace que el rostro de Moisés brille con semejante gloria que él tuvo que cubrir su rostro cuando regresó a su pueblo (Éx 34:33), porque de otra manera, supuestamente ellos morirían.

En resumen, cuando vemos a Dios cara a cara, algo muere, y lo que muere es todo lo que es falso, para que todo lo que es cierto surja. El «esencial nosotros» vive eternamente en Cristo. Todo lo que no es se entierra eternamente. La muerte bautismal nos despoja de nuestro falso yo para que nuestro verdadero yo pueda vivir.

Al final, el bautismo es muerte antes de la muerte, la cruz es antes de la cruz. En otras palabras, el bautismo trata de aprender a vivir y a qué cosas morir, para que sepamos vivir y para qué vivir.

Cómo participar en la creación

Mencionamos antes, que ver desde la resurrección es la pura esencia de la creación misma. En ese sentido, la creación no es un acontecimiento que pasó en el pasado, sino algo que existe en el corazón de Dios. La creación es la forma de ser de Dios. Así que, siempre está ocurriendo, si tenemos ojos para verlo. Cuando Tomás toca las heridas del Cristo resucitado y ve a Jesús como «Señor y Dios», tenemos otro vistazo de cómo obra esa realidad y oímos que Jesús invita a sus discípulos (y a nosotros) a participar en el acto continuo de la creación.

En el relato que Juan hace de la historia, el Jesús resucitado se revela a sí mismo a sus discípulos, y podemos imaginar que es «el primer día de la semana», que es decir que es el primer día de la creación, la nueva creación en Cristo. Observe que los discípulos de Jesús están escondidos, encerrados en una habitación, encerrados dentro de la cárcel del miedo, solamente capaces de ver el mundo a través de ese miedo. Hasta ese momento, no se habían topado con el Cristo resucitado y solamente podían ver lo que el miedo les permitía ver, un mundo lleno de enemigos. El mundo es un lugar peligroso cuando se ve con lentes oscuros, y Dios es un Dios peligroso.

El texto dice que cuando ellos estaban encerrados en la habitación, temblando de miedo: «entró Jesús y, poniéndose en medio de ellos, los saludó. "¡La paz sea con ustedes!"» (Jn 20:19). Hacemos una pausa aquí para observar que la primera palabra del Jesús resucitado para

La Nueva Normalidad

sus discípulos es «Paz». Paz es siempre la primera palabra para una creación asustada. Como lo señalamos antes en el Capítulo 14, Jesús declara paz tres veces en este pasaje, como si dijera que la paz no solo es la primera palabra de la resurrección, sino también la de en medio y la última. Es el resumen de todo lo que Dios es. En una palabra, la resurrección final y completamente declara *shalom*: todo está bien. La resurrección es prueba para la humanidad de que la oración de Jesús en la cruz fue respondida: «Padre . . . perdónalos porque no saben lo que hacen». El Cristo resucitado confirma el perdón de Dios para una humanidad temerosa y violenta. Cuando se ve con los lentes del miedo, el amor amplio y abundante de Dios fácilmente se confunde con ira, pero cuando se ve desde el poder de la resurrección, se revela que todo es radicalmente lo contrario.

Después haber declarado paz, Jesús entonces comisiona a los discípulos a que hagan lo mismo. Dice: «Como el Padre me envió a mí, así yo los envío a ustedes». Aquí, Jesús les pide a los discípulos que imiten su declaración de paz, y luego Jesús hace lo que Dios hace siempre con la creación: respira sobre ellos, y los empodera con el Espíritu para que sean instrumentos de paz en el mundo. La poesía de esta escena es imponente. Una vez más, nos topamos con el misterio del aliento de Dios:

¡Qué gentileza!

¡Qué poder!

La imagen es rica y el texto nos invita a recordar al Espíritu (aliento) que sobrevuela en Génesis, dando vueltas sobre la creación, provocando vida. Recordamos a Dios dando el aliento de vida en el polvo de la humanidad. Recordamos el nombre de Dios, Yahweh, El que Respira, y también recordamos la última vez que Jesús respiró en la cruz, que se mueve en las profundidades de la oscuridad por tres días. Al igual que la visión de Ezequiel, el aliento de Dios pasa sobre el valle de huesos secos y, finalmente, nuestros ojos se abren para que comencemos a vivir plenamente en la resurrección.

Descansar en el misterio del aliento de Dios es conocernos como los amados de Dios. Es saber que somos perdonados. Y aquí, una vez más, se nos confronta con otra imposibilidad que la resurrección hace normal. Descubrimos que Dios no solo obra al recrearnos en Cristo, sino que Dios nos invita a participar en la creación misma. Nos ofrece autoridad para ser autores de vida, que el mismo Jesús nos confiere. Cuando Jesús estaba con sus discípulos, él respiró sobre ellos y dijo: «Reciban el Espíritu Santo». El texto nos invita a recibir el aliento de vida para que podamos dar el aliento de vida a otros.

Así es como funciona: después de que sopla sobre los discípulos, Jesús les dice: «A quienes les perdonen sus pecados, les serán perdonados; a quienes no se los perdonen, no les serán perdonados» (Jn 20:21-23). El hecho de que Jesús soplara sobre ellos es recordarles a los discípulos que han sido perdonados y empoderarlos para que lo imiten. Una vez más, regresamos a las palabras de James Alison: «Es como perdonamos y somos perdonados que llegamos a ver lo que realmente es»[218]. *Lo que realmente es*, es esto: vivir dentro de la resurrección es conocernos como perdonados; y conocernos como perdonados es perdonar; y perdonar es participar en la obra continua de la misma creación. Se accede a la creación y ella avanza a través de recibir y dar perdón.

Como lo señala Alison, en la teología de la iglesia más tradicional y fundamental, el perdón precede a la confesión. Solo al ser perdonados es que llegamos a conocer la verdadera naturaleza de nuestro pecado. Sabemos la verdad de esto de manera intuitiva. ¿Quién ha entendido alguna vez su pecado, sin haber recibido perdón antes? El perdón es lo que revela nuestro pecado por lo que es. Solamente después de que Pedro recibe el perdón de Jesús es que él ve la verdad devastadora de su negación. Hablando de manera práctica, no tiene sentido señalar el pecado del mundo y exigirles una confesión a los «pecadores» antes de que hayan llegado a conocerse como perdonados. Una vez más, por eso es que Jesús dice: «Padre . . . perdónalos porque no saben lo que hacen». Ese es el método de Dios. Es en y a través del poder del perdón que la creación se despliega y se descubre a sí misma. Es en y a través del poder del perdón que declaramos paz, ¡shalom!

Es muy posible que Jesús nos esté enseñando que la creación no es solo un evento que ocurrió en el pasado, más que la caída de la humanidad es un evento que pasó hace mucho tiempo. Tal vez la creación es el acto contemporáneo y continuo de Dios que siempre ocurre, en todas partes, en todos los lugares, y se nos invita a participar de este milagro. Es nuestro derecho de nacimiento. El perdón es nuestro camino dentro de la creación. Es la forma en la que accedemos a la creación y participamos de ella. Vivir es perdonar. Es el método de Dios. Es la nueva normalidad que la resurrección hace posible. Por otro lado, retener o rechazar el perdón no es meramente rehusarse a participar de la creación, es una participación activa de la caída. Cuando retenemos el perdón, retenemos no solo los pecados de aquellos a quienes no queremos perdonar, retenemos todo lo que llega con un corazón que no perdona, que es la ruina de la creación misma.

Nos gustaría dar dos ejemplos concretos de lo que significa ver desde la realidad de la resurrección y participar en la obra continua de la creación.

Hace varios años, un niño de ocho años de edad llamado J.D., el primogénito de unos amigos íntimos, murió de un aneurisma cerebral. Un minuto estaba jugando con sus primos y al siguiente cayó inconsciente y murió poco después. Fue la peor pesadilla de un padre y toda la comunidad de amigos y familia no se recuperaba de la conmoción. El dolor era insoportable.

Después del servicio funeral, un grupo pequeño de amigos y familiares llegaron a la tumba donde J.D. iba a ser enterrado. Hay un sentido de que todo ha acabado al ver un ataúd descender a la tierra y que se esparza polvo sobre el cuerpo muerto de un ser amado, especialmente cuando ese amado es un niño. En el servicio había un niño pequeño, un amigo y compañero de clase de J.D. Al igual que J.D., tenía ocho años. Recuerdo al niño porque estaba solo, viendo cómo descendían a su amigo a la tierra. El padre del niño había salido a fumar y tranquilizar sus nervios. La ausencia del padre hizo que la presencia del niño sobresaliera aun más. Recuerdo cuán solo se veía, aun así, parecía que no podía moverme. Solo vi cómo el niñito estaba allí, solo y confundido, y cómo el resto de nosotros, totalmente desorientados. Y allí fue donde vi que el padre de J.D. caminó hacia el otro lado de la tumba donde estaba el niño. Aunque parecía levemente fuera de lugar y un poco raro, se dirigió al niño al otro lado de la tumba, en silencio se puso al lado del niño que estaba perdido en su propio dolor y puso su brazo sobre él. El niño respondió de igual manera. Estaban parados allí, brazo con brazo, un padre sin hijo y un hijo sin padre, sosteniéndose mientras veían que se rociaba tierra sobre el ataúd.

Esta imagen no es simplemente la imagen de dos personas de luto, que se sostienen mutuamente con todo. Es la imagen de esperanza. Es el poder de la resurrección. El padre de J.D. vio algo que el resto de nosotros no pudo ver. Lo que vio lo impulsó a moverse, a tomar acción. Lo que unió a esas dos personas no fue simplemente su dolor, sino una clase de bondad abundante que ronda sobre todos nosotros, que nos llama a una existencia más profunda y genuina. A medida que

La Nueva Normalidad

escribimos esto (Kris y Joel), los dos somos padres de niños de ocho años. Ninguno de nosotros quiere que nuestra visión de la bondad abundante de Dios sea probada así, pero si lo es, oramos para que también seamos sostenidos firmemente por semejante bondad.

Tita Evertz es otro ejemplo de alguien que está aprendiendo a ver desde la realidad de la resurrección y a participar en la obra continua de la creación. Tita es una de las personas de nuestra red en Guatemala que aparece en la película *Reparando*, que cuenta historias de esperanza de la Ciudad de Guatemala. En la película, la cámara se enfoca a Tita mientras contempla el asentamiento invadido ilegalmente, conocido como *La Limonada*, una comunidad de 60,000 personas que viven en ambos lados de un profundo barranco, con un río de aguas negras que corre en medio. Tita ha dirigido por casi dos décadas un ministerio que sirve a los residentes de *La Limonada*, y dirige dos escuelas para los niños de allí. El barranco y sus habitantes son rechazados por muchos residentes de la Ciudad de Guatemala, es considerado la «Nazaret» de la ciudad, desde la cual nada bueno podría salir.

En esta escena, Tita mira desde una de las escuelas, en medio del barranco, y reflexiona en la *Limonada* que ha llegado a amar. Ella considera la «Nazaret» que la mayoría de personas ven cuando miran hacia el valle cubierto de casas de bloques de cemento y barrotes de hierro. Una emoción profunda sale a la superficie de un alma sazonada por los años de contemplar con gracia:

> He aprendido que el corazón de Dios se rompe cuando nos ve bajo la opresión y en oscuridad. Cuando se trata de *La Limonada*, creo que hay gente que la ve como una taza llena de mal y oscuridad. Pero yo la veo como un lugar donde Dios es muy tangible. Puedo tocar a Dios y sentir cómo está allí. Es

un lugar bello. Puedo sentarme en la orilla de *La Limonada* y todo lo que huelo es esperanza[219].

Tita Evertz tiene el don de la visión. Ella no vive en negación, cegada a la realidad de la pobreza mortífera y violencia implacable que la rodea en cada ángulo. Todo lo contrario, ella sirve a las personas de *La Limonada* con una solidaridad profunda con su dolor y sufrimiento, pero es capaz de ver desde la realidad de la resurrección. A ella se le ha dado el don de ver «algo nuevo» en *La Limonada*, y su comportamiento hacia ese lugar ha sido afectado radicalmente como resultado.

Tita está aprendiendo a ver con los ojos de la Pascua. Nosotros también nos sentamos con Tita Evertz en la orilla del mundo y olemos la dulce fragancia de la esperanza. Una visión clara del futuro altera radicalmente la forma en que somos capaces de vivir en el presente. La Nueva Jerusalén que se promete en Apocalipsis 21 está bajando del cielo a la realidad concreta de nuestra existencia presente. Es el movimiento de la abstracción hacia la concreción (qué imagen tan maravillosa presenta la ciudad), y ese futuro práctico comunica la manera en que vivimos en el presente: «*¡Voy a hacer algo nuevo! Ya está sucediendo, ¿no se dan cuenta?*»

19
El Dios Que Ve

Y Agar llamó el nombre del Señor que le había hablado:
Tú eres un Dios que ve.
~Génesis 16:13 (lbla)

Si quieres ver, escucha.
~San Bernardo de Claraval[220]

A medida que nos acercamos al final de nuestro viaje por la geografía de la gracia, nos gustaría volver a donde empezamos. En el primer capítulo, exploramos la narrativa bíblica de la concubina sin nombre de Jueces 19. Aquí, en el penúltimo capítulo, volveremos a uno de esos relatos extraños del Antiguo Testamento, otro «texto de terror». Es la historia de otra concubina que remata la historia de Jueces 19. Las similitudes son evocadoras.

En Génesis 16 leímos la historia de Agar, una sirvienta de la casa de Sarai. Sarai está impaciente con Dios porque ha sido lento para cumplir su promesa de muchos descendientes para Abram (llamado Abraham en los capítulos posteriores de Génesis), por lo que se encarga del asunto y Abram le sigue la corriente. El texto dice que «Abram escuchó la voz de Sarai» (16:2 lbla), lo cual implica que Abram no escucha la voz de Dios.

Esto es algo que ha asolado a Abram a lo largo de su vida. Varias veces en su historia, Abram se esconde detrás de su esposa para protegerse, en lugar de confiar en Dios. De hecho, incluso después de la promesa de Dios, él hace un trato con Sarai cuando salen de Harán. El texto es dolorosamente claro en cuanto a su cobardía, y él lo admite así: «Y cuando Dios me mandó dejar la casa de mi padre y andar errante, yo le dije a mi esposa: "Te pido que me hagas este favor: Dondequiera que vayamos, di siempre que soy tu hermano"» (Gn 20:13). Abram entregó a Sara a los hombres de poder para salvar su pellejo, por lo menos dos veces. Si usted deja atrás la versión suavizada de escuela dominical y le pide a cualquiera de nuestra red que lea esta historia, ellos van a entender lo que ocurre inmediatamente. Tan severo como pueda sonar, Abraham vende a Sara en varias ocasiones para protegerse a sí mismo y a su creciente fortuna. Así es como, en parte, Abraham se hizo rico.

A medida que Sarai se pone cada vez más impaciente, Agar se convierte en un peón en las manos de Sarai, y se la ofrece a Abram de una manera que, en efecto, la convierte en una esclava sexual, no distinta a la concubina de Jueces 19. Irónicamente, Agar es una sirvienta del mismo lugar en el que Israel algún día se encontrará en esclavitud.

Es importante recordar que, a lo largo de la historia, Agar es utilizada, en contra de su voluntad, una y otra vez. Sara decide por ella y luego Abram. Después de que Agar concibe a su hijo, Sarai se pone celosa y resentida; Agar entonces huye al desierto, preparada para morir. El ángel del Señor llega a la escena y hace lo que nadie más ha hecho por Agar, el ángel usa el nombre de Agar. Es un detalle importante. En la acción sencilla de nombrarla, Agar llega a ser una persona real. Nunca se habla de Agar por nombre en la historia, excepto cuando Dios lo hace. Siempre se habla de ella en tercera persona y los poderosos y privilegiados la tratan como una propiedad desechable. Cuando se habla de alguien en tercera persona, se cosifica y marginaliza, como las personas indígenas de Guatemala, los huérfanos de Europa Oriental, las prostitutas y los jóvenes de la calle de miles de ciudades del mundo. Con el tiempo, es habitar en una identidad sin nombre, como los pandilleros encarcelados que responden solamente a apodos, habiendo dejado hace muchos años los nombres que sus padres les pusieron.

Dios, en forma de ángel, se acerca a Agar con una pregunta bella: «¿De dónde vienes y a dónde vas?» Dios le pide a Agar que cuente su historia. Es un ejemplo bello de empoderamiento. El mensajero divino podría tener una idea clara de dónde viene ella y por lo que ella ha pasado, pero el ángel decide hacerle una pregunta bella. Considere la humildad de Dios, quien empodera a esta esclava que sufre y que está quebrantada, para que ella pueda ser capaz de usar su propia voz para contar su historia.

El texto bíblico es rico en detalles en cuanto al dilema de Agar. Considere la comparación entre Sarai y Agar. Sarai es casada, rica, libre y hebrea, pero a pesar de estas ventajas inherentes, es infértil. Agar, a cambio, es soltera, pobre, esclava y africana, pero a pesar de estas desventajas, es fértil. Cuando leemos las Escrituras desde arriba, desde una posición de privilegio y poder, la tentación es satanizar a Agar al decir que ella tuvo que haberse encontrado en esa circunstancia debido a alguna falla que cometió que no se nos revela en las Escrituras.

Geografía de la gracia

En cambio, nosotros queremos decir que Sarai fue bendecida por alguna razón que es única a su carácter moral. Pero, el texto no nos permite hacer eso. Se nos llama a ver las cosas por lo que son, no lo que queremos que sean para conservar nuestras categorías morales. El texto nos invita a preguntar, ¿es posible que las Agares de este mundo frecuentemente sean un terreno más fértil para el evangelio que las Sarais de este mundo? A ambas las bendijo Dios, pero observe quién es fértil y quién no. Observe dónde está el milagro más grande. Una vez podemos aceptar esto, podemos entender el resto de la historia.

Cuando Agar se topa con el ángel en el desierto, el ángel le da un nombre al hijo de Agar, Ismael. *Ismael* significa «Dios oye»[221]. Es extraordinario observar que Agar es la primera mujer aparte del huerto del Edén que recibe la visita de un mensajero celestial. También, es la primera mujer que recibe una promesa directa de descendientes, en lugar de tener esas revelaciones mediadas por un hombre. Después de recibir el nombre de Ismael para su hijo, hace lo inimaginable, ella, una esclava sexual africana, nombra a Dios. Lo llama *El-roi*, el «Dios que ve»[222]. Es la primera vez en las Escrituras que la humanidad le pone nombre a Dios, seis capítulos completos antes de que Abraham haga lo mismo.

Si le ponemos atención a las palabras originales, hay una interacción rica entre Ismael y *El-roi*. El Dios Que Oye (Ismael) es también el Dios Que Ve (*El-roi*). Es como si, al ser escuchada por Dios, Agar finalmente puede ver. Esta es una bella historia que hay que desempolvar y ponerla en uso en nuestros ministerios con aquellos que han sido aplastados por la vida. Nada distinto a Jueces 19, hay mucha gente que en esta historia encuentran la propia.

En la «región desértica» de Guatemala hay una cárcel de hombres con un sorprendente grupo de residentes. En lo que solía ser el comedor, un grupo diverso de novias, esposas, hermanas y madres de un grupo odiado de pandilleros centroamericanos, duermen debajo y encima de mesas de losa de cemento. Uno de los capellanes de nuestra red visita esta cárcel regularmente. Después de un altercado en su previo «hogar», la única opción que el sistema carcelario pudo encontrar para las mujeres fue un comedor modificado en estas instalaciones remotas.

El capellán comenzó a recibir peticiones de los pandilleros con los que trabajaba, de que por favor fuera a ver a sus «chicas», porque temían por su seguridad. Después de una visita, él no pudo permanecer lejos e hizo un plan para hacer el viaje de tres horas cada dos semanas. En uno de esos viajes me invitó (Joel) a ir con él, y nunca olvidaré lo que vi y experimenté ese día.

Entramos a la cárcel de hombres y tuvimos que pasar por un corredor largo, lleno de hombres sin camisa, tatuados, que observaban desde celdas cerradas. Llegamos a una puerta cerrada con llave, y desde el pasillo pude ver varias sábanas que colgaban del techo, que visualmente bloqueaban lo que había sido un comedor, y que ahora era el hogar de dos docenas de mujeres, la mayoría de ellas culpables solo de estar relacionadas con los hombres a quienes llaman hermanos, novios o esposos.

Se nos permitió entrar y reunirnos con las mujeres, y después de un par de horas de hablar informalmente, comenzamos una conversación centrada en Agar. Las mujeres rápidamente hicieron una aplicación personal a la historia. Pudieron relacionarse con no tener nombre y ser usadas como propiedad, por parte de las personas con puestos de autoridad y poder sobre ellas. Sabían qué se sentía vivir en «desiertos» de soledad, ocasionada por el rechazo y la marginalización insidiosa. En la historia de Agar, encontraron la propia y quedaron cautivadas con sorpresa y asombro cuando se enteraron que Agar fue la primera en nombrar a Dios.

Unas cuantas semanas después de nuestra visita, el capellán pudo terminar la primera fase de un proyecto de remodelación de la cárcel, para construir una pared de cemento que separaría físicamente a las mujeres de los hombres. Al completar esa pared, surgió la idea de pintar un mural y hubo una discusión en cuanto a qué querían pintar las mujeres. Unánimemente, se decidieron por la historia de Agar de Génesis 16, con las palabras: «El Dios Que Me Ve» como el punto principal.

A medida que la relación con estas mujeres sorprendentes continuó, ha llegado a ser obvio que estas Agares del día de hoy han captado la habilidad de ver al gran *El-roi* de una manera profunda y única. Irónicamente, la iglesia institucional de América Latina frecuentemente marginaliza a las mismas personas, como estas mujeres, y los lugares que pueden proporcionar la visión y vista que la iglesia necesita tan desesperadamente.

¿Qué tiene Agar que le permite ver a Dios de esta manera, mucho antes que Abraham, especialmente a la luz del hecho de que Abraham en Génesis 15 es el primero en recibir la promesa de Dios? Hay implicaciones radicales para la misión cuando entendemos que las Agares de este mundo, frecuentemente, distinguen la naturaleza escandalosa de la gracia mucho antes que los Abrahames. Una vez más, es asunto de geografía. En otras palabras, los pandilleros encarcelados pueden llegar a algunas perspectivas proféticas antes de que la iglesia institucional lo haga. Los chicos de la calle pueden señalarnos a un Jesús que otros de nosotros no podemos ver. Las familias en extrema pobreza entienden lo que significa tener una relación de sumisión y rendición diaria a Dios, mucho más allá que el resto de nosotros alguna vez podamos comprender. De esa manera, estamos aprendiendo a ejercer humildad y acudir a las Agares, aquellas etiquetadas como las más pequeñas, las últimas y las perdidas del mundo, por perspectiva y orientación.

Dios nos está enseñando que las primeras personas en «entender», generalmente no somos los que estamos en la iglesia. Todo lo contrario, la historia de Agar nos llama a salirnos de nuestras iglesias con la convicción profunda de que Dios está obrando afuera de nuestros servicios y programas. No tiene que ver con hacer que la gente pobre se sienta mejor al hacerles preguntas condescendientes para que adquieran un sentido de importancia. No, esto es mucho más profundo, creemos que las próximas voces proféticas para la iglesia van a ser las Agares de nuestro mundo, y las concubinas sin nombre, desmembradas, de nuestras comunidades.

Por supuesto que es importante recordar que Abraham finalmente «entiende» en Génesis 22, seis capítulos después de que Agar le da nombre a Dios. Abraham se prepara para sacrificar a su hijo Isaac, un cordero está atrapado en un matorral y la vida de Isaac se salva. La provisión de Dios del cordero redefine la visión de Dios de Abraham. En Génesis 22:14, Abraham nombra el monte Moria, *Jehovah Ra'ah* («Dios será visto»). Este texto frecuentemente se traduce *Jehovah Jirah*, y hay razones válidas para esto, pero en realidad es *Jehova ra'ah*, o, para ser más precisos, YHWH Ra'ah, una variante de *El-roi*, el Dios que será visto[223]. Abraham finalmente ve lo que Agar ve, y esos nuevos lentes lo cambian todo.

20
La Comunidad de Deseo

Deléitate en el Señor,
Y él te concederá los deseos de tu corazón.
~Salmos 37:4

Bailamos bajo el estandarte del deseo de Dios.
~Robert Farrar Capon[220]

La *comunidad es la prueba de fuego de la vida.* Kurtz y Ketcham, en su enormemente útil libro *Spirituality of Imperfection* (La espiritualidad de la imperfección), nos recuerda: «Nos encontramos a nosotros mismos solo con la práctica de ubicarnos dentro de la comunidad»[225]. Es en y a través de la comunidad que llegamos a saber quiénes somos.

Un grupo literario de Inglaterra llamado los *Inklings* se reunió cada semana durante décadas en el bar Eagle and Child de Oxford. Entre ellos estaban C. S. Lewis, J. R. R. Tolkien, Charles Williams y otros que leían los manuscritos de las obras inconclusas, unos de otros, ofrecían crítica y discusión animada, y compartían más que un poco de risa y vida. Luego, hubo una tragedia cuando Williams murió repentinamente en 1945. La muerte de Williams devastó a Lewis, quien lo llamaba «mi muy querido amigo». En su intento de encontrar un poco de consuelo, Lewis le mencionó a Tolkien en una de sus reuniones que quizá la pérdida de su buen amigo Williams, por lo menos sería compensada por una amistad más profunda entre ellos dos. Lewis razonó que, sin Williams, tal vez él y Tolkien tendrían más tiempo para invertir en su amistad y podrían relacionarse más profundamente como resultado. Aun así, Lewis descubrió que precisamente lo opuesto era cierto, sin Williams, la habilidad de Lewis de relacionarse con Tolkien no aumentó, sino, en realidad, sufrió. Lewis observó que Williams sacaba dimensiones de la personalidad de Tolkien que Lewis no podía sacar, y viceversa. Sin Williams, Tolkien y Lewis sabían menos uno del otro, no más.

Esta es una imagen conmovedora de la forma contraria a la lógica de la comunidad. Obtenemos más unos de otros por medio de la riqueza amplia de la comunidad que sin ella. Algunas personas sacan dimensiones únicas de nuestra personalidad y carácter, que solo cobran vida cuando son activadas por su presencia con otros. Aparte del grupo, ese aspecto de lo que somos se pierde o disminuye. Este mismo principio es cierto incluso en el matrimonio. La comunidad, cuando funciona saludablemente, evoca dimensiones de la personalidad y carácter de nuestros cónyuges que de otra manera no están disponibles para nosotros. En una cultura dominante, que tiende a idolatrar una forma de amor romántico que no es posible que supla todas nuestras necesidades de comunidad, frecuentemente perdemos este don contradictorio.

La Comunidad de Deseo

El cálculo de una comunidad auténtica es este, mientras más diversa sea la constelación de nuestras amistades, más completos llegamos a ser como personas. Al final, somos el reflejo de nuestras comunidades, y es en y a través de la comunidad que llegamos a conocernos más profundamente.

Tal vez esto explica el interés renovado en una experiencia auténtica de comunidad entre las personas de fe, donde las virtudes de individualismo y romance se han tensado a su punto de ruptura. Esta hambre ha producido muchas formas de vida comunitaria entre los seguidores de Cristo. Dentro del contexto protestante, hay nuevos movimientos monásticos y el surgimiento de la iglesia emergente. Vemos un hambre similar dentro del contexto católico. Y, a un alcance más amplio, incluso el movimiento secular «tercer espacio» trata de encontrar maneras de socializar que no se definen con el trabajo o el hogar. Starbucks Coffee tal vez es el mejor ejemplo de un negocio que ha entendido la necesidad de un tercer espacio y de formas nuevas de socialización en nuestra cultura. Dada la influencia que ejercen estas tres fuerzas, pensamos que es importante poner atención. Ya sea que las apoyemos o no, nuestro interés aquí no es evaluar estos movimientos sino entender qué significan para la misión de Dios en el mundo. ¿Dónde se mueve el Espíritu en este sentido?

Una excursión breve

Antes de seguir adelante, nos gustaría dar dos declaraciones y unos cuantos recordatorios de nuestro método. Primero, no somos expertos en estos movimientos, no son «nuestros» movimientos en el sentido de que no crecimos en ellos, ni hemos sido formados por ellos directamente. Servimos en otros contextos (típicamente desprovistos de las tiendas de Starbucks), y ellos han llamado nuestra atención solo de reojo. Nuestros vecindarios urbanos generalmente son la última parada de los movimientos que estamos describiendo, muchos de los cuales se originan en los mundos no urbanos y más afluentes. Como pueblo misional, nuestro movimiento principalmente ha sido ser «la iglesia dispersa», mientras que estos frecuentemente son movimientos hacia «la iglesia reunida».

En segundo lugar, es difícil evaluar los cambios que estamos experimentando en la iglesia y la sociedad hoy día, en tanto que nosotros mismos nos vemos atrapados en medio de ello. No todo está claro en cuanto a cómo encajamos o cómo la historia va a juzgar nuestras contribuciones.

Dicho esto, pensamos que es importante preguntar cómo *hacer teología desde abajo* se relaciona con el movimiento más grande del Espíritu dentro de la iglesia hoy día. Es una pregunta crucial que tiene implicaciones prácticas para los líderes que servimos. Claramente, la iglesia está creciendo a nivel mundial en una variedad de formas increíbles, y está creciendo más entre los pobres urbanos que viven fuera de los Estados Unidos y Europa. La iglesia se está expandiendo rápidamente en casi todas partes, excepto en su base tradicional, durante los últimos 1,500 años. El rostro del cristianismo está cambiando radicalmente de blanco, del norte y occidental, a moreno, del sur y oriental. Se está convirtiendo en una fe urbana, que es un cambio enorme de su identidad suburbana del siglo XX. Los movimientos actuales entre la iglesia emergente y los nuevos movimientos monásticos, ya sea protestantes o católicos, deben verse a la luz de este trasfondo más amplio.

Una implicación práctica de todo esto es que, para hacer «teología desde abajo» se tiene que hacer en diálogo con los «movimientos de arriba». Para usar una analogía meteorológica, un pronóstico de tiempo local depende de un entendimiento de la corriente a presión prevaleciente y de los cambiantes frentes barométricos de presión. A un nivel aun más grande, ayuda saber algo de los patrones de La Niña o El Niño y los efectos del cambio climático global. Mientras más retirado esté el meteorólogo, o teólogo, del contexto local, más abstracta llega a ser la ciencia meteorológica, o la teología aplicada, pero eso no debe impedir que tratemos de discernir nuestro contexto más amplio, porque las implicaciones pueden ser enormes.

En cuanto a nuestro método, queremos recordar a nuestros lectores que nos aferramos firmemente a la perspectiva de Martin Kahler, de que «la misión es la madre de la teología»[226]. Es en y a través de la misión que nosotros, como el cuerpo de Cristo, reflexionamos más significativamente en lo que significa ser el cuerpo de Cristo en determinado contexto. Eso es lo que tratamos de transmitir en nuestro corto recorrido del libro de Hechos en el Capítulo 10, «El Espíritu sin límites». El Espíritu está haciendo algo «allí» que refleja lo que el Espíritu hace «aquí». Encontrar la relación es un trabajo de discernimiento, y nos entusiasmamos con la promesa de Jesús de enviarnos al Espíritu que nos guiará a toda verdad.

Un acercamiento misional al discernimiento nos salva de lo que James Alison llama «el problema de la teoría», que es la «necesidad de tener la fórmula correcta antes de ponerla en práctica»[227]. La teoría comienza con la suposición de que tenemos información confidencial en cuanto a cómo se supone que la vida debe ser, y que nuestro trabajo es hacer que la vida se conforme a esa imagen. Este método es una adicción de la época moderna y ha ocasionado mucho daño en nuestros contextos. Hemos visto, e incluso sido parte de, cómo la iglesia institucional, con sus teologías a veces privilegiadas (la forma en que las cosas deben ser), descuidan, o incluso hacen a un lado, la realidad (las forma en que las cosas en realidad son).

Por eso es que exploramos lo que significa leer las Escrituras antropológicamente, que ubica su lectura dentro de la experiencia vivida de aquellos que la escribieron y la experiencia vivida de aquellos que la leen, en lugar de comenzar desde un conjunto privilegiado de suposiciones teológicas abstractas en cuanto a cómo se supone que la vida debe ser. En otras palabras, permitimos que la antropología (la realidad de la vida humana) converse con nuestra teología.

Muchos críticos nos informan de los peligros de este acercamiento. Advierten que llevará a formas herejes de *eisegesis*, en lugar de exégesis inspirada por Dios, a medida que imponemos nuestra experiencia e ideas al texto en lugar de permitir que Dios nos diga lo que es cierto. Nuestra respuesta a este desafío es doble.

Primero, lanzamos la bandera blanca. Nos declaramos culpables. Constantemente imponemos nuestras ideas al texto, como lo ha hecho cualquier lector de las Escrituras a lo largo de las edades. Somos parte de una nube de testigos en ese aspecto.

Y segundo, resulta que tal vez esto no sea lo diabólico que se supone que es, por el contrario, es bastante ortodoxo. Parece que Dios en realidad no se ve amenazado por nuestras ideas o experiencias en lo mínimo, si las Escrituras son testigo alguno. Una lectura simple de las Escrituras revela que no es el plan que podríamos haber supuesto, sino una invitación a una conversación que Dios ha deseado tener con la humanidad desde el principio. Leer las Escrituras antropológicamente desde abajo, desde la experiencia vivida de gente real, que vive vidas reales, es encontrar un punto de partida para el diálogo real, no solo con Dios, sino de unos con otros. Nada podría ser más ortodoxo.

La Comunidad de Deseo

Al comenzar antropológicamente, encontramos una libertad en dirección a la humildad, una experiencia profundamente liberadora. La lectura antropológica de las Escrituras en comunidad dice: *Aquí están mis pensamientos, pero como mis pensamientos no necesariamente son los pensamientos de Dios, entonces también me gustaría conocer tus pensamientos al respecto. Tal vez Dios revele el ser de Dios a medida que hablamos.* Comenzar nuestra lectura del texto teológicamente (desde arriba) es comenzar con la suposición de que tenemos una idea de lo que es cierto antes de comenzar. Esto, muy naturalmente, lleva a la competencia y a las tendencias de rivalidad. Se convierte en un concurso a toda marcha para ver quién es el que habla por Dios e informa al resto del mundo cómo se supone que deben ser las cosas.

Supongamos por un momento que este acercamiento es correcto. Considere las consecuencias, con el tiempo llevará a violencia entre las facciones que compiten, cada una de las cuales cree que habla por Dios, y, por lo tanto, tiene que defender su postura como su acto legítimo de obediencia. Podría argumentarse que leer las Escrituras desde arriba es violento inherentemente, y que por lo menos podemos observar que esto pasa frecuentemente en la historia. ¿No es este acercamiento mucho más arriesgado que leer el texto antropológicamente con la humildad apropiada? Todos elegimos nuestros riesgos, y hemos elegido vivir con todos los muchos desafíos que vienen con el diálogo genuino con la Palabra y el mundo.

Compartimos esto, porque los movimientos que vemos que salen de la iglesia a nivel mundial tienen un potencial increíble de llevarnos a un lugar de *shalom* más profundo, la clase de *shalom* que ayuda a sanar a un mundo profundamente fracturado y dividido. También, reconocemos que esos movimientos tienen el potencial de profundizar las divisiones que ya asolan a la iglesia y entristecen el corazón de Dios. Estas no son preocupaciones teóricas. Nuestro mundo es un polvorín de ideologías y teologías que compiten, y si se desatan en la vía equivocada, podría haber consecuencias nefastas para muchas personas, la mayoría de las cuales viven inconscientemente con categorías y suposiciones que han sido generadas en Norteamérica y se han exportado al mundo. Nosotros (Kris y Joel) tenemos un pie en ambos mundos, y percibimos una obligación moral de reflexionar profundamente en este tiempo de la historia. No pretendemos inflar la importancia de nuestra clase de trabajo, pero hacer teología desde abajo es un servicio para más que solo un puñado de personas pobres de lugares difíciles. Quizá pueda proporcionar una manera de proceder en tiempos de incertidumbre profunda. Por esta razón, invitamos a muchos otros, así como nos han invitado a nosotros, al viaje a la geografía de la gracia.

El fin de la excursión

Lo que sigue son unos cuantos pensamientos en cuanto a nuestra experiencia continua de «comunidad» que creemos que honra al movimiento del Espíritu, así como al hambre profunda de nuestra cultura de una conexión significativa con los demás. Ha sido nuestra experiencia que hacer teología desde abajo tiende a convocar lo que hemos comenzado a llamar la *comunidad del deseo*, y estamos en deuda con el trabajo del antropólogo René Girard y el teólogo James Alison, por ayudarnos a entender lo que estamos experimentando en el terreno con respecto a la comunidad[228].

La comunidad del deseo entiende y honra la esencia pura de lo que significa ser humano, que somos creados en y a través del deseo. Al igual que muchos santos a lo largo de la historia de la iglesia, y junto con la investigación moderna de la ciencia médica y social, Girard ha

La Comunidad de Deseo

argumentado convincentemente que la humanidad se constituye en y a través del deseo. Girard propone una verdad sencilla pero profunda: En un proceso que él llama mimesis, nuestra habilidad de imitar el deseo de otros es lo que nos hace humanos; como él dice: «Deseamos de acuerdo al deseo de otros»[229].

Siempre ha habido una minoría, dentro de la tradición de la iglesia, que ha entendido y afirmado el papel del deseo en llegar a ser humanos. Por ejemplo, muchos de los místicos han visto el don del deseo como la fuente elemental de inspiración de la humanidad. San Ignacio estaba particularmente consciente de esto. Desafortunadamente, la posición mayoritaria dentro del cristianismo tradicional ha tendido a satanizar el deseo como la fuente de la tentación y el pecado, incluso la raíz de la caída original de la humanidad. En tanto que es cierto que el deseo mal colocado y desplazado ha ocasionado grandes problemas para todos, el deseo en sí no es el problema. Resulta que es la negación y la represión del deseo lo que es peligroso. El salmista lo dice de esta manera: «Deléitate en el Señor, Y él te concederá los deseos de tu corazón» (Salmos 37:4). El salmista nos enseña lo que Girard y la ciencia apenas comienzan a entender: debemos aprender a inspirar nuestros deseos, no de otros con rivalidad y conflicto, sino de Aquel en quien no hay rivalidad. Al imitar a Dios, quien existe en un deseo trinitario en constante desarrollo (mimesis positiva por la que el Hijo imita al Padre y el Padre imita al hijo a través del deleite del Espíritu), descubrimos que es bastante posible inspirar nuestros deseos en otros, sin hacerlo con rivalidad. La relación sin rivalidades es el manantial de toda comunidad genuina. Es la misma esencia del reino de Dios como nos lo revela Jesús. Es la esencia de *shalom*.

Aquí sería útil descifrar un poco más la teoría mimética de Girard para revelar cómo lleva a la formación de comunidades de deseo. A diferencia del pensamiento más convencional acerca de la función del deseo, Girard sostiene, como lo hemos visto, que nuestros deseos se inspiran en los deseos de otros, en lugar de poseer nuestros propios deseos innatos, únicos de nosotros. Girard afirma que la idea de la persona como un ser autónomo con sus propios deseos innatos es mayormente una invención de la cultura occidental. Girard sugiere, más bien, que la persona está construida socialmente, lo cual resulta en que experimentamos deseos que no se originan dentro de nosotros mismos.

Por esta razón, el «yo» o «ser» no es el único copo de nieve que Dios creó desde el principio del tiempo, como se enseña frecuentemente en la escuela dominical. Esa clase de «yo» no existe. Más bien, el «yo» o «ser» que existe es una constelación de todos los demás, en quienes hemos inspirado nuestros deseos con el paso del tiempo. Girard continúa y sugiere que nuestros deseos no se inspiran simplemente en cualquiera, sino en aquellas personas que percibimos que tienen un mayor sentido del yo que nosotros. Debido a que vemos estos modelos como de alguna manera más grandes que nosotros, comenzamos a querer lo que ellos quieren y llegamos a adoptar sus deseos como nuestros. Es el otro social quien nos dice quiénes somos; o como lo dice Alison: «Siempre son los ojos del otro que me hacen saber quién soy»[230]. Cuando nos damos cuenta que nuestros propios deseos no son los que nos gobiernan, sino los deseos de otros, este descubrimiento generalmente se recibe con gran resistencia y algo de vergüenza.

La industria moderna de publicidad ha entendido el proceso mimético a la perfección. Han aprendido a persuadirnos a comprar un producto, no con el valor del producto en sí, sino inspirándonos en modelos que queremos imitar, o con los que queremos conectarnos de alguna manera. Vemos algo que queremos en el modelo; por lo tanto,

La Comunidad de Deseo

queremos lo que el modelo quiere, pero el objeto de nuestro deseo no es el objeto en sí. Más bien, es realmente un «deseo» que se refleja en el objeto que buscamos poseer. El truco, por supuesto, es que nos convencemos de que en realidad queremos el objeto, y que el deseo es exclusivamente nuestro. Para conservar nuestro sentido de autonomía, iremos a grandes extremos para negar esta dinámica. Incluso nos sentiremos avergonzados de admitir que nuestro verdadero deseo no es el objeto, sino que, de hecho, la persona que inspiró nuestro deseo del objeto. Según Girard, el punto principal es que frecuentemente caemos en rivalidad con la persona que inspiró nuestro deseo del objeto, en primer lugar.

Tal vez, el ejemplo más claro de esto es lo que se representa en cada jardín infantil en todas partes, donde el Niño A entra al salón y ve al Niño B que juega con un juguete. El Niño A ve otros varios juguetes en el suelo con los que podría jugar, pero, por alguna razón extraña, simplemente tiene que tener el juguete con el que juega el Niño B. Se da el conlicto[231]. Esto es el deseo mimético, en resumen, y es una de las grandes perspectivas de nuestra época, que tiene enormes implicaciones en nuestro trabajo.

Nuestro punto central aquí es que profundamente somos seres sociales, a niveles que recientemente hemos descubierto o estado dispuestos a admitir. De hecho, la ciencia ha confirmado la teoría de mimesis de Girard, con el descubrimiento de las neuronas espejo en 1996. Las neuronas espejo hacen posible que imitemos comportamiento, aprendamos el lenguaje y creemos recuerdos. Ellas explican por qué los bebés, poco después de nacer, imitan el comportamiento. Explican por qué los humanos se pueden emocionar con simplemente ver a otras personas. Las neuronas espejo son una parte integral del diseño biológico que nos hace humanos.

Geografía de la gracia

En un sentido, todo este texto ha sido un intento de mimesis positiva. Nos hemos inspirado en los deseos de aquellos a quienes servimos y en un Dios que ama a la gente que servimos, y nos hemos apropiado de esos deseos. Después de todo, nuestro trabajo es nutrir comunidades de deseo. Esto es lo que buscamos, o para decirlo más exactamente, esto es lo que está detrás de nosotros, la comunidad del deseo de Dios. Al inspirar nuestros deseos en Dios y al aprender a imitar a Cristo, inspiramos a otros a hacer lo mismo. Por eso es que el escritor de Hebreos puede decir: «Acuérdense de sus dirigentes, que les comunicaron la palabra de Dios. Consideren cuál fue el resultado de su estilo de vida, e imiten su fe» (13:7). Entender que el lugar del deseo está afuera de nosotros es clave para nutrir comunidades que dan vida.

Una comunidad de deseo que se forma al hacer teología desde abajo y explora la geografía de la gracia tiene muchas más características de las que podemos resumir en este texto. De esta manera, hemos decidido resaltar solo cinco de las características más sobresalientes de semejante comunidad, que consideramos importantes para el contexto de hoy día.

Los más pequeños. La comunidad de deseo, que está formada en y a través del deseo de Dios, requiere de formas de estar juntos que honren a los que han sido etiquetados como los más pequeños, los últimos y los perdidos. Siempre hay espacio en la mesa para aquellos que anteriormente han sido excluidos, particularmente «el más pequeño de mis hermanos». Al ordenar las cosas de esa manera, queda claro que, cuando funciona bien, la comunidad no existe para sí misma. Cuando a los vulnerables se les da el lugar de honor, nos recuerda a todos que una genuina comunidad no es un proceso «transaccional». En otras palabras, no existe la expectativa de «pagar para jugar».

La Comunidad de Deseo

Las condiciones de aceptación no dependen de nuestra habilidad de ofrecer algo más que nosotros mismos. La humanidad es el precio de admisión, nada más. Lo que es importante en esa comunidad es que la gente reconozca que pertenece, antes de que se le pida que crea. No hay requisito para creer esto o aquello antes de adquirir un sentido de pertenencia.

Juan el Bautista envía a sus discípulos a Jesús a preguntar si él es verdaderamente el Mesías debido a eso. Jesús instruye a los hombres a que vuelvan a Juan, y que le digan lo que han visto y oído: «los ciegos reciben la vista, los cojos andan, los leprosos quedan limpios y los sordos oyen, los muertos son resucitados y a los pobres se les anuncia el evangelio» (Lc 7:22 lbla). Sin duda, Juan está confundido porque todas estas cosas estaban ocurriendo sin que nadie tuviera que «arrepentirse y creer» algo en particular, antes de que Jesús liberara su poder sanador. Tal vez, al saber que él se preguntaría eso, Jesús concluye sus palabras a los discípulos de Juan diciéndoles: «Y bienaventurado (dichoso) es el que no se escandaliza de mí» (Lc 7:23 lbla).

La clave aquí es que la comunidad que se centra en «los más pequeños» es una comunidad que se centra en Dios. Jesús dijo: «Les aseguro que todo lo que hicieron por uno de mis hermanos, aun por el más pequeño, lo hicieron por mí» (Mt 25:40).

Imperfección. Una comunidad de deseo que inspira sus deseos en Dios es una comunidad de imperfección. Esto es contrario a la lógica y quizá hasta un poco desorientador al principio, pero las comunidades idealizadas son tóxicas y desastrosas a largo plazo, especialmente cuando se trabaja con los vulnerables. Las comunidades que nacen de una espiritualidad de perfección solamente afirman éxito, y al hacerlo, tienen comportamiento no deseado a escondidas. Esa espiritualidad crea un mundo bajo de vergüenza, donde el comportamiento y pensamiento ilícito florece. Los lados ocultos de la vida no se toleran y, por lo tanto, adquieren una clase de poder que finalmente amenaza la misma existencia de una comunidad saludable.

En comparación, las comunidades de imperfección aceptan una espiritualidad de imperfección. Esa espiritualidad admite con el poeta Emerson: «Hay una grieta en todo lo que Dios ha hecho»[232], y con el compositor Leonard Cohen en su estribillo: «Así es como la luz entra»[233]. Nuestros amigos Wil y Diane Boegel, que viven en las montañas arriba del bello Lago de Atitlán, en el altiplano guatemalteco, captaron la esencia de esta espiritualidad en el nombre que le pusieron a su centro ministerial. Escogieron el nombre «Casa de ópalo», porque un ópalo adquiere su belleza de las grietas internas por las que se refleja y refracta la luz. *Debido a* las grietas es que el ópalo llega a ser una gema bella. Las comunidades de imperfección no son gobernadas por reglas externas de moral, sino que entienden que la profunda ley de misericordia que está en el corazón de Dios gobierna la moral.

Paz. Una comunidad de deseo reconoce que la paz es la frontera final de la fe. Es el resumen de todo lo que trata el reino de Dios. Hacer teología desde abajo y explorar la geografía de la gracia de Dios tiende a producir paz. No la clase de paz que nace por la fuerza, una versión de paz que debe ser controlada, sino más bien una paz que nace de la debilidad en contra de la cual no hay poder. Una comunidad de paz entiende el mecanismo de la violencia y sabe desconectarse de él, y, de esa manera, evita las tendencias a las rivalidades que conducen a la violencia. No se define a sí misma por encima y en contra de cualquier cosa. Su identidad no está formada ni se sostiene por la rivalidad con otros; más bien, está formada y se sostiene de maneras que evocan y promueven la paz. Al final, una comunidad pacificadora no solo expone la violencia por lo que es, una obra del malvado, sino que la absorbe como lo hizo Cristo en la cruz.

Unidad. Una comunidad de deseo *ve* la unidad en todas las cosas y *busca* la unidad en todas las cosas. No hablamos de una unidad que demanda conformismo, más bien, hablamos de una unidad que honra y celebra la diversidad. La teología desde abajo produce una manera de ver el evangelio que no es amenazada por la otra. Nuestra lealtad al cristianismo no se ve amenazada por la existencia de otras tradiciones de fe dentro de la familia cristiana o fuera de ella. La unidad que probamos no es insípida ni comprometedora, está centrada tan profundamente que estamos llegando a reconocer una clase de parentesco que antes no había estado disponible.

Reunidos y esparcidos. Aquí también nos sentimos impulsados a decir algo acerca de las comunidades reunidas (la iglesia local) y a las comunidades esparcidas (misión y alcance). Ambas son necesarias, pero hay una diferencia. Una es principalmente una comunidad que se reúne para adorar, la otra es principalmente una comunidad que existe para servir. A estas dos comunidades distintas se les ha llamado «modalidades» (reunidas) y «sodalidades» (esparcidas)[234]. Debido a la intensa naturaleza del trabajo, las sodalidades tienden a producir formas increíblemente intensas de comunidad. En comparación, las modalidades proporcionan un lugar para que la gente de todos los días se reúna una vez a la semana para adorar, pero las vidas de esos congregantes típicamente están tan llenas que, por lo menos en un contexto norteamericano, la comunidad es más bien insípida en comparación. Esto ha llevado a una clase de rivalidad no saludable entre las comunidades misionales y las iglesias locales. A veces, las iglesias locales se sienten amenazadas por la intensidad de las sodalidades, y las sodalidades a veces juzgan a las iglesias locales que simplemente no pueden reproducir su sabor intenso de fruto. Las comunidades misionales frecuentemente se ven tentadas a reemplazar a la iglesia, y las iglesias locales a veces se ven tentadas a considerar a las comunidades misionales como idealistas sin raíces. Nos atreveríamos a visualizar una sinergia saludable de las dos, incluso en los contextos desafiantes en los que servimos.

La ciudad como salón de clases, parroquia y patio de recreo. Finalmente, una comunidad de deseo cambia la forma en que vemos la ciudad en sí. Como lo explicamos en el Capítulo 2, estamos aprendiendo a ver la ciudad como un salón de clases, una parroquia y un patio de recreo. De esta manera, la ciudad se personifica como nuestro maestro, nuestro sanador y el lugar donde se practica, modela y celebra *shalom*. Aunque hemos descrito esta forma particular de ver con profundad en el Capítulo 2, revisitamos este paradigma para examinar la ciudad con los lentes únicos de una comunidad de deseo.

La ciudad como un salón de clases para las comunidades de deseo. Cuando comenzamos a entrenar líderes, desarrollamos un programa de estudios que llegó a ser conocido como Intensivos de los Salmos de la Calle. Todavía damos estos entrenamientos, pero la habilidad creciente de ver la ciudad como nuestro salón de clases y nuestro maestro ha ampliado significativamente nuestra visión. Paulo Freire, Bell Hooks, Gerald West y otros nos están ayudando a descubrir cómo crear ambientes de aprendizaje, donde los papeles de maestro y estudiante se fusionan, a medida que todos exploramos el deseo y el deleite que la ciudad evoca. También estamos aprendiendo a tomar el contexto en serio, y a dejar que le dé forma profundamente al aprendizaje. Con ese objetivo, como comunidad de deseo estamos creando un menú de entrenamiento mucho más amplio que simplemente nuestros intensivos teológicos. Por ejemplo, nuestro menú ahora incluye viajes urbanos de inmersión (que se describen detalladamente en el Capítulo 2), en los que mapeamos el dolor, la esperanza y el corazón de la ciudad con pequeños grupos de líderes a lo largo del año. Esto incluye ejercicios guiados que catapultan a los líderes desde la fuente de deseo que absorben en sus comunidades más profundamente hacia esas mismas comunidades. Ofrecemos viajes de visión internacionales a los líderes locales que quieren ver a Dios obrar en otros contextos. Cuando vemos la ciudad como un salón de clases, las posibilidades de que el deseo creativo surja y se aproveche son innumerables. Accedemos al carnaval de gracia común que es la ciudad, y en lugar de huir de él, aprendemos a aceptarlo.

La ciudad como parroquia para las comunidades de deseo. Cuando vemos la ciudad como nuestra parroquia, declaramos a todos los miembros de la ciudad como vitalmente importantes para Dios. Como lo dijimos antes, ni una sola expresión de la iglesia es suficiente para nuestras ciudades dinámicas y diversas, por eso es que cada vez más vemos y celebramos todo el cuerpo de Cristo en todas sus diversas expresiones de deseo. La gran ironía de este acercamiento es que mientras más honramos las tradiciones únicas de otros, más claramente podemos ver las pasiones y talento que poseemos. En muchos de los contextos en los que trabajamos, este acercamiento inicialmente se percibe como una amenaza, especialmente cuando se desplaza más allá de los límites doctrinales conocidos. Sin embargo, cuando las personas de enormemente distintas tradiciones y perspectivas comienzan a experimentar el rico legado y los deseos esenciales de los demás, algo encantador comienza a ocurrir. Hay una clase de reconocimiento afectuoso de los valores y deseos de cada uno.

La ciudad como un patio de recreo para las comunidades de deseo. Tal vez el más liberador y más desafiante de nuestros descubrimientos ha sido ver la ciudad como un patio de recreo para el deseo. La visión de Zacarías de que «Los niños y las niñas volverán a jugar en las calles de la ciudad» (8:5) rechaza la opinión de una cultura dominante que está entrenada para ver la ciudad como un perpetuo campo de batalla de fuerzas rivales. Pensamos que la imagen del patio de recreo tiene una gran promesa, a medida que buscamos desvincularnos de las rivalidades urbanas que surgen del deseo mal ubicado. Esto no es ingenuidad que hace castillos en el aire, o ilusiones. Todos conocemos muy bien los intereses rivales profundamente arraigados dentro de nuestros contextos. Rehusarnos a ser atraídos a la mentalidad del campo de batalla es, con creces, la parte más desafiante de nuestro trabajo. Nos es relativamente fácil modelar programas e ideas nuevos que encienden la imaginación de otros, y eso nos da una gran alegría. Pero, tan pronto como ideamos una idea nueva, nos damos cuenta de que la protegemos como nuestra propia descendencia y repelemos la competencia de recursos. ¡Cuán fácil es que el patio de recreo se vuelva irritable! Pero estamos determinados a resistirnos, y sí nos parece que, al involucrar la ciudad como un patio de recreo, declaramos que hay una realidad más profunda en la ciudad que «nosotros versus ellos». Afirmamos que hay suficiente para todos y que la escasez es una creación de nuestra propia invención, no de Dios.

Un ejemplo concreto de una comunidad de deseo es la misma Comunidad de los Salmos de la Calle. Es una comunidad cuya historia abarca 25 años de servicio, un puñado de amigos que se encontraron juntos en varios puntos del camino en el trabajo de amar y servir a los urbanos pobres. Descubrimos que no solo amamos el trabajo, sino que nos disfrutamos unos a otros. Las amistades hicieron que el trabajo fuera más ligero, incluso cuando tenía altibajos, los fondos iban y venían, cosas buenas pasaban y cosas malas pasaban, la vida pasaba.

La Comunidad de Deseo

A través de todo, las amistades permanecieron, incluso crecieron, y también nuestro llamado a amar y a servir a los pobres urbanos.

Estas amistades se forjaron y templaron en el crisol del ministerio urbano. Resulta que la «amistad» puede ser el resultado más tangible de todo lo que hemos logrado a través de los años. Los amigos atraían amigos, a través del proceso alegre y a veces doloroso de aprender a amarnos unos a otros.

También, a través de un proceso largo de discernimiento, encontramos el valor para darle alguna forma a lo que vimos que ocurría entre nosotros. Finalmente, tomamos un nombre (o quizá se nos dio): *Salmos de la Calle—La comunidad de la Encarnación*.

La Comunidad de los Salmos de la Calle es una clase de «orden», aunque ese no es el lenguaje que frecuentemente usamos para describirnos. Es cierto que algunas personas han sido ordenadas por esta comunidad para el ministerio de la Palabra y Sacramento entre los pobres urbanos, aun así, la mayoría de los participantes de la Comunidad de los Salmos de la Calle no han sido ordenados. Somos unas personas dispersas, centradas en la comunión con Cristo, que estamos llamados a nutrir las perspectivas y prácticas que dan vida y sostienen a aquellos que viven y respiran las buenas nuevas en los lugares difíciles. Practicamos una vida compartida de **acción, reflexión** y **discernimiento**, esos son nuestros votos. Estamos comprometidos con el proceso de toda una vida de llegar a ser como Cristo, con y para aquellos que servimos. Nuestra tarea es ver a Dios obrar en el mundo y celebrar lo que vemos que Dios hace.

En un mundo lleno de competencia y rivalidad, queríamos una comunidad que no introduce otra facción rival. La Comunidad de los Salmos de la Calle no suplanta ni reemplaza otras afiliaciones eclesiásticas o denominacionales que tengamos. Más bien, existe para apoyar y honrar esos compromisos que, en algunos casos no tienen la capacidad de servirnos en nuestro llamado. En este sentido, somos una comunidad de personas «originales», que se enfoca hacia afuera, es radicalmente inclusiva y existe para nutrir a los líderes en su llamado a amar y servir a los marginados.

Nuestro deseo de ser una comunidad no solo surge de nuestra amistad y sentido profundo de gratitud, que se origina en esas amistades, sino también surge de nuestras propias heridas. Esta es nuestra concientización: la autoridad de cualquier comunidad está muy cerca de sus heridas. Por eso es que, desde el principio, la Comunidad de los Salmos de la Calle ha trabajado arduamente para identificar sus heridas y orar por los carismas (dones) relacionados que son fundamentales para nuestra comunidad.

LA HERIDA	CARISMA
La herida de la ceguera	El carisma de la vista
La herida de falta de voz	El carisma de la voz
La herida de la desesperación	El carisma de la alegría
La herida del aislamiento	El carisma de la comunidad

Aunque la Comunidad de los Salmos de la Calle ha estado en desarrollo por muchos años, se siente que todavía estamos en el primer capítulo de nuestra historia. No pretendemos que nuestra comunidad sea mejor o más única que cualquier otra comunidad que esté por ahí. Simplemente nos toca practicar lo que significa ser una comunidad de deseo en los lugares más bajos del mundo, y poner en práctica una historia cuyo significado completo solo tendrá sentido al final.

Conclusión
(o falta de ella)

*Dios, en el principio, creó
los cielos y la tierra.*
~Génesis 1:1

*No cesaremos de explorar, y el fin de nuestra
exploración será llegar a donde comenzamos
y conocer el lugar por primera vez.*
~T. S. Eliot[235]

En *estas páginas pretendíamos explorar* la geografía de la gracia. Hemos intentado mapear algunos de los lugares bajos de las Escrituras, así como algunas de las comunidades en las que servimos, con la esperanza de encontrar buenas noticias. Queríamos probar dos suposiciones, es decir, que la gracia fluye hacia abajo, y que para encontrarla debemos arriesgarnos a equivocarnos. Confiamos que nuestros lectores hayan descubierto algo de gracia nueva aquí;

y seguramente hemos conseguido equivocarnos en más de unos cuantos de nuestros giros.

A estas alturas, debería estar abundantemente claro que explorar la geografía de la gracia no tiende a producir conclusiones finales. Sabemos menos que cuando comenzamos, pero sí sabemos que nuestra fe ha aumentado y ha expandido nuestros corazones. Pensamos que eso vale la pena.

En esta coyuntura nos relajaremos con algo de placer y afirmaremos con Voltaire esta perspectiva apropiada: «Dios es un comediante que actúa para una audiencia que tiene demasiado miedo de reírse»[236]. Aunque el pendenciero Voltaire difícilmente fue un creyente ortodoxo en Cristo, y quizás hizo esta declaración por razones distintas a las que ahora citamos, resume la alegría del Espíritu que estamos aprendiendo a disfrutar al hacer teología y al practicar la misión en los lugares difíciles. Oramos para que nos unamos a las filas de aquellos santos levemente inadaptados a lo largo de la historia de la iglesia que entendieron la broma.

En cada viaje, hay una despedida. Nunca es fácil terminar una aventura, especialmente no como esta. Por lo que no lo haremos. Le daremos la última palabra a Tolkien, quien parecía saber una o dos cosas en cuanto a las aventuras y cómo terminarlas.

El camino siempre continúa
Desde la puerta donde comenzó
Ahora, el camino se ha ido mucho más adelante,
Y debo continuar, si puedo,
Siguiéndolo con pies dispuestos,
Hasta que se una a un camino más grande.

~J. R. R. TOLKIEN[237]

Apéndice

Los Intensivos de los Salmos de la Calle

1. Nacidos desde abajo: La palabra hecha carne (Cristología)
Este intensivo explora el significado de la encarnación entre aquellos que han sido etiquetados como los más pequeños, los últimos y los perdidos del mundo. Consideramos la misión, el mensaje y el método de Dios en la carne, y lo que eso significa para la iglesia.

Pregunta misional: ¿Cuál es nuestra imagen de Cristo y cómo le da forma eso a la forma en la que realizamos el ministerio?

2. En, pero no de: Cómo entender la gramática de Dios (Pneumatología)
Consideramos la misión en el contexto desde la perspectiva de «extranjeros». Exploramos las líneas limítrofes de fe y cultura y el Espíritu de Jesús sin límites.

Pregunta misional: ¿Cuál es la obra del Espíritu en la misión y cómo le da forma eso a la forma en que vivimos y servimos al mundo?

3. **El escándalo de Dios: Cómo amar a los más pequeños, a los últimos y a los perdidos** (Soteriología)

Aquí nos enfocamos en el significado de la cruz entre aquellos que han sido aplastados por la vida. Es un viaje al lado oscuro de la fe, alimentado por el evangelio de esperanza en Cristo

Pregunta misional: ¿Cuál es el significado de la cruz para aquellos que han sido aplastados por la vida y viven vidas de terror?

4. **La imagen lo es todo: Cómo encontrar el aliento de Dios en el polvo del hombre** (Antropología)

Exploramos el poder de las imágenes entre los vulnerables y su significado para la misión. Nos desplazamos al ministerio de la imaginación y descubrimos cómo reclamar la imagen de Dios desde las imágenes estropeadas del mundo.

Pregunta misional: ¿Qué significa tener la imagen de Dios y cómo esa imagen provoca el ministerio de la imaginación en un mundo que batalla con llegar a ser humano?

5. **Es un asunto de familia: Cómo redimir nuestra herencia** (Eclesiología)

Consideramos el mundo complejo de la familia bíblica y su significado para el ministerio. Vemos lo bueno, lo malo y lo feo de los sistemas familiares y cómo predicar la buena noticia que da sanidad y esperanza a las familias que sufren. Por último, consideramos lo que significa ser la familia de Dios.

Pregunta misional: ¿Qué significa que la iglesia sea la familia de Dios en los contextos en los que las familias han sido destruidas?

6. **La ciudad de alegría: Bienvenido al patio de recreo de Dios** (Escatología)

Apéndice

Este intensivo es un viaje al corazón de la imaginación profética para las personas y los lugares más vulnerables. Llegamos a ver la ciudad como un salón de clases, una parroquia y un patio de recreo. Por último, consideramos cómo la Nueva Jerusalén impacta la forma en que vivimos en Babilonia

Pregunta misional: ¿Cómo impacta la Nueva Jerusalén de nuestra fe la forma en que vivimos y servimos en Babilonia?

7. En el vientre de la bestia: En busca de paz en un mundo violento
  (Ética)

Este intensivo explora cómo ser pacificador en un mundo violento. Consideramos lo que significa trabajar por la justicia de los oprimidos, sin hacer a un lado la misericordia. Preguntamos cómo podemos convertir las espadas en arados, sin perpetuar las amargas rivalidades.

Pregunta misional: A la luz de los seis intensivos anteriores, ¿cómo entonces vamos a vivir en un mundo violento?

Bibliografía

8 Mile, Director Curtis Hanson, Writer Scott Silver, lanzada en 2002.

Achebe, Chinua. *Things Fall Apart*. Londres: William Heinemann, 1958.

Adams, Marilyn McCord. *Horrendous Evils and the Goodness of God*. Ithaca: Cornell University Press, 1999.

Alison, James. *Broken Hearts and New Creations*. Nueva York: Continuum, 2010.

_____. *On Being Liked*. Nueva York: Crossroad, 2003.

Arendt, Hannah. *The Human Condition*. Chicago: University of Chicago Press, 1958; reimpresión, 1989.

Athanasius. *On the Incarnation*. Editado y Traducido por Penelope Lawson. Nueva York: Macmillan, 1981.

Augustine. *City of God*. Traducido por Henry Bettenson. 1467; Penguin Classics Ed., Londres: Penguin, 2003.

_____. Sermo. 43. PL 38.

Bailey, Kenneth E. *Poetry and Peasant and Through Peasant Eyes: A Literary- Cultural Approach to the Parables in Luke*, Edición combinada. Grand Rapids: Eerdmans, 1993.

Bailie, Gil. *Violence Unveiled: Humanity at the Crossroads.* Nueva York: Crossroad, 1995.

Baker, Frank, ed. *The Works of John Wesley*, vol. 25, Letters I, 1721-1739. Oxford: Clarendon Press, 1980.

Bakke, Raymond J. *A Biblical Word for an Urban World: Messages from the 1999 World Mission Conference.* Valley Forge: Board of International Ministries, 2000.

_____. *A Theology as Big as the City.* Downers Grove: InterVarsity Press, 1997.

_____. *The Urban Christian: Effective Ministry in Today's Urban World.* Downers Grove: InterVarsity Press, 1987.

Baldwin, James. *Go Tell It On The Mountain.* Nueva York: Dell, 1952.

Banks, Coleman. *Rumi: The Big Red Book: The Great Masterpiece Celebrating Mystical Love and Friendship.* Nueva York: HarperCollins, 2010.

Barnes, Craig M. *When God Interrupts: Finding New Lifethrough Unwanted Change.* Downers Grove: InterVarsity Press, 1996.

Barron, Robert. *And Now I See: A Theology of Transformation.* Nueva York: Crossroad, 1998.

Barrows, Anita and Joanna Macy. *A Year with Rilke: Daily Readings from the Best of Rainer Maria Rilke.* Nueva York: HarperOne, 2009.

Baylor University. *American Piety in the 21st Century: New Insights to the Depth and Complexity of Religion in the US* (Hallazgos selectos de «The Baylor Religion Survey"). Waco: Baylor University, 2007.

Becker, Ernest. *The Denial of Death*. Nueva York: Free Press, 1973; reimpresión, Nueva York: Free Press Paperbacks, 1997.

Beltran, S.V.D., Benigno P. *The Christology of the Inarticulate: An Inquiry into the Filipino Understanding of Jesus the Christ*. Manila: Divine Word Publications, 1987.

Berkhof, Hendrikus. *Christian Faith: An Introduction to the Study of the Faith*. Traducido por Sierd Woudstra. Grand Rapids: Eerdmans, 1979.

Biblesoft. *New Exhaustive Strong's Numbers and Concordance*. CD-ROM Seattle, WA:, BibleSoft, Inc., 1994.

Blake, William. Editado por John Sampson. *The Poetical Works of William Blake: A New and Verbatim Text from the Manuscript Engraved and Letterpress Originals*. Londres: Clarendon Press, 1905.

Blasé, John. *Living the Question in John*. Colorado Springs: NavPress, 2005.

Bonhoeffer, Dietrich. *Letters and Papers from Prison*. Minneapolis: Fortress Press, 2010.

Bonhoeffer, Dietrich. *Life Together: the Classis Exploration of Faith in Community*. Traducido por John W. Doberstein. Nueva York: HarperCollins, 1954; reimpresión, San Francisco: HarperCollins, 1993.

Bosch, David J. *Trasnforming Mission: Paradigm Shifts in Theology of Mission*. Nueva York: Orbis Books, 1991.

Boyle, Gregory. *Tattoos on the Heart: The Power of Boundless Compassion*. Nueva York: Free Press, 2011.

Brown, Robert McAfee. *Spirituality and Liberation: Overcoming the Great Fallacy*. Philadelphia: Westminster Press, 1988.

Brueggemann, Walter. «Biblical Authority». *The Christian Century*, enero de 2001, 14-20.

_____. «The Costly Loss of Lament». *Journal for the Study of the Old Testament*, 26. 1986.

_____. *Deep Memory, Exuberant Hope: Contested Truth in a Post-Christian World*. Minneapolis: Augsburg Fortress, 2000.

_____. *Finally Comes the Poet*. Minneapolis: Augsburg Fortress, 1980.

_____. *The Prophetic Imagination*. Minneapolis: Augsburg Fortress, 2001.

_____. *Theology of the Old Testament: Testimony, Dispute, Advocacy*. Minneapolis: Augsburg Fortress, 1997.

Brunner, Karl, Emil Brunner, y Karl Barth. *Natural Theology: Compromising «Nature and Grace» By Professor Dr. Emil Brunner and the Reply «No!» By Dr. Karl Barth*. Londres: Centenary, 1946.

Buber, Martin. *Between Man and Man*. Londres: Routledge and Kegan Paul, 1947.

_____. *I and Thou*. Traducido por Walter Kaufmann. Nueva York: Simon and Schuster, 1970.

Buechner, Frederick. *Secrets in the Dark*. San Francisco: HarperCollins, 2006.

Buhlmann, Walbert. *The Coming of the Third Church*. Slough, UK: St. Paul, 1976.

Bibliografía

Burridge, Richard A. *Four Gospels, One Jesus: A Symbolic Reading*. Grand Rapids: Eerdmans, 1994.

Capon, Robert Farrar. *Kingdom, Grace, Judgment: Paradox, Outrage, and Vindication in the Parables of Jesus*. Grand Rapids: Eerdmans, 2002.

_____. *The Third Peacock: The Problem of Good and Evil*. Palmwoods: Winston Press, 1986. Chesterton, G. K. Orthodoxy. Nueva York: John Lane, 1908.

_____. *What's Wrong With The World*. Simon & Brown, 2011.

Christian, Jayakumar. God of the Empty-Handed: Poverty, Power & the Kingdom of God. Monrovia: World Vision International, 2005.

Christianity Today Magazine. «The Top 50 Books That Have Shaped Evangelicals». Revista en línea. Carol Stream, Ill.: Christianity Today International, octubre de 2006. http://www.christianitytoday.com/ct/2006/october/23.51.html, consultado el 18/4/2012.

Cone, James H. *A Black Theology of Liberation*. Maryknoll: Orbis, 1986.

_____. *God of the Oppressed*. Nueva York: Seabury, 1975.

Costas, Orlando. *Christ Outside the Gate: Mission Beyond Christendom*. Eugene: Wipf & Stock, 2005.

Cuming, Geoffrey y R. C. D. Jasper. *Prayers of the Eucharist: Early and Reformed*. Collegeville: Liturgical Press, 1987.

cummings, e. e. y George James Firmage. *95 Poems*. Nueva York: Liveright, 1958.

de Mello, Anthony. *One Minute Wisdom*. Nueva York: Doubleday, 1986.

Dodd, Charles H. *The Apostolic Preaching and Its Developments*. Nueva York: Harper, 1954.

Dostoevsky, Fyodor. *The Brothers Karamazov*. Traducido por Constance Garnett. Nueva York: Modern Library Edition, 1996.

Du Bois, W. E. B. *The Souls of Black Folk*. Rockville: Manor, 2008.

Durant, Will. *The Foundations of Civilization*. Nueva York: Simon and Schuster, 1936.

Eckart, Meister. *The Essential Sermons, Commentaries, Treatises and Defense*. Traducido por Edmond College, O.S.A. and Bernard McGinn. Nueva York: Paulist Press, 1981.

Ehrman, Bart D. *Peter, Paul, and Mary Magdalene: The Followers of Jesus in History and Legend*. NewYork: Oxford University Press, 2006.

Ekblad, Bob. *Reading the Bible with the Damned*. Louisville: Westminster John Knox Press, 2005.

Eliot, T.S. «Burnt Norton», «Dry Salvages» and «East Coker». En *Four Quartets*. Nueva York: Harcourt Brace Jovanovich, 1943. Reimpresión, 1971.

Ellis, Jr., Carl F. *Beyond Liberation: The Gospel in the Black American Experience*. Downers Grove: InterVarsity Press, 1983.

Ellul, Jacques. *Money and Power*. Traducido por LaVonne Neff Lausanne. Switzerland: Presses Bibliques Universitaires, 1979; Reimpresión, Downers Grove: Intervarsity Press, 1984.

Endo, Shusaku. *Silence*. Tokyo: Monumenta Nipponica, 1969.

Foster, Richard J. *Streams of Living Water: Celebrating the Great Traditions of Christian Faith*. Nueva York: HarperCollins, 1998.

Frank, Arthur W. The *Wounded Story Teller: Body Illness, and Ethics*. Chicago: University of Chicago Press, 1995.

Bibliografía

Freire, Paolo. *Pedagogy of the Oppressed*. Traducido por Myra Bergman Ramos. Nueva York: Continuum, 1970.

Friedman, Thomas L. *The World Is Flat: A Brief History Of The Twenty-1rst Century*. Nueva York: Farrar, Straus and Giroux, 2005.

Garrow, David J. *Bearing the Cross: Martin Luther King, Jr., and the Southern Christian Leadership Conference*. Nueva York: HarperCollins, 1986; reimpresión, 2002.

Girard, René. *I See Satan Fall Like Lightening*. Maryknoll: Orbis, 2001.

_____. *Violence and the Sacred*. Trans. Patrick Gregory. Paris: Editions Bernard Grasset, 1972; reimpresión, Baltimore: Johns Hopkins University Press, 1977.

Gilbert, Jack. «A Brief for the Defense». En *Refusing Heaven*. Nueva York: Knopf, 2006.

Gonzalez, Justo L. *The Story of Christianity*, Vol. 2. San Francisco: HarperCollins, 1984.

Green, Graham. Power and The Glory. Londres: Penguin, 1940.

Guder, Darrell L., Editor. *Missional Church: A Vision for the Sending of the Church in North America*. Grand Rapids: Eerdmans, 1998.

Gutiérrez, Gustavo. *On Job: God-Talk and the Suffering of the Innocent*. Trad. Matthew J. O'Connell. Nueva York: Orbis, 1987.

_____. Teología de la liberación, Perspectivas (Lima: CEP, 1971

Hall, Douglas John. *The Cross in Our Context: Jesus and the Suffering World*. Minneapolis: Fortress Press, 2003.

_____. «Despair as the Spiritual Condition of Humankind at the Outset of the Twenty-First Century». *Journal for Preachers*. Adviento 2001.

_____. *God And Human Suffering: An Exercise in the Theology of the Cross*. Minneapolis: Fortress Press; Edición reimpresa, 1987.

Hedges, Chris. War is a Force that Gives Us Meaning. Nueva York: Public Affairs, 2002.

_____. What Every Person Should Know about War. Nueva York: Simon and Schuster, 2003.

Heschel, Abraham J. The Prophets: An Introduction, Vol. 1. Nueva York: Harper and Rowe, 1962.

Hopkins, Gerard Manley. *Gerard Manley Hopkins: The Major Works*. Oxford: Oxford University Press, 2009.

Hunsinger, George. *For the Sake of the World: Karl Barth and the Future of Ecclesial Theology*. Grand Rapids, Michigan: Eerdmans, 2004.

Ireneo. *Adversus haereses*. 4.20.7.

Jenkins, Philip. *The Next Christendom: The Coming of Global Christianity*. Nueva York: Oxford University Press, 2002.

Jeremias, Joachim. *The Parables of Jesus*, Edición revisada. Traducido por S.H. Hooke. Londres: SCM, 1963.

Julian de Norwich. *The Shewings of Julian of Norwich*. Editado por Georgia Ronan Crampton. Kalamazoo: Medieval Institute Publications, 1994.

Kähler, Martin. *Schriften zur Christologie und Mission*. Munich: Chr. Kaiser Verlag, 1971.

Keating, Thomas. *The Better Part: Stages of Contemplative Living*. Nueva York: Continuum, 2000.

King, Jr., Martin Luther. «Remaining Awake through a Great Revolution» Discurso dado en la Catedral Nacional, Washington,

Bibliografía

D.C., 31 de marzo de 1968. Consultado el 20 de enero de 2007. Disponible en: http://www.wagingpeace.org/menu/action/urgent-actions/king/index.htm Internet.

Kinnell, Galway. *A New Selected Poems.* Boston: Houghton MiKin Harcourt; Edición reimpresa, 2001.

Kraybill, Donald B. *The Upside-Down Kingdom.* Harrisonburg: Herald, 1978.

Kohlenberger, John R. III, James Strong, James A. Swanson. *Strongest Strong's Exhaustive Concordance of the Bible.* Grand Rapids: Zondervan, 2001.

Kubler-Ross, Elizabeth. On Death and Dying. Nueva York: Scribner, 1997.

Kurtz, Ernest and Katherine Ketcham. *The Spirituality of Imperfection: Storytelling and the Search for Meaning.* Nueva York: Bantam Books, 1992.

Lamott, Anne. *Traveling Mercies*: Some Thoughts on Faith. Nueva York: Anchor, 1999.

Lapierre, Dominique *City of Joy.* Nueva York: Pressinter, 1985.

Leddy, Mary Jo. *Radical Gratitude.* Maryknoll: Orbis, 2002.

L'Engle, Madeline. *Two Part Invention: The Story of a Marriage.* San Francisco: Harper Collins, 1989.

_____. *Walking on Water: Reflections on Faith and Art.* Nueva York: North Point Press, 1995.

Levertov, Denise. «City Psalm» in Making Peace. Editado por Peggy Rosenthal. San Francisco: Auerhahn Press, 1964; reimpresión, Nueva York: New Directions, 2006.

Lewis, C. S. *Studies in Medieval and Renaissance Literature*, ed. W. Hooper. Cambridge: Cambridge University Press, 1954.

_____. A Grief Observed. Nueva York: Seabury, 1961.

_____. *Letters to Malcolm: Chiefly on Prayer*. Londres: Harvest, 1963. Reimpresión, 2002.

_____. *The Last Battle*. Londres: The Bodley Head, 1956. Reimpresión, Nueva York: HarperCollins, 1994.

Little Miss Sunshine. Dirigida por Jonathan Dayton y Valerie Faris. Big Beach Films, 2006.

Lull, Timothy F., editor. *Martin Luther's Basic Theological Writings*. Minneapolis: Fortress Press, 1989.

MacDonald, George. *A Book of Strife, in the Form of the Diary of an Old Soul*. (Londres: publicado personalmente, 1880).

_____. *Unspoken Sermons*. Londres: Alexander Strahan, 1867; reimpresión, Londres: Kessinger, 2004.

Marshall, Bruce. *The World, The Flesh, and Father Smith*. Nueva York: Houghton MiKin, 1945.

Marty, Martin E. *A Cry of Absence: Reflections for the Winter of the Heart*. San Francisco: Harper and Rowe, 1983.

McGrath, Allister E. *Christian Theology: An Introduction*. Malden: Blackwell Publishers Inc., 1994.

McKinney, George. *Cross the Line: Reclaiming the Inner City for God*. Nashville: 9omas Nelson Publishers, 1997.

Meadows, Donella H. *The Global Citizen*. 31 de mayo de 1990. Menahoth. 43b-44a.

Bibliografía

Middleton, J. Richard and Brian J. Walsh. *The Transforming Vision: Shaping a Christian World View*. Downers Grove: Intervarsity Press, 1984.

Moltmann, Jürgen. *The Crucified God*. Traducido por R.A. Wilson and John Bowden. Nueva York: Harper and Rowe, 1974; reimpresión, Minneapolis: Fortress Press, 1993.

Morris, David B. *The Culture of Pain*. Berkeley: University of California Press. 1991.

Newbigin, Lesslie. *The Open Secret: An Introduction to the Theology of Mission*, Edición revisada. Grand Rapids: Eerdmans, 1995.

Niebuhr, Reinhold. The)ought of Reinhold Niebuhr. Editado por Gordon Harland. Nueva York: Oxford University Press, 1960.

Nouwen, Henri J. M. *Love in a Fearful Land: A Guatemala Story*. Maryknoll: Orbis, 2006.

_____. *Turn My Mourning Into Dancing*. Nashville: Thomas Nelson, 2004.

O'Connell Killen, Patricia and Mark Silk. *Religion and Public Life in the Pacific Northwest: The None Zone*. Lanham: Rowman Altamira, 2004.

O'Connor, Flannery. *Everything that Rises Must Converge*. Nueva York: HarperCollins, 1956.

_____. «A Good Man is Hard to Find» En *The Complete Stories*. Nueva York: Noonday Press, 1990.

O'Connor, Kathleen M. *Lamentations and the Tears of the World*. Nueva York: Orbis Books, 2002.

Oleska, Michael J. Orthodox Alaska: *A Theology of Mission*. Crestwood: St. Vladimir's Seminary Press, 1993.

Oliver, Mary. *Red Bird: Poems*. Boston: Beacon Press, 2008.

Oxford English Dictionary. Second Edition. [CD-ROM] Oxford: Oxford University Press, 1992.

Perkins, John. *Let Justice Roll Down*. Ventura: Regal, 2006.

Peterson, Eugene H. *Christ Plays in Ten Thousand Places: A Conversation in Spiritual Theology*. Grand Rapids: Eerdmans, 2005.

Returning Peace Corps Volunteers of Madison Wisconsin. *Unheard Voices: Celebrating Cultures from the Developing World*. 1992.

Robinson, John A. T. *Honest to God*. Edición del cuadragésimo aniversario. Louisville: Westminster John Knox, 2002.

Rocke, Kris. «The Magnificent Defeat». [A los asistentes a la conferencia de Geografía de la gracia en el Centro para la Transformación de la Misión]. Junio 2005.

Rohr, Richard. *The Naked Now: Learning to See as the Mystics See*. Nueva York: Crossroad, 2009.

_____. *Things Hidden: Scripture as Spirituality*. Cincinnati: St. Anthony Messenger Press, 2008.

Saloy, Mona Lisa. «Still Laughing to Keep from Crying: Black Humor». Folleto del Louisiana Folklife Festival. 2001.

Sider, Ronald J. Rich Christians *In An Age of Hunger: Moving from Affluence to Generosity*. Downers Grove: InterVarsity Press, 1977.

Smedes, Lewis B. *Forgive and Forget: Healing the Hurts We Don't Deserve*. San Francisco: Harper and Row, 1984.

Sobrino, Jon. *Christ the Liberator: A View from the Victims*. Traducido por Paul Burns. Maryknoll: Orbis, 2001.

Bibliografía

Stringfellow, William. *An Ethic for Christians and Other Aliens in a Strange Land*. Nueva York: Word, 1973; reimpresión, Eugene: Wipf and Stock, 2004.

_____. *Politics of Spirituality*. Philadelphia: Westminster, 1984.

Mother Teresa. *In the Heart of the World: Thoughts, Stories and Prayers*. Novato: New World Library, 1997.

_____. *In My Own Words*. Editado por José Luis González-Bilbao. Nueva York: Random House, 1996.

Tillich, Paul. *Biblical Religion and the Search for Ultimate Reality*. Chicago: University of Chicago, 1955.

Thomas, Dylan. «Do Not Go Gentle Into 9at Good Night». En *100 Best-Loved Poems*. Editado por Philip Smith. Londres: Courier Dover, 1995.

Thurman, Howard. *Jesus and the Disinherited*. Boston: Abingdon, 1949.

Tolkien, J.R.R. *Lord of the Rings*. Nueva York: Ballantine Books, 1954-1974.

Trible, Phyllis. *Texts of Terror: Literary-Feminist Readings of Biblical Narratives*. Philadelphia: Fortress Press, 1989.

Twain, Mark. *Adventures of Huckleberry Finn*. Nueva York: Modern Library Edition, 1993.

United Nations Human Settlements Programme (UN-HABITAT). *The Challenge of Slums: Global Report on Human Settlements*. 6 de octubre, 2003.

Volf, Miroslav. *Exclusion and Embrace, A Theological Exploration of Identity, Otherness and Reconciliation*. Nashville: Abingdon Press, 1996.

von Loewenich, Walter. *Luther's Theology of the Cross*. Belfast: Christian Journals, 1976.

Wallis, Jim. *Faith Works*. Londres: SPCK, 2002.

_____. *God's Politics: Why the Right Gets It Wrong and the Left Doesn't Get It*. Nueva York: HarperCollins, 2005.

Webber, Robert E. *Ancient-Future Faith: Rethinking Evangelicalism for a Postmodern World*. Grand Rapids: Baker Books, 2000.

Weil, Simone. *Writings Selected*. Modern Spiritual Masters Series. Editado por Eric O. Springsted. Maryknoll: Orbis, 1998.

Weisel, Elie. *Night*. Traducido por Stella Rodway. Nueva York: Hill and Wang, 1960. Reimpresión, Nueva York: Bantam, 1982.

Welch, Sharon. *Sweet Dreams in America: Making Ethics and Spirituality Work*. Nueva York: Routledge, 1999.

Wilkinson, Tracy. «Censure Dismays Priest's Supporters». Revista en línea. Los Ángeles, California: Los Angeles Times, 2007. Consultado el 3 de febrero de 2007. Disponible en http://www.latimes.com/news/printedition/asection/lafg-sobrino15mar15,1,5099521.story?coll=la-news-a_section; Internet.

Williams, Charles. *Descent Into Hell*. Londres: Pelligrini and Cudahy, 1949.

Wink, Walter. *The Powers That Be: Theology for a New Millennium*. Nueva York: Doubleday, 1998.

Wright, N.T. *The New Testament and the People of God*. Londres: SPCK Publishing, 1996.

Yancey, Philip. Church: *Why Bother? My Personal Pilgrimage*. Grand Rapids: Zondervan, 1998.

_____. *Reaching for the Invisible God: What Can We Expect to Find?* Grand Rapids: Zondervan, 2000.

_____. *Soul Survivor: How My Faith Survived the Church.* Nueva York: Doubleday, 2001.

_____. *What's So Amazing About Grace?* Grand Rapids: Zondervan, 1997.

_____. *Where is God When It Hurts?: A Comforting, Healing Guide for Coping With Hard Times.* Grand Rapids: Zondervan, 1997.

Yeats, William Butler and Richard J. Finneran. *The Collected Poems of W. B. Yeats*, 2ª edición revisada. Nueva York: Scribner, 1996.

Yoder, John Howard. *The Politics of Jesus.* Grand Rapids: Eerdmans, 1972. Reimpresión, 1995.

Notas

Introducción

1. Con la expresión «de base» en este texto nos referimos a una relación profunda con la gente que está en los márgenes de la sociedad.
2. Mark Twain, *Adventures of Huckleberry Finn* (Nueva York: Modern Library Edition, 1993), 317.
3. ee cummings y George James Firmage, «dive for dreams», 95 *Poems* (Nueva York: Liveright, 1958), Poema #60.
4. Alison construye una antropología teológica del pecado original con los lentes de René Girard. Alison celebra el descubrimiento de que resulta que algunas suposiciones teológicas en cuanto al pecado original están equivocadas.
5. «ebel», *The New Interpreter's Dictionary of the Bible*, Volumen 1: A-C (Nashville: Abingdon Press, 2006), 6.
6. Phyllis Trible, *Texts of Terror: Literary-Feminist Readings of Biblical Narratives* (Philadelphia: Fortress Press, 1984), 29.

7. *Fides quaerens intellectum*, un eco del *crede ut intelligas* de Agustín («Believe so that you may understand»; Sermo 43, PL 38, 237-238).
8. Marcos 9:24
9. George Hunsinger, *For the Sake of the World: Karl Barth and the Future of Ecclesial Theology* (Grand Rapids: Eerdmans, 2004), 89.
10. Robert Ekblad, *Reading the Bible with the Damned* (Louisville: Westminster John Knox Press, 2005).
11. Dietrich Bonhoeffer, «After Ten Years», *Letters and Papers from Prison, Dietrich Bonhoeffer Works*, Vol. 8 (Minneapolis: Fortress Press, 2010), 39.
12. Martin Buber, *I and Thou*, 2ª ed (Edinburgh: T. & T. Clark, 1958), 25.
13. Paul Tillich, *Biblical Religion and the Search for Ultimate Reality* (Chicago: University of Chicago, 1955), 13.
14. C. S. Lewis, *Letters to Malcolm: Chiefly on Prayer* (Londres: Harvest, 1963; reimpresión, 2002), 80.
15. Phyllis Trible, *Texts of Terror: Literary-Feminist Readings of Biblical Narratives* (Philadelphia: Fortress Press, 1984), 2.
16. Kathleen M. O'Connor, *Lamentations and the Tears of the World* (Nueva York: Orbis Books, 2002), 95.
17. T. S. Eliot, «Burnt Norton» en *Four Quartets* (Nueva York: Harcourt Brace Jovanovich, 1943), 14.

Primera sección

18. T. S. Eliot, «Dry Salvages» en *Four Quartets* (Nueva York: Harcourt Brace Jovanovich, 1943. Reimpresión, 1971), 44.

Capítulo 1

19. Trible, *Texts of Terror*, 2.

20. Ibíd., 76.
21. Ibíd., 2.
22. Henri Nouwen, *Love in a Fearful Land: A Guatemalan Story* (Ave Maria Press, 1966), 113.
23. United Nations Human Settlements Programme (UNHABITAT), *The Challenge of Slums: Global Report on Human Settlements* (6 de octubre de 2003).
24. Martin E. Marty, *A Cry of Absence: Reflections for the Winter of the Heart* (San Francisco: Harper and Rowe, 1983), 87.
25. René Girard, *Violence and the Sacred* (Paris: Editions BernardGrasset, 1972; Reimpresión, Baltimore: Johns Hopkins University Press, 1977), 45.
26. Elie Weisel, *Night* (Nueva York: Hill and Wang, 1960; reimpresión, Nueva York: Bantam, 1982), 76.
27. Gustavo Gutiérrez, *On Job: God-Talk and the Sufering of the Innocent* (Nueva York: Orbis Books, 1987), 13, 51.
28. Ibíd., 10.
29. Eugene H. Peterson, *Christ Plays in Ten Thousand Places: A Conversation in Spiritual Theology* (Grand Rapids: William B. Eerdmans, 2005), 104.
30. Ibíd., 5.

Capítulo 2

31. http://www.tumblr.com/tagged/rumi?before=1313528321, consultado el 28/3/2012.
32. Richard Rohr, *On the Threshold of Transformation: Daily Meditations for Men* (Loyola Press, 2010), 326.
33. Ekblad, *Reading the Bible with the Damned*, 2-3.
34. Ibid.

35. Romanos 3:22-26, Gálatas 3:21-29, Efesios 2:12-22
36. Kenneth E. Bailey, *Poetry and Peasant and Through Peasant Eyes: A Literary-Cultural Approach to the Parables in Luke*, Edición combinada (Grand Rapids: Eerdmans, 1993), 161.
37. Robert McAfee Brown, *Spirituality and Liberation: Overcoming the Great Fallacy* (Philadelphia: Westminster Press, 1988).
38. Eckblad Updates, «Jesus Inside Guatemalan's Violent Gangs», 2 de octubre de 2008.
39. http://www.pbs.org/wgbh/pages/frontline/slaves/etc/stats.html, consultado el 26/3/2012.
40. http://www.wpf.org/reproductive_rights_article/facts, consultado el 3/26/2012.
41. http://www.childtrendsdatabank.org/?q=node/196, consultado el 3/26/2012.
42. http://www.forbes.com/2007/06/11/third-world-slums-bizcx_21cities_ee_0 611slums.html, consultado el 3/26/2012.
43. http://www.unhcr.org/4a3b98706.html, consultado el 3/26/2012.
44. http://cnsnews.com/news/article/number-illegal-immigrants-us-steady-112m, consultado el 26/3/2012.
45. http://www.drug-rehabs.org/alcohol-statistics.php, consultado el 3/26/2012.
46. http://www.samhsa.gov/newsroom/advisories/1201185326.aspx consultado el 3/26/2012.
47. http://bjs.ojp.usdoj.gov/index.cfm?ty=pbdetail&iid=2230, consultado el 3/26/2012.
48. http://bjs.ojp.usdoj.gov/index.cfm?ty=pbdetail&iid=2230, consultado el 26/3/2012.
49. https://www.ncjrs.gov/childabuse/, consultado el 26/3/2012.

50. http://www.pewsocialtrends.org/2011/06/15/a-tale-of-twofathers/, consultado el 26/3/2012.
51. http://www.who.int/violence_injury_prevention/violence/world_report/en/summary_en.pdf, consultado el 26/3/2012.
52. http://www.painmed.org/patientcenter/facts_on_pain.aspx, consultado el 26/3/2012.
53. Esta cita se le atribuye comúnmente a Robert Farrar Capon, pero los autores no han podido encontrar la fuente del material.

Capítulo 3

54. Denise Levertov «City Psalm» en *Making Peace* (San Francisco: Auerhahn Press, 1964; reimpresión, Nueva York: New Directions, 2006), 48.
55. Ibíd., 48.
56. William Butler Yeats, Richard J. Finneran, «The Second Coming» en *The Collected Poems of W. B. Yeats*, 2a ed. rev. (Nueva York: Scribner, 1996), 186.
57. Ray Bakke, *A Theology As Big As the City* (Downers Grove: IVPAcademic, 1997), 12.
58. http://dirt.asla.org/2010/03/25/world-urban-forum-in-riofocuses-on-sustainable-urban-development/, consultado el 26/3/2012.
59. Véase *Pedagogy of the Oppressed*, páginas 71-86, for discussion of, teacher-student power dynamics.
60. Véase la obra de John Stahl-Wert *City as Parish: An Urban, Intercongregational Curriculum for Collaborative Lay Ministry Equipping*.
61. Foster, Richard, *Streams of Living Water: Celebrating the Great Traditions of Christian Faith.* (San Francisco: HarperOne, 2001).

62. G. K. Chesterton, «Oxford From Without» en *All Things Considered* (Sandy: Quiet Vision Publishing, 2004), 54.
63. Mary Oliver, «Messenger» en *First* (Boston: Beacon Press, 2007), 1.

Capítulo 4

64. Meister Eckart, *The Essential Sermons, Commentaries, Treatises and Defense*, Trad. Edmond Colllege, O.S.A. y Bernard McGinn (Nueva York: Paulist Press, 1981), 202.
65. David J. Bosch, *Transforming Mission: Paradigm Shifs in Theology of Mission* (Nueva York: Orbis Books, 1991), 340.
66. Wallace Stegner, «The Sense of Place» (1986), *Where the Bluebird Sings to the Lemonade Springs: Living and Writing in the West* (Nueva York, 1992), 201.

Capítulo 5

67. Mark Twain, *Adventures of Huckleberry Finn* (Nueva York: Modern Library Edition, 1993), 315-16.
68. e. e. cummings, «Introduction» *Collected Poems 1922-1938* (Book-of-the-Month Club; edición reimpresa, 1990).

Capítulo 6

69. Madeline L 'Engle, *Walking on Water: Reflections on Faith and Art* (Nueva York: North Point Press, 1995), 50.
70. C. S. Lewis, *A Grief Observed* (Nueva York: Seabury Press, 1961), 52.
71. George McKinney, *Cross the Line: Reclaiming the Inner City for God* (Nashville: Thomas Nelson Publishers, 1997), 210-215.

Notas

Segunda sección

72. Gerard Manley Hopkins, «As Kingfishers Catch Fire» en Gerard Manley Hopkins: *The Major Works* (Oxford: Oxford University Press, 2009), 129.

Capítulo 7

73. C. S. Lewis, «Edmund Spencer, 1552-99» en *Studies in Medieval and Renaissance Literature*, ed. W. Hooper (Cambridge: Cambridge University Press, 1954), 137.
74. Dietrich Bonhoeffer, *Life Together: the Classic Exploration of Faith in Community* (Nueva York: HarperCollins, 1954; reimpresión, San Francisco: HarperCollins, 1993), 113.
75. Benigno P. Beltrá,n, S.V.D., *The Christology of the Inarticulate: an Inquiry into the Filipino Understanding of Jesus the Christ* (Manila: Divine Word Publications, 1987), 26.
76. Ibíd., 26.
77. Ibíd., 27.
78. Ibíd., 28.
79. Ibíd., 25.
80. Oxford English Dictionary, 2nd ed, s.v. «symbol» (símbolo) [CD-ROM] (Oxford: Oxford University Press, 1992).
81. C. S. Lewis, *Studies in Medieval and Renaissance Literature*, ed. W. Hooper (Cambridge: Cambridge University Press, 1954), 137.
82. El concepto se describe brevemente en un ensayo titulado: «The Anonymous God: American Civil Religion, the Scandal of Particularity, and the First Table of the Torah» por Dr. David L. Adams. (2002).

83. Patricia O'Connell Killen y Mark Silk, *Religion and Public Life in the Pacific Northwest: The None Zone* (Lanham, Maryland: Rowman Altamira, 2004), 9.
84. Ibíd., 9.
85. Ibíd., 22.
86. Baylor University, *American Piety in the 21st Century: New Insights to the Depth and Complexity of Religion in the US; Selected Findings from The Baylor Religion Survey*» (Waco: Baylor University, 2007), 4.
87. Ibíd., 4.
88. Ibíd., 26.
89. Beltrán, *The Christology of the Inarticulate: An Inquiry into the Filipino Understanding of Jesus the Christ*, 206.
90. C. S. Lewis, *Letters to Malcolm: Chiefly on Prayer* (Londres: Houghton MiKin Harcourt, 2002), 27.
91. Donald B. Kraybill, *The Upside-Down Kingdom* (Pennsylvania: Herald, 1978), 23.
92. Efesios 6:12
93. Fyodor Dostoevsky, *The Brothers Karamazov*, Trad. por Constance Garnett (Nueva York: Modern Library Edition, 1996), 273-293.
94. Mary Jo Leddy, *Radical Gratitude* (Maryknoll: Orbis, 2002), 57.
95. Mateo 4:6a
96. James Strong, «*ballo*», s. p., *Strong's Greek Dictionary on CDROM*. Accordance, Versión: 9.5.7., 2011.
97. http://www.brainyquote.com/quotes/quotes/a/albeteins130982.html, consultado 2/16/2012.
98. Peterson, *Christ Plays in Ten Thousand Places—A Conversation in Spiritual Theology*, 271.
99. James Strong, «*doxa*», s. p., *Strong's Greek Dictionary on CDROM*. Accordance, Versión: 9.5.7., 2011.

100. Walter Wink, *The Powers That Be: Theology for a New Millennium* (Nueva York: Doubleday, 1998), 27.
101. Ibíd., 272.
102. J. R. R. Tolkien, *The Fellowship of the Ring* (Nueva York: Ballentine Books, 1970), 473.
103. Stringfellow, William. *An Ethic for Christians and Other Aliens in a Strange Land* (Nueva York: Word, 1973; reimpresión, Eugene: Wipf and Stock, 2004), 28.
104. Eliot, «The Dry Salvages», *Four Quartets*, 44.
105. Walter Brueggeman, *Deep Memory, Exuberant Hope* (Augsburg Fortress Publishers, 2000), 5.
106. Leddy, *Radical Gratitude* (Maryknoll: Orbis, 2005).

Capítulo 8

107. Arzobispo de Canterbury William Temple, *Feasting on the Word* (Año A, Volumen 1), 336.
108. James Strong, «*ekklesia*», s. p., *Strong's Greek Dictionary on CDROM*. Accordance, Versión: 9.5.7., 2011.
109. Barna Research Group, «Christians are more likely to experience divorce than are non-Christians», 1999-DEC-21, at: http://www.barna.org/, consultado el 27/3/2012.
110. http://www.hiddenhurt.co.uk/religion_and_domestic_violence.html, consultado el 27/3/2012.
111. http://www.pewforum.org/Politics-and-Elections/9e-Torture-Debate-A-Closer-Look.aspx, consultado el 27/3/2012.
112. Richard Rohr, *The Naked Now: Learning to See as the Mystics See* (Nueva York: Crossroad, 2009), 25-26.
113. Aquí no citamos directamente a Richard Rohr. Sacamos las ideas de las conferencias públicas del padre Rohr sobre este tema..

114. Citado en Philip Yancey, *Church: Why Bother? My Personal Pilgrimage* (Grand Rapids: Zondervan, 1998), 31.
115. Respuesta escrita a mano a una pregunta planteada a pandilleros en una cárcel de máxima seguridad en Guatemala en cuanto a lo que les gustaría saber, como líderes cristianos, acerca de su situación.
116. Publicado originalemente en http://www.christianitytoday.com/globalconversation/april2010/index.html, consultado el 3/27/2012.

Capítulo 9

117. Miroslav Volf, *Exclusion and Embrace, A Theological Exploration of Identity, Otherness and Reconciliation* (Nashville: Abingdon Press, 1996), 147.
118. Ibíd., 9.
119. Volf, *Exclusion and Embrace*, 140-147.
120. Volf, *Exclusion and Embrace*, 146.
121. Lewis B. Smedes, *Forgive and Forget: Healing the Hurts We Don't Deserve* (San Francisco: Harper and Row, 1984), 137.

Capítulo 10

122. Coleman Banks, Rumi: *The Big Red Book: The Great Masterpiece Celebrating Mystical Love and Friendship* (Nueva York: HarperCollins, 2010), 376.
123. James Strong, «rachaph», s. p., Strong's Hebrew Dictionary on CD-ROM. Accordance, Version: 9.5.7., 2011.
124. Para una discusión acerca de esto, véase Eugene H. Peterson. *Christ Plays InTen Thousand Places - A Conversation in Spiritual Theology* (Grand Rapids: Eerdmans, 2005), 44-45.

125. Michael J. Oleska, Orthodox Alaska: *A Theology of Mission* (Crestwood: St. Vladimir's Seminary Press, 1993), 18.
126. John Howard Yoder, *The Politics of Jesus* (Grand Rapids: Eerdmans, 1972; reimpresión, 1995), 155.
127. Bosch, *Transforming Mission*, 16.
128. Menahoth 43b-44.
129. W. E. B. Du Bois. *The Souls of Black Folk* (Rockville:Manor, 2008), 19.
130. Ray Bakke, *A Theology as Big as the City* (Downers Grove: IVPAcademic, 1997), 142-43.
131. Coleman Banks, Rumi: *The Big Red Book: The Great Masterpiece Celebrating Mystical Love and Friendship* (Nueva York: HarperCollins, 2010), 376.
132. Mary Oliver, «Instructions for Living a Life» en *Red Bird: Poems* (Boston: Beacon Press, 2008), 37.

Capítulo 11
133. Anthony de Mello, SJ, *One Minute Wisdom* (Nueva York: Doubleday, 1986), 23.

Tercera sección
134. Madeleine L'Engle, *Two Part Invention: The Story of a Marriage* (San Francisco: Harper Collins, 1989), 229.

Capítulo 12
135. James Alison, «From Impossibility to Responsibility» en *Broken Hearts and New Creations* (Nueva York: Continuum, 2010), 5.
136. Images from http://faculty.bbc.edu/rdecker/alex_graBto.htm, consultado el 2/16/2012.

137. Alison, «From Impossibility to Responsibility», 4.
138. http://www.tlf.org.za/feast.htm, consultado el 16/2/2012
139. Galway Kinnell, *A New Selected Poems* (Boston: Houghton MiKin Harcourt; Edición reimpresa, 2001), 94. También, http://www.poetryfoundation.org/poem/171395, consultado el 28/3/2012.
140. Gregory Boyle, *Tattoos on the Heart: The Power of Boundless Compassion* (Nueva York: Free Press, 2011), 71.
141. Phillip Yancey, *Where is God When It Hurts?: A Comforting, Healing Guide for Coping with Hard Times* (Grand Rapids: Zondervan, 1997), 8.
142. David B. Morris, *The Culture of Pain* (Berkeley: University of California Press, 1991), 61.
143. Douglas John Hall, «Despair as the Spiritual Condition of Humankind at the Outset of the Twenty-First Century», *Journal for Preachers* (Adviento 2001), 3-6.
144. Douglas John Hall, *God And Human Suffering: An Exercise in the Theology of the Cross* (Minneapolis: Fortress Press; Edición reimpresa, 1987), 43-47.
145. Chris Hedges, *War is a Force that Gives Us Meaning* (Nueva York: Public A8airs, 2002), 13.
146. Ibíd., 137.
147. William Stringfellow, *An Ethic For Christians and Other Aliens In A Strange Land* (Waco: Word Books, 1973), 41.
148. Jürgen Moltmann, *The Crucified God*, trad. R.A. Wilson y John Bowden (Nueva York: Harper and Rowe, 1974; reimpresión, Minneapolis: Fortress Press, 1993), 1.
149. Ibíd., 1.

150. Douglas John Hall, *The Cross in Our Context: Jesus and the Suffering World* (Minneapolis: Fortress Press, 2003), 99.
151. Ernest Becker, *The Denial of Death* (Nueva York: Free Press, 1973; reimpresión, Free Press Paperbacks, 1997), 32.
152. Hendrikus Berkhof, *Christian Faith: An Introduction to the Study of the Faith,* trad. Sierd Woudstra (Grand Rapids: Eerdmans, 1979), 193. En Hall, *The Cross in Our Contex*t, 100.
153. Walter Brueggemann, «The Costly Loss of Lament», *JSOT* 26 (1986): 60-61.
154. Timothy F. Lull, editor, *Martin Luther's Basic Theological Writings* (Minneapolis: Fortress Press, 1989), 16.
155. Hall, *The Cross In Our Context*, 28.
156. *Oxford English Dictionary*, 2ª ed., s. v. «utopia» (utopía).
157. Frederick Buechner, *Secrets in the Dark* (San Francisco: HarperCollins, 2006), en John Blasé, *Living the Question in John* (Colorado Springs: NavPress, 2005), 43.
158. Ibíd., 33.
159. James Strong, «epithumia», s. p., *Strong's Greek Dictionary* en CD-ROM. Accordance, Versión: 9.5.7., 2011.
160. Philip Yancey, «God Behind Barbed Wire: How a Nazi-soldierturned-theologian found hope», en *Christianity Today*, http://www.christianitytoday.com/ct/2005/september/20.120.html, consultado el 17/4/2012.
161. James Strong, «*sachaq*», s. p., *Strong's Hebrew Dictionary on CDROM*. Accordance, Versión: 9.5.7., 2011.
162. G. K. Chesterton, *Orthodoxy* (Nueva York: John Lane, 1908), 289.
163. Ibíd., 289-299.
164. James Strong, «*pneuma*», s. p., *Strong's Greek Dictionary on CDROM*. Accordance, Versión: 9.5.7., 2011.

Capítulo 13
165. Paolo Freire, *Pedagogy of the Oppressed*. Traducido por Myra Bergman Ramos. (Nueva York: Continuum, 1970), 88.

Capítulo 14
166. http://catholicpittsburgh.org/d/node/160, consultado el 27/3/12.
167. Richard Rohr, *Things Hidden: Scripture as Spirituality* (Cincinnati: St. Anthony Messenger Press, 2008), 189.
168. Gil Bailie, *Violence Unveiled: Humanity at the Crossroads* (Nueva York: Crossroad, 1995), 14-16.

Capítulo 15
169. http://www.malespirituality.org/images/Remember%20in%20the%20Darkness.pdf, consultado el 27/3/12.
170. Henri Nouwen, *Love in a Fearful Land: A Guatemala Story* (Maryknoll: Orbis, 2006).
171. Henri J. M. Nouwen, *Turn My Mourning Into Dancing* (Nashville: 9omas Nelson, 2004), 59.

Capítulo 16
172. e. e. cummings y George James Firmage, «dive for dreams», *95 Poems* (Nueva York: Liveright, 1958), Poem #60
173. G. K. Chesterton, *What's Wrong With The World* (Simon & Brown, 2011), 48.
174. Oxford English Dictionary, 2d ed, s. v. «*effulgence*» (resplandor).
175. Hebreos 1:2-3, *The New English Bible* (NEB).
176. cf. Col 1:24.

Notas

177. Kenneth E. Bailey, *Poetry and Peasant and)rough Peasant Eyes: A Literary—Cultural Approach to the Parables in Luke*, ed. comb. (Grand Rapids: Eerdmans, 1993), 206.
178. Ibíd., 161.
179. Ibíd., 202.
180. Ibíd., 165.
181. Ibíd., 167.
182. Ibíd., 178.
183. Ibíd., 180.
184. Ibíd., 176-179.
185. Ibíd., 193.
186. Ibíd., 194.
187. Ibíd., 191.
188. Ibíd., 203.
189. James Strong, «kenosis», s. p., *Strong's Greek Dictionary on CDROM*. Accordance, Versión: 9.5.7., 2011.
190. William Blake, ed. John Sampson, *The Poetical Works of William Blake: A New and Verbatim Text From the Manuscript Engraved and Letterpress Originals* (Londres: Clarendon Press, 1905), 176.
191. J. R. R. Tolkien, *Lord of the Rings* (Nueva York: Ballantine Books, 1954-1974).
192. Allister E. McGrath, *Christian Theology: An Introduction* (Malden: Blackwell Publishers Inc., 1994), 298.
193. Chris Hedges, *War is a Force that Gives Us Meaning* (Nueva York: Public Affairs, 2002), 10, al citar a Will Durant, *The Foundations of Civilization* (Nueva York: Simon and Schuster, 1936).
194. Wink, *The Powers That Be*, 137.
195. Philip Jenkins, *The Next Christendom: The Coming of Global Christianity* (Nueva York: Oxford University Press, 2002), 2.

196. Ibíd., 3.

197. Ibíd., al citar a Walbert Buhlmann, *The Coming of the Third Church* (Slough, UK: St. Paul, 1976).

198. Denise Levertov, «Protesters» en *Making Peace* (San Francisco: Auerhahn Press, 1964; reimpresión, Nueva York: New Directions, 2006), 27.

199. Robert Farrar Capon, Kingdom, Grace, *Judgment: Paradox, Outrage, and Vindication in the Parables of Jesus* (Grand Rapids: Eerdmans, 2002), 262.

200. T.S. Eliot, «Burnt Norton» en *Four Quartets* (Nueva York: Harcourt Brace Jovanovich, 1943. Reimpresión, 1971) 15.

201. Ibíd., 15.

202. T.S. Eliot, «East Coker» en *Four Quartets* (Nueva York: Harcourt Brace Jovanovich, 1943. Reimpresión, 1971), 18.

203. Jonathan Dayton y Valerie Faris, directores, *Little Miss Sunshine* (Big Beach Films, 2006).

204. Jack Gilbert, «A Brief for the Defense» en *Refusing Heaven* (Nueva York: Knopf, 2005), 3.

Cuarta sección

205. http://www.brainyquote.com/quotes/keywords/audience.html, consultado el 3/27/12.

Capítulo 17

206. Esta cita se le atribuye comúnmente a Karl Barth, pero los autores no han podido encontrar la fuente del material.

207. Robert Barron, *And Now I See: A Theology of Transformation* (Nueva York: Crossroad, 1998), 1.

Capítulo 18

208. James Alison, *On Being Liked* (Nueva York: Crossroad, 2003), 44.

209. Anita Barrows y Joanna Macy, *A Year with Rilke: Daily Readings from the Best of Rainer Maria Rilke* (Nueva York: HarperOne, 2009), 6.

210. John Howard Yoder, *The Politics of Jesus* (Grand Rapids: Eerdmans, 1994), 155.

211. Simone Weil, Writings Selected, *Modern Spiritual Masters Series* (Maryknoll: Orbis, 1998), 59.

212. Salmos 118:22, Mateo 21:42.

213. James Alison, «Love Your Enemy: Within a Divided Self», http://www.jamesalison.co.uk/texts/eng50.html, consultado el 27/3/2012.

214. «Babylonia» es la variante griega del acadio Babilu (babilû, significa «Puerta de (los) Dios(es)», que traduce el sumerio KA2.DINGIR.RA. *New Interpreter's Dictionary of the Bible*, Volumen 1: A-C, 376.

215. Madre Teresa, *In the Heart of the World: Thoughts, Stories and Prayers* (Novato: New World Library, 1997), 23, 33, y 55.

216. Dylan Thomas, «Do Not Go Gentle Into 9at Good Night» en *100 Best-Loved Poems* (Londres: Courier Dover, 1995), 93.

217. Elizabeth Kubler-Ross, *On Death and Dying* (Nueva York: Scribner, 1997).

218. Alison, *On Being Liked*, 44.

219. Scott Owen Moore, Director, *Reparando* (Athentikos, 2010).

Capítulo 19

220. San Bernardo de Claraval: «La regla de San Benedicto comienza con la palabra: *Ausculta*—«¡escuche!» La cita completa de San Bernardo de Claraval dice: «*Si quiere ver, escuchar es un paso* *hacia la visión».* No se pudo encontrar la referencia primaria de esto en ninguna parte, pero otros la citan frecuentemente. Probablemente se reconoce más en: Megan McKenna, *Keepers of the Story: Oral Traditions in Religion* (Nueva York: Church Publishing Incorporated, 2004), 31.

221. James Strong, «*Yishma{e}l*», s. p., *Strong's Hebrew Dictionary on CD-ROM*. Accordance, Versión: 9.5.7., 2011.

222. James Strong, «*El roi*», s. p., *Strong's Greek Dictionary en CDROM*. Accordance, Versión: 9.5.7., 2011.

223. James Strong, «*Yehovah Raah*», s. p., *Strong's Greek Dictionary on CD-ROM*. Accordance, Versión: 9.5.7., 2011.

Capítulo 20

224. No podemos encontrar la cita exacta, sin embargo, para una discusión del deseo de Dios nos referimos al capítulo de Capon «Into the Divine Complicity» (En la complicidad divina), en su libro *The Third Peacock*: Robert Farrar Capon, *The Third Peacock: The Problem of Good and Evil* (Palmwoods: Winston Press, 1986), 57.

225. Ernest Kurtz y Katherine Ketcham, *The Spirituality of Imperfection: Storytelling and the Search for Meaning* (Nueva York: Bantam Books, 1992), 86.

226. Bosch, *Transforming Mission*, 16.

227. Alison, *On Being Liked*, 20.

228. Véase la primer obra importante, *Deceit, Desire, and the Novel Self and Other in Literary Structure*, donde presenta su idea central de memesis que el deseo no está conectado innatamente en la persona, sino que inspiramos nuestros deseos en otros, que el deseo es triangular en lugar de linear, debido a su naturaleza mimética, imitativa. La propuesta de Girard de que el deseo es mimético sienta las bases de una antropología que desafía el concepto occidental dominante del individuo que conforma la mayoría de los paradigmas teológicos convencionales.

229. James Alison, «Contemplation in a world of violence: Girard, Merton, Tolle» (Conferencia organizada por Thomas Merton Society en Downside Abbey, Londres, 2001). Para una breve discusión sobre esta perspectiva véase el Rene Girard, I See Satan Fall Like Lightning (Maryknoll: Orbis, 2009).

230. James Alison, «Love Your Enemy: Within a Divided Self», http://www.jamesalison.co.uk/texts/eng50.html, consultado el 3/27/2012.

231. Gil Bailey, *Violence Unveiled: Humanity at the Crossroads* (Nueva York: Crossroad, 1996), 116-117.

232. Ralph Waldo Emerson, *The Complete Prose Works of Ralph Waldo Emerson* (Kessinger Publishing, 2006), 30. Ralph Waldo Emerson, *The Complete Prose Works of Ralph Waldo Emerson* (Kessinger Publishing, 2006), 30.

233. Leonard Cohen, «Anthem" en *The Future* (Columbia Records, 1992).

234. Ralph D. Winter, «The Two Structures of God's Redemptive Mission», *Missiology 2*, no. 1 (1974): 121-139.

Conclusión

235. Eliot, *The Four Quartets*, 59

236. http://www.brainyquote.com/quotes/keywords/audience.html, consultado el 3/27/12.237 J.R.R. Tolkien, *Lord of the Rings* (Nueva York: Ballantine Books, 1954-1974), 44.

Joel Van Dyke

Joel Van Dyke *vivió y sirvió* en la Ciudad de Guatemala de 2003-2018 con su esposa Marilyn y sus hijos Joel y Sofía. Mientras estuvo en Guatemala, ha dirigido el trabajo del Centro para la Misión Transformadora como fundador y Director Ejecutivo como misionero de Resonate Global Mission. Antes de trasladarse a Centroamérica, pastoreó por 15 años en Bethel Temple Community Bible Church de Filadelfia. Obtuvo su título de B.A. en Psicología y Trabajo Social de Calvin College en Grand Rapids, Michigan, y su Doctorado en Ministerio en Liderazgo Transformacional para la Ciudad Global de Bakke Graduate University, en Seattle, Washington. Joel es miembro ordenado de la Comunidad de los Salmos de la Calle y es aspirante a pescador, así como aficionado loco al béisbol, le encanta jugar beis con su hijo. Actualmente Joel vive en Grand Rapids, MI pastoreando en la iglesia "Lee St. Christian Reformed Church" y sirviendo la red global de Street Psalms como Director del Desarrollo de Centros de Capacitación como parte del equipo de inovación en misión de Resonate Global Mission.

Kris Rocke

K*ris Rocke vive con su esposa* Lana y sus dos hijos, Grant y Mitchell en Tacoma, Washington. Ha trabajado en el ministerio urbano desde 1985 y es el fundador y director del Centro para la Transformación de la Misión (Street Psalms). Obtuvo su título universitario de B. A. en inglés, en Pacific Lutheran University, en Tacoma, Washington y su Maestría en Divinidades en Palmer Theological Seminary en Filadelfia, Pensilvania. Recientemente completó un Doctorado en Ministerio en Liderazgo Transformacional para la Ciudad Global, en Bakke Graduate University de Seattle, Washington. Kris también es miembro ordenado de la Comunidad de los Salmos de la Calle y jura que en una ocasión escuchó que Dios se rio.

www.ingramcontent.com/pod-product-compliance
Lightning Source LLC
Chambersburg PA
CBHW020900080526
44589CB00011B/372